지은이 DK 『세상을 알려 주는 13½가지 놀라운 사실들』 편집 위원회
편집 | 제니 식, 캐런 브라운, 캐런 브라운, 앤 피셜,
비키 리차드, 클레어 겔
디자인 | 스테판 포도로데키, 실라 콜린스,
젬마 웨스팅, 사이먼 멈포드, 킷 레인
사진 자료 수집 | 리즈 무어
이미지 편집 | 스티브 크로지어
그림 | 피터 불, 제이슨 하딩, 스튜어트 잭슨카터,
존 KJA, 애런 루이스, 피터 미니스터, 사이먼 멈포드
참여 필자 | 로라 불러, 스텔라 콜드웰, 데릭 하비, 수전 케네디,
폴리 굿맨, 안드레아 밀스, 새러 톰리, 빅토리아 파이크

자문 사라 브루어, 잭 챌로너, 힐러리 데이비스, 클라이브 기포드,
데릭 하비, 재클린 미턴, 대런 네이쉬, 필립 파커, 존 우드워드

옮긴이 이한음
서울대학교 생물학과에서 공부했고,
지금은 과학 저술가이자 번역가로 일하고 있다.

세상을 알려 주는
13½가지 놀라운 사실들

1판 1쇄 찍음 2018년 7월 20일
1판 1쇄 펴냄 2018년 11월 15일

지은이 DK 『세상을 알려 주는 13½가지 놀라운 사실들』 편집 위원회
옮긴이 이한음 **펴낸이** 박상희 **편집장** 박지은 **편집** 김지호 **디자인** 김혜림
펴낸곳 (주)비룡소 출판등록 1994.3.17.(제16-849호)
주소 06027 서울시 강남구 도산대로1길 62 강남출판문화센터 4층
전화 영업 02)515-2000 팩스 02)515-2007 편집 02)3443-4318,9
홈페이지 www.bir.co.kr
제품명 어린이용 각장장 도서 **제조자명** Leo Paper Products Ltd.
수입자명 (주)비룡소 **제조국명** 중국 **사용연령** 3세 이상

13½ INCREDIBLE THINGS
YOU NEED TO KNOW ABOUT EVERYTHING

First published in Great Britain in 2017
by Dorling Kindersley Limited
80 Strand, London, WC2R 0RL

Copyright © 2017 Dorling Kindersley Limited
A Penguin Random House Company
All rights reserved.

Korean Translation Copyright © 2018 by BIR Publishing Co., Ltd.
This Korean translation edition is published by arrangement with
Dorling Kindersley Limited, London.

이 책의 한국어판 저작권은 Dorling Kindersley Limited와
독점 계약한 (주)비룡소에 있습니다.
저작권법에 의해 한국 내에서 보호를 받는 저작물이므로
무단 전재와 무단 복제를 금합니다.

ISBN 978-89-491-5288-2 76030

이 도서의 국립중앙도서관 출판시도서목록(CIP)은
서지정보유통지원시스템 홈페이지(http://seoji.nl.go.kr)와
국가자료공동목록시스템(http://www.nl.go.kr/kolisnet)에서
이용하실 수 있습니다. (CIP제어번호 : CIP2018020459)

A WORLD OF IDEAS:
SEE ALL THERE IS TO KNOW

www.dk.com

DK

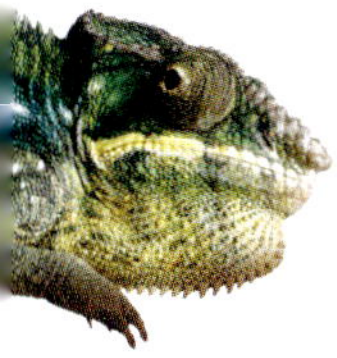

세상을 알려 주는 13½가지 놀라운 사실들

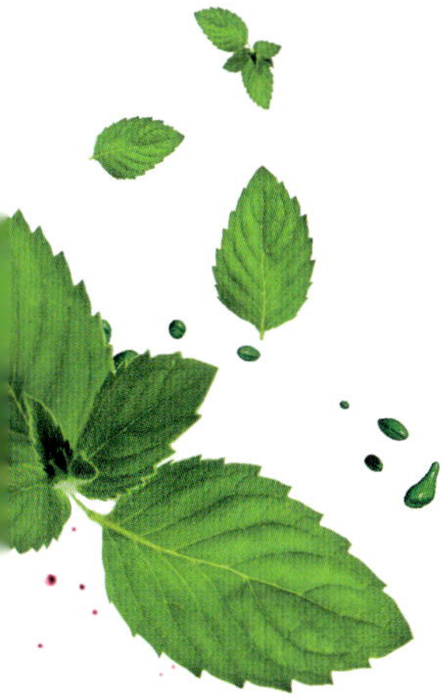

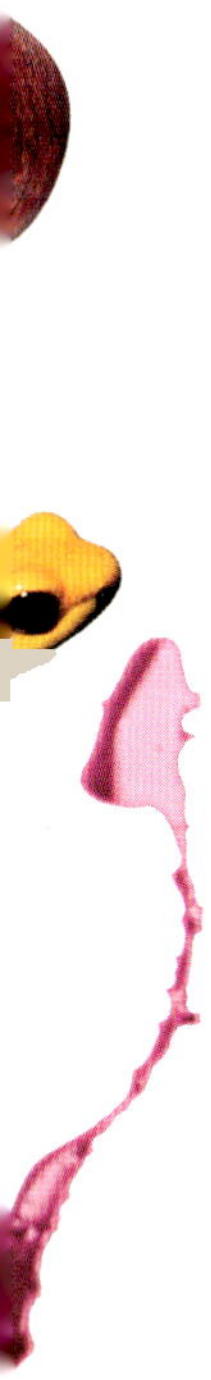

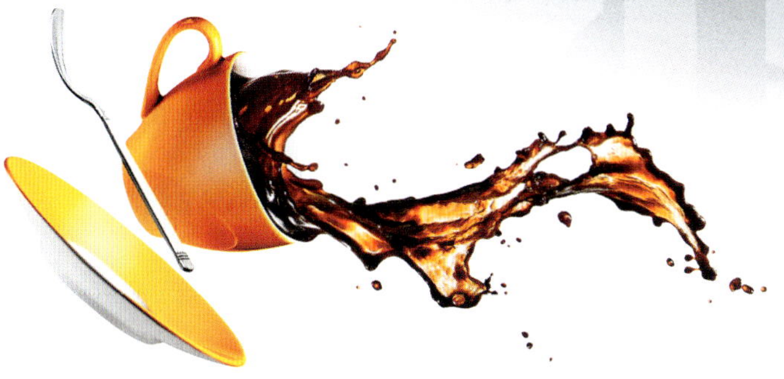

DK 『세상을 알려 주는 13½가지 놀라운 사실들』 편집위원회 지음/ 이한음 옮김

비룡소

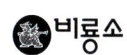

차례를 둘러보자!

이 책에는 무엇이 담겨 있을까?	6
폭발한 지구	8
놀라운 열매	10
멋진 자동차	12
최고의 고양잇과 동물	14
환상적인 버섯과 곰팡이	16
빅뱅 이론	18
눈부신 다이아몬드	20
증기력	22
선사 시대 동물들	24
눈을 크게 떠 보세요!	26
행성들의 행렬	28
상어의 공격	30
글자의 비밀	32
그림은 완벽하다	34
전갈의 꼬리 침	36
파도 일으키기	38
운동 경기에 쓰는 공과 장비들	40

곤충의 침입	42	음식 소화관	112
세계에서 가장 유명한 파라오	44	고리가 멋진 토성	114
윙윙거리는 파리	46	깃털 가진 새들	116
원대한 사상들	48	바이킹의 항해	118
한 입 가득	50	밀려오는 폭풍	120
메시지 주고받기	52	대단한 연체동물들	122
특별한 암석들	54	지구의 중요한 문제	124
흐르는 시간	56	달 탐사 우주복	126
각양각색 동물계	58	중력을 느끼는 스포츠	128
로마 병사가 남긴 것	60	의학의 경이	130
식물의 놀라운 씨	62	아름다운 밤하늘	132
음악을 멈추지 마세요!	64	알록달록 색깔들	134
소리보다 빠른 초음속	66	파충류의 왕, 티라노사우루스 렉스	136
동물들의 식사 시간	68	모든 것을 읽는 책	138
힘차게 흐르는 피	70	무사의 길	140
깊고깊은 바다	72	피아노를 이루는 부품들	142
뜨거운 암석	74	은밀하게 침을 쏘는 고깔해파리	144
하늘의 불빛	76	석유로 만든 세상	146
영화 제작하기	78	사람의 뇌	148
고귀한 기사	80	신화 속 동물들	150
빙글빙글 도는 회전날개	82	돈의 비밀	152
물질이란 무엇일까?	84	인터넷이 연결되었습니다	154
우리에게 가장 소중한 별	86	귀한 식물들	156
알을 깨고 나오는 동물들	88	영광의 그리스인	158
신기한 뼈	90	악어의 웃음	160
놀라운 양서류	92	지구를 향해 다이빙!	162
말하는 법	94	근육의 힘, 근력	164
과시하는 옷차림	96	호기심 많은 고양이	166
초콜릿 덩어리	98	낱말 풀이	168
무거운 금속	100	찾아보기	172
도전하는 비행기	102		
어둠을 밝히는 불꽃	104		
무시무시한 범고래	106		
숫자 생각	108		
바쁘디바쁜 벌	110		

이 책에는 무엇이 담겨 있을까?

1 우주는 수수께끼로 가득하지만, 인류는 머리 위 별이 빛나는 하늘에 담긴 수수께끼를 꽤 많이 풀었다. 28~29쪽, 86~87쪽에 행성들과 태양에 관한 놀라운 사실들이 실려 있다. 126~127쪽에 실린 세계에서 가장 유명한 우주복도 놓치지 말자.

2 금을 알려면 100~101쪽으로 가자. 귀금속 금에 관한 갖가지 사실이 실려 있다. 54~55쪽에서는 땅에 묻힌 다른 보물들을 파낼 수 있다. 그러려면 먼저 바위를 타야 한다.

3 여러 스포츠를 하거나 볼 때, 공에서 시선을 떼지 않는 것이 중요하다. 하지만 128~129쪽을 보면 스포츠에는 다른 힘들도 작용함을 알 수 있다. 높이 나는 종목을 통해서 과학의 비밀 몇 가지가 드러난다.

4 로마 병사는 역사상 손꼽히게 난폭한 전사였는데, 패션도 엉망이었다. 60~61쪽에서 로마 병사들이 왜 양말에 샌들을 신고 다녔는지도 알아보자.

5 드넓은 대양은 지구에서 가장 덜 알려진 곳에 속한다. 72~73쪽에서 가장 깊은 바다로 잠수하여 이빨을 드러낸 무시무시한 존재들을 만나보자.

6 건강한 식사에 별 관심이 없을지도 모르지만, 10~11쪽의 재미있는 과일 이야기에는 푹 빠지게 될 것이다. 98~99쪽의 달콤한 초콜릿 이야기도 놓치지 말자.

이 책에 실린 아주 많은 신기한 사진들 사이에는 우리가 알아야 하지만 전혀 몰랐던 것들이 숨겨져 있다. 이 책은 꿀벌에서 피, 돈에서 미라에 이르기까지 80여 가지 주제를 다루며, 각 주제마다 13½가지씩 놀라운 사실을 소개한다. 책장을 한 장, 한 장 넘기면서 호기심을 만족시켜 줄 지적 탐험을 떠나 보자!

폭발한 지구

지구는 지금으로부터 약 46억 년 전에 생겨났다. 이 거대한 덩어리는 계속해서 빙그르르 돌고 있다. 돌과 금속으로 이루어졌지만 생각처럼 단단하지는 않다. 우리가 살고 있는 행성 지구의 표면은 대륙들이 충돌하고, 산맥이 솟아오르고, 대양이 넓어지면서 끊임없이 변한다.

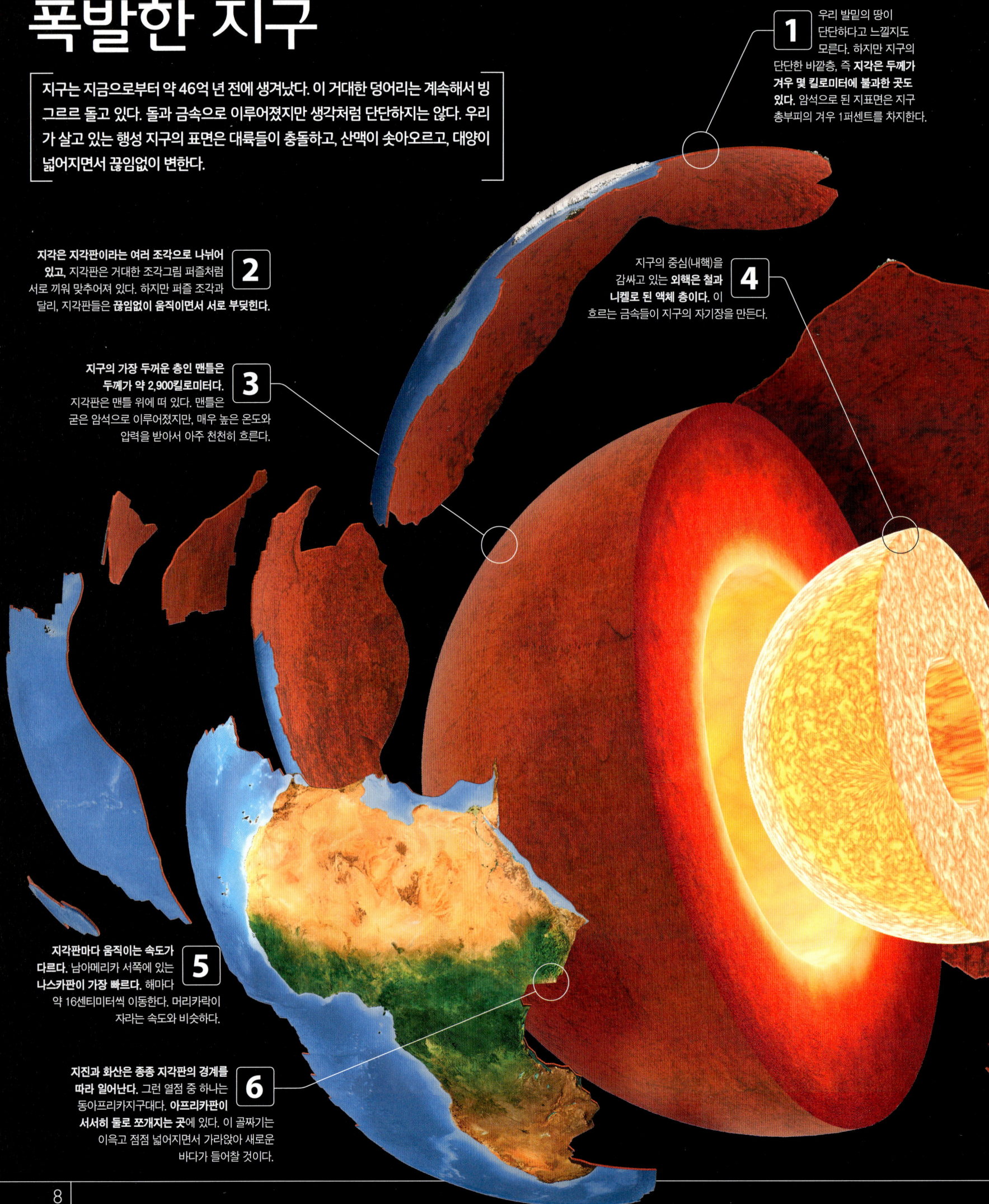

1 우리 발밑의 땅이 단단하다고 느낄지도 모른다. 하지만 지구의 단단한 바깥층, 즉 **지각은 두께가 겨우 몇 킬로미터에 불과한 곳도 있다.** 암석으로 된 지표면은 지구 총부피의 겨우 1퍼센트를 차지한다.

2 지각은 지각판이라는 여러 조각으로 나뉘어 있고, 지각판은 거대한 조각그림 퍼즐처럼 서로 끼워 맞추어져 있다. 하지만 퍼즐 조각과 달리, 지각판들은 **끊임없이 움직이면서 서로 부딪힌다.**

3 지구의 가장 두꺼운 층인 맨틀은 **두께가 약 2,900킬로미터다.** 지각판은 맨틀 위에 떠 있다. 맨틀은 굳은 암석으로 이루어졌지만, 매우 높은 온도와 압력을 받아서 아주 천천히 흐른다.

4 지구의 중심(내핵)을 감싸고 있는 **외핵은 철과 니켈로 된 액체 층이다.** 이 흐르는 금속들이 지구의 자기장을 만든다.

5 지각판마다 움직이는 속도가 다르다. 남아메리카 서쪽에 있는 **나스카판이 가장 빠르다.** 해마다 약 16센티미터씩 이동한다. 머리카락이 자라는 속도와 비슷하다.

6 지진과 화산은 종종 지각판의 경계를 따라 일어난다. 그런 열점 중 하나는 동아프리카지구대다. **아프리카판이 서서히 둘로 쪼개지는 곳**에 있다. 이 골짜기는 이윽고 점점 넓어지면서 가라앉아 새로운 바다가 들어찰 것이다.

7 지구의 대륙들은 한때는 다 붙어 있는 한 덩어리였다. 판게아라는 하나의 대륙이었다. 과학자들은 약 2억 5000만 년 뒤에 6개의 대륙들이 다시 하나로 합쳐질 것이라고 예측한다.

8 우리 태양계에 속한 행성의 영어 이름은 그리스나 로마의 신 이름을 땄다. 지구만 예외다. 지구(Earth)의 영어 이름은 '에르다(Erda)'라는 앵글로색슨족 단어에서 나왔다. '땅' 또는 '흙'이라는 뜻이며, 약 1,000년 전에 붙여진 듯하다.

9 내핵은 주로 철로 이루어져 있다. 온도가 5,000~6,000도에 달해 태양 표면만큼 뜨겁다. 지구 중심은 압력이 아주 높아서, 이렇게 뜨거워도 내핵은 고체다.

10 지구의 중심을 통과하여 반대편으로 가는 터널을 팔 수 있다면? 터널 길이는 지구 지름과 같은 12,756킬로미터가 될 것이다. 실제로 지금까지 판 터널 중 가장 깊은 것은 러시아의 콜라 초심층 시추공인데, 겨우 지하 12킬로미터까지 들어갔을 뿐이다.

11 산맥은 지각판의 경계를 따라서 형성된다. 가장 긴 산맥인 대서양 중앙 해령은 바다 깊숙이 숨어 있다. 이 산맥은 지각판들이 양쪽으로 밀려나면서 생겨났다. 지각판 틈새로 맨틀로부터 뜨거운 마그마가 뿜어져 굳으면서 깎아지른 봉우리들이 만들어졌다.

12 세계에서 가장 큰 사막은 무엇일까? 태양과 모래는 잊도록. 바로 남극 대륙이다. 이 가장 추운 대륙의 안쪽은 연강수량이 51밀리미터도 안 된다. 남극 대륙의 빙원에 지구 민물의 90퍼센트가 있긴 하지만, 그곳은 얼어붙은 사막이다.

13 지구는 일정한 속도로 자전을 한다. 태양을 기준으로 한 바퀴 도는 데 24시간이 걸린다. 적도에 서 있으면, 거의 시속 1,600킬로미터의 속도로 지구 중심을 빙빙 도는 셈이다.

13½ 지구는 평평하지 않지만, 완벽하게 둥글지도 않다. 위아래를 꾹 눌러서 조금 납작해진 공, 편구와 같다. 지구 중심에서 해수면까지의 거리를 재면, 남북극보다 적도 쪽이 약 21킬로미터 더 길다.

놀라운 열매

많은 식물의 열매는 맛있는 과육으로 동물을 꾄다. 동물이 열매를 먹으면, 씨는 소화되지 않고 배설되기 때문에 퍼질 수 있다. 하지만 모든 열매가 달콤한 것은 아니며, 과육이 없는 열매도 있다. 열매는 꽃식물의 씨를 품은 기관이며, 씨방이 자란 것이다.

1 산딸기는 속에 씨가 든 장과(물열매)가 아니라 겹열매(집합과)다. 씨방이 여러 개인 꽃에서 자란 작은 열매들의 집합이라는 뜻이다. 반면에 장과는 하나의 씨방에서 자란 열매이며, 오이, 바나나, 토마토, 오렌지, 포도가 그렇다.

2 수박은 5,000년 전 아프리카에서 처음 재배되었다. 수분이 많이 들어 있어서 귀하게 여겨졌고, 고대 이집트 상형 문자에도 나타난다. **투탕카멘 왕의 무덤에서도 수박씨가 발견되었다.**

3 견과는 사실 열매의 한 종류다. 호두는 부드러운 과육 대신에 단단한 껍질로 감싼 구조이며, 안에 먹을 수 있는 커다란 씨가 들어 있는 열매다.

4 두리안은 세계에서 가장 독한 악취를 풍기는 과일로 유명하다. 양파, 치즈, 냄새 나는 양말을 뒤섞은 냄새라고도 한다.

5 피타야라고도 하는 용과는 생김새가 아주 이상하지만, 맛은 밋밋하다. 밤에 꽃을 피우는 선인장의 열매로서, 아시아와 중앙아메리카에서 재배한다.

6 사과와 배는 헛열매다. 씨방이 아니라 꽃받침이 자라서 과육을 이룬 열매다. 씨를 감싼 핵이 진짜 '열매'다. 즉 사람들이 먹지 않고 버리는 부위가 바로 열매다.

블루베리

패션프루트

멋진 자동차

자동차의 발명으로 세상은 바뀌었다. 말 없는 마차, 자동차는 130여 년 전에 처음 등장한 이래로 지금까지 많은 변화를 거쳤다. 훨씬 더 빨라지고, 더욱 날렵해졌다. 그리고 스스로 운전하는 아주 정교한 기계로 변신하는 중이다.

1 지구에는 10억 대가 넘는 차가 있다. 7명에 1대 꼴이다. 매일 약 16만 5,000대가 생산된다. 1년에 약 6000만 대가 만들어진다.

2 1700년대에 **몇몇 발명가가 증기로 움직이는 차를 개발하려고 애썼다.** 하지만 증기 자동차는 실패했다. **보일러가 너무 컸고, 냉각수를 아주 많이 실어야 했다.** 그래서 차가 너무 크고 느렸다.

3 19세기 후반에 내연 기관이 발명되면서, 오늘날의 자동차로 이어지는 발명의 길이 열렸다. 내연 기관은 연료인 휘발유나 디젤유를 금속 실린더 안에서 1초에 약 100번 폭발시키는 장치다. 그 폭발력으로 피스톤을 움직이고, 피스톤의 힘으로 바퀴를 돌린다.

4 **최초의 내연 기관 자동차는** 1885년 독일 기술자 카를 벤츠가 만들어서 사람들에게 팔았다. 이 가벼운 동력 마차는 **바퀴가 3개였고, 지붕이 없었고, 최고 속도가 시속 16킬로미터였다.** 총총 걷는 말보다도 느렸다.

5 타이어를 만드는 데 들어가는 물질은 대개 200가지가 넘는다. 주재료인 **고무는 본래 흰색**이지만, 강도와 내구성을 높이기 위해 탄소를 첨가하므로 검은색을 띤다.

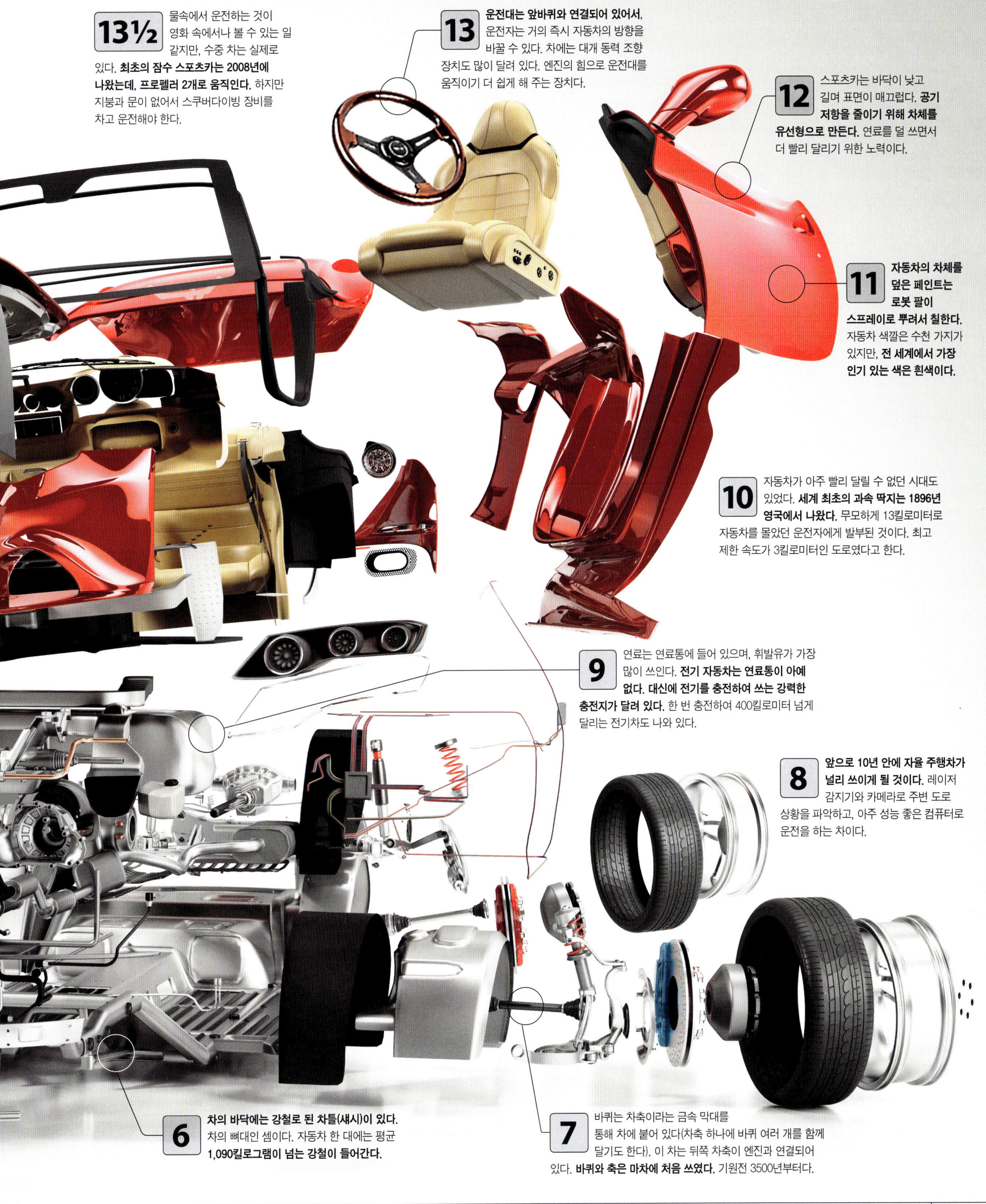

최고의 고양잇과 동물

홀로 사냥하는 포식 동물인 호랑이는 고양잇과 중 가장 몸집이 크다. 고기만 먹는데, 살아가기 위해 많은 양의 고기를 먹어야 한다. 호랑이는 커다란 먹잇감에 몰래 다가가서 엄청난 힘으로 땅에 쓰러뜨린 뒤, 강한 턱으로 먹이의 목을 물어 질식시켜 죽인다.

1 호랑이는 6아종으로 나뉜다. **이 사진의 벵골호랑이가 가장 흔하다.** 인도와 방글라데시의 숲과 맹그로브 습지에 산다. 오늘날 야생에 사는 호랑이는 약 4,000마리만이 남아 있다. 그중 약 2,500마리가 벵골호랑이다.

2 고양이류는 대개 물을 싫어하지만, **호랑이는 헤엄을 잘 친다.** 종종 물웅덩이나 하천을 찾아서 물을 마시곤 한다.

3 호랑이의 띠무늬는 털뿐 아니라 피부에도 나 있다. **털을 다 깎아도 띠무늬가 보일 것이다.** 이 무늬는 사람의 지문과 같아서 호랑이마다 다르다.

4 호랑이를 뜻하는 영어 단어 타이거(tiger)는 '화살'이라는 뜻의 페르시아어에서 나왔다. 호랑이가 아주 빨리 달린다는 사실을 뜻한다. 호랑이는 짧은 거리를 시속 65킬로미터에 이를 만큼 빠르게 달릴 수 있다.

5 호랑이는 다른 대부분의 고양잇과 동물보다 훨씬 크며, **몸무게가 최대 300킬로그램까지 나간다.** 어른 4명의 몸무게와 비슷하다. 사자도 호랑이만큼 크지만, 근육이 훨씬 적다.

6 호랑이는 먹잇감에게 몰래 다가가서 뒤쪽에서 갑자기 덮치는 방법으로 사냥을 한다. **근육이 가득한 앞다리를 뻗어서 발톱으로 먹이를 찍어 쓰러뜨린다.** 다리 힘은 자기 몸무게의 6배나 되는 동물도 쓰러뜨릴 수 있을 만큼 강하며, 한번에 10미터까지도 뛸 수 있다.

7 발바닥이 도톰하고 부드러워서 소리 없이 먹이에게 다가갈 수 있다. 앞발로 먹이를 후려쳐서 한 번에 쓰러뜨릴 수도 있다. 한 번에 머리뼈까지 부수기도 한다.

고양잇과의 공통점

고양잇과는 두 집단으로 나뉜다. 표범아과와 그밖의 고양이류다. 호랑이와 사자, 재규어, 표범 같은 몸집이 큰 동물들은 대부분 표범아과에 속한다. 집고양이에서 치타에 이르는 다른 모든 고양이류는 다른 아과들에 속한다. 모든 고양이류는 머리뼈 모양이 비슷하다. 짧고 둥글며, 턱에 힘이 모이도록 되어 있다. 아래턱은 좌우로는 움직이지 못하고, 위아래로만 움직인다. 표범아과는 살집이 있는 성대를 지녀서 크게 울부짖을 수 있지만, 다른 고양이류는 그럴 수 없다.

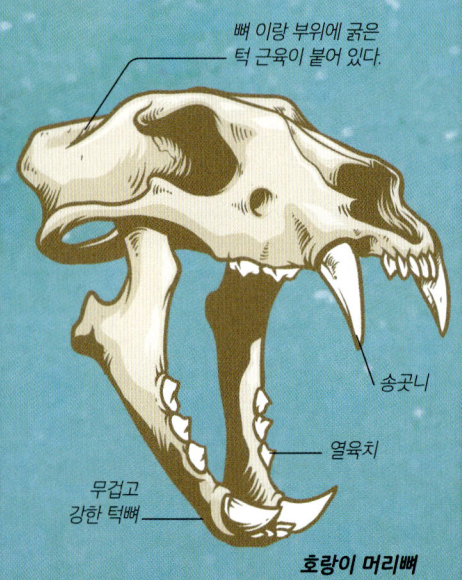

뼈 이랑 부위에 굵은 턱 근육이 붙어 있다.
송곳니
열육치
무겁고 강한 턱뼈

호랑이 머리뼈

9 주황색과 검은색 털로 이루어진 띠무늬는 웃자란 풀 사이에서 몸을 위장해 준다. 동물원에서는 흰 호랑이가 가끔 태어나지만, 아주 드물다.

10 눈은 특이한 호박색이며, 안쪽에 특수한 반사층이 있어서 흐릿한 불빛에서도 잘 볼 수 있다. 야간 시력이 사람보다 6배 더 뛰어나다.

11 호랑이의 세력 범위 안에서 일하는 사람들은 종종 얼굴이 그려진 마스크를 뒤통수에 쓴다. 호랑이의 공격을 막기 위해서다. 호랑이는 뒤에서 슬그머니 다가오는데, 사람이 자신을 보고 있다고 여기면 다가오지 않을 것이다.

12 수염은 감각이 아주 예민해서, 어둠 속에서 돌아다니고 먹이를 찾는 데 도움이 된다. 먹이의 어디를 물어야 하는지, 먹이의 숨이 끊겼는지 판단할 때에도 쓰인다.

13 호랑이의 발톱은 사람의 손톱처럼 케라틴으로 만들어진다. 치타를 제외한 다른 모든 고양이류처럼, 호랑이도 평소에는 발톱을 발바닥에 있는 발톱집 속으로 완전히 집어넣을 수 있어서, 날카로운 상태를 유지할 수 있다.

8 호랑이는 고양잇과 동물 중에서 송곳니가 가장 크다. 송곳니는 길이가 7.5센티미터에 달하여, 먹이를 단번에 꿰뚫어 죽일 수 있다. 송곳니로 뼈와 힘줄을 꿰뚫고, 미늘이 붙은 혀로 뼈에 붙은 살을 핥아서 발라 먹는다.

13½ 사자 수컷과 호랑이 암컷 사이에서 태어난 잡종인 라이거는 꾸며 낸 동물 같지만, 실제로 있다. 포획된 상태의 대형 고양이류는 종종 잡종을 낳는다. 하지만 라이거는 건강하지 못하고 새끼를 낳을 수 없으며, 야생에는 존재하지 않는다.

환상적인 버섯과 곰팡이

곰팡이류, 다른 말로 균류가 없다면 지구에 그 어떤 생물도 살지 못할 것이다. 약 100,000종에 달하는 곰팡이류는 동식물의 잔해를 분해해 재순환시키는 데 핵심적인 역할을 한다. 하지만 곰팡이류는 치명적인 기생 생물이 될 수도 있다. 곰팡이 홀씨는 사실상 어디에나 있다.

1 균류는 대부분 뚜렷한 모양을 이루지 않고 미세한 실(곰팡이실, 균사)이 넓게 뒤엉켜서 식물이나 흙을 뒤덮고 있는 형태이다. 흙 1그램에 든 곰팡이실을 죽 연결하면 100미터가 넘는다. **버섯은 곰팡이의 '자실체'다.** 즉 곰팡이가 번식할 수 있도록 홀씨를 만들어서 퍼뜨리는 기관이다.

2 곰팡이실은 엄청나게 넓게 퍼질 수 있다. 미국 오레곤의 잣뽕나무버섯은 곰팡이실을 땅속으로 9.7제곱킬로미터에 걸쳐 뻗어 자라났다. 살아 있는 생물 중에서 가장 크다.

3 스스로 홀씨를 퍼뜨릴 수 있는 버섯도 있고, 도움을 좀 받아야 하는 버섯도 있다. 꽃바구니버섯은 **악취를 풍겨서 파리를 꾄다.** 꽃바구니버섯에 내려앉은 파리는 자신도 모르게 홀씨를 몸에 묻혀서 다른 곳으로 옮긴다.

4 스코틀랜드 과학자 알렉산더 플레밍은 1928년, 우연히 세균 배양 접시에 곰팡이가 자라난 것을 보고, 역사상 가장 위대한 발견 중 하나를 했다. **그 곰팡이로부터 페니실린을 추출한 것이다.** 페니실린은 생명을 구하는 **최초의 항생제**가 되었다.

5 **송로버섯**은 아주 맛있는 버섯으로 알려진 종이다. 땅속에서 자라며, 돼지나 개의 뛰어난 후각을 이용하여 찾아낸다. 흰색 송로버섯이 가장 비싸며, **1킬로그램에 약 400만 원까지 값이 나가기도 한다.**

6 곰팡이류는 특이한 방식으로 영양소를 얻는다. 살아 있는 먹이의 몸속으로 **파고들어 먹고산다.** 곰팡이실을 동식물의 몸속으로 뻗고, 화학 물질을 분비하여 분해한다. 분해되어 나온 영양소를 흡수한다.

왕그물버섯

7 광대버섯은 가장 널리 알려진 버섯 중 하나이다. 광대버섯의 새빨갛고 하얀 무늬가 있는 버섯갓은 독이 있다는 경고이다. 서양에 전해지는 설화에서는 이 버섯을 요정과 연관 짓곤 한다.

8 치타가 아주 빨리 달린다고 생각할지 모르겠지만, **모자쏘기털곰팡이야말로 아주 빠르다.** 홀씨를 방출할 때가 되면, 이 곰팡이는 '모자'처럼 생긴 홀씨주머니를 쏜다. 그 가속도가 총알보다 2배 이상 빠르다.

버섯의 한살이

버섯은 번식할 때가 되면, 갓 밑의 조직에서 홀씨를 생산한다. 홀씨는 공중으로 흩뿌려진다. 홀씨가 흙이나 식물 같은 적당한 곳에 내려앉으면, 싹이 튼다. 팡이실을 땅속으로 그물처럼 뻗으면서 균사체로 자란다. 때가 되면 균사체 중 일부가 땅 위로 뻗어 올라와서 새로운 버섯을 형성한다. 그럼으로써 버섯의 한살이가 다시 시작된다.

- 버섯갓
- 공중으로 흩날리는 홀씨
- 자루
- 싹트는 버섯
- 다 자란 버섯의 균사체
- 새 균사체

9 눈에 확 띠는 남색을 띤 **변형술잔녹청균**은 가장 선명한 색소를 지닌 버섯에 속한다. 자신이 자라는 나무까지 물들일 정도다. 이렇게 색깔이 변한 목재는 가구용으로 쓰이곤 한다.

10 팡이는 야외에만 있는 것이 아니라, 집안 곳곳에도 있다. 우리가 밤마다 머리를 괴는 베개에는 100만 개가 넘는 곰팡이 홀씨가 묻어 있기도 한다.

11 팡이 홀씨는 대부분 맨눈에 안 보일 만큼 작다. 하지만 축구공만 하게 자라곤 하는 댕구알버섯의 홀씨는 볼 수 있다. **댕구알버섯이 7조 개에 달하는 홀씨를 뿜어낼 때면, 구름이 피어오르는 듯한 광경이 펼쳐진다.**

12 빵을 가볍고 폭신폭신하게 만드는 **효모**도 팡이의 일종이다. 빵 반죽에 든 효모는 양분을 분해하면서 이산화탄소를 내뿜는다. 효모로 발효된 반죽을 구우면 이산화탄소 거품이 생기면서 빵이 부풀어 오른다.

곰보버섯

13 오래된 과일 표면에 **솜털처럼 자라는 것도 곰팡이다.** 먹고 싶은 생각이 안 들지만, 몇몇 치즈에는 푸르스름한 핏줄 같은 것이 섞여 있는데, 곰팡이다. 페니실린을 만드는 곰팡이의 친척이다.

황금흰목이

13½ 버섯을 채소라고 여기는 사람도 많다. 슈퍼마켓에서 당근 옆에 진열되어 있기 때문이다. 하지만 버섯은 식물과 전혀 다른 생물계인 '균계'에 속한다. 게다가 **버섯은 생물학적으로 식물보다 동물에 더 가깝다.**

꾀꼬리버섯

빅뱅 이론

물리학은 이곳 지구와 그 너머 우주에서 물질들이 어떻게 움직이는지를 연구한다. 물리학자들은 몇몇 놀라운 답을 발견해 왔으며, 이 세계가 어떻게 출현했는지를 알려 줄 몇 가지 이론과 개념도 내놓았다.

1 17세기 이탈리아의 **갈릴레오 갈릴레이는 최초의 진정한 과학자라고 할 수 있는 인물이다.** 하지만 그가 내놓은 새로운 우주 개념들을 사람들은 받아들이지 않았다. 교회가 특히 그랬다. 당시는 태양이 지구 주위를 돈다는 생각이 우세했다. 갈릴레이가 1632년에 사실은 지구가 태양을 돈다는 책을 쓰자, 교회는 그를 가두었다.

2 1742년에 태어난 영국의 천재 **아이작 뉴턴은 우주에 보이지 않는 힘이 작용하고 있다는 것을 깨달았다.** 물체들을 서로 밀거나 잡아당겨서 움직이는 힘, **만유인력**이다. 뉴턴은 운동 법칙을 설명하는 책을 써서 이 힘들이 어떻게 작용하는지를 최초로 밝혔다. 뉴턴은 그 외에도 중요한 발견과 발명을 많이 했다. 현관문 아래를 뚫어 고양이가 드나들게 하는 작은 문도 뉴턴이 발명했다!

3 만물은 원자로 이루어져 있다. **우리 몸도 다양한 종류의 수많은 원자로 이루어져 있다.** 원자는 아주 작다. 50만 개를 죽 늘어놓아도 머리카락 굵기도 안 된다. 수세기 동안 과학자들은 원자가 물질의 최소 단위이며, 더 이상 나눌 수 없다고 생각했다.

4 우리는 이제 원자가 양성자, 중성자, 전자라는 더 작은 입자로 이루어져 있다는 것을 안다. 양성자와 중성자는 원자의 중앙에 함께 뭉쳐서 원자핵을 이루고, 전자가 그 주위를 돌고 있다. 원자의 대부분은 빈 공간이다. **원자가 지구만 하다면, 원자핵은 그 한가운데에 놓인 축구장만 하다.**

5 **원자핵을 이루는 양성자와 중성자는 쿼크라는 더욱 작은 입자로 이루어져 있다.** 쿼크는 대단히 작고, 6종류가 있다. 이를 6가지 맛이라고 한다. 위, 아래, 꼭대기, 바닥, 기묘, 매력 쿼크다. 이 우주에서 가장 작은 물질을 다루는 학문을 양자 물리학이라고 한다.

6 독일 물리학자 막스 플랑크는 가장 **작은 단위가 무엇인지를 곰곰이 생각했다.** 아주 작아서 더 이상 나눌 수 없는 최소 길이를 찾아 나섰다. 그렇게 찾은 가장 짧은 길이를 가리켜 '플랑크 길이'라고 했다. 이어서 시간을 더 이상 나눌 수 없을 때까지 계속 나누어 보았고, 가장 짧은 시간을 '플랑크 시간'이라고 했다.

7 영국 물리학자 피터 힉스의 이름을 딴 입자가 있다. 힉스를 비롯한 여러 과학자들은 다른 입자들에 질량을 주는 입자가 따로 있다고 확신했다. 2012년, 강입자 충돌기라는 장치에서 입자를 쪼개는 실험을 통해 그 미지의 입자가 발견되었다. **이 새로운 입자를 힉스 보손이라고 한다.**

8 빛은 물리학의 또 다른 수수께끼다. **빛은 우주에서 가장 빠르며, 무게가 전혀 없다.** 우리는 빛을 늘 보고 있지만, 빛이 무엇으로 이루어져 있는지는 볼 수 없다. 그리고 빛은 언제나 똑같은 방식으로 행동하는 것이 아니다. 때로는 물결처럼 움직인다. 때로는 입자처럼 행동한다. 가장 뛰어난 물리학자들조차도 여전히 빛을 보면서 갸우뚱거린다.

 물리학은 물질과 에너지를 연구한다. **물질과 에너지는 약 138억 년 전 빅뱅, 즉 대폭발이 일어나면서 생겨났다.** 대폭발의 힘에 우주가 팽창하면서 식어 감에 따라, 원소들이 형성되었다. 그리고 원소들이 모여서 별과 행성, 지구의 생명, 이윽고 우리 자신을 만들어 냈다. 생명을 이루는 원소들은 별에서 만들어진다.

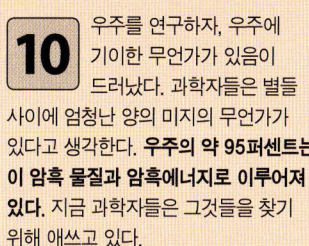 우주를 연구하자, 우주에 기이한 무언가가 있음이 드러났다. 과학자들은 별들 사이에 엄청난 양의 미지의 무언가가 있다고 생각한다. **우주의 약 95퍼센트는 이 암흑 물질과 암흑에너지로 이루어져 있다.** 지금 과학자들은 그것들을 찾기 위해 애쓰고 있다.

 대단한 천재 알베르트 아인슈타인(1879~1955년)은 놀랍기 그지없는 개념들을 내놓았다. **시간은 느려질 수 있다, 시공간은 휘어져 있다, 중력은 시공간이 일그러진 것이다, 빛의 속도만이 변하지 않는다,** 같은 것들이었다. 이런 개념들을 연구하는 학문을 이론 물리학이라고 한다. 이런 생각을 하지 않는 시간에는 바이올린을 연주하곤 했다.

12 아인슈타인의 개념 중 가장 잘 알려진 것은 특수 상대성 이론이다. 이 이론은 **질량이 어떻게 에너지로 변하는지를 설명하며, $E=mc^2$이라는 방정식으로 쓸 수 있다.** 에너지(E)가 질량(m)에 광속의 제곱(c^2)을 곱한 값과 같다는 것이다. 이 방정식은 아주 적은 양의 우라늄 같은 물질로 엄청난 양의 에너지를 얻을 수 있고, 심지어 핵폭탄까지 만들 수 있는 이유를 설명해 준다.

 물리학 이론은 실제 쓰이는 사례를 보면, 이해하기 더 쉬울 때가 많다. 1961년 러시아 우주 비행사 **유리 가가린은 인류 최초로 지구 중력을 벗어나서 우주로 나아갔다.** 그리고 시속 2만 7,000킬로미터가 넘는 속도로 108분 동안 지구 궤도를 돌았다. 가가린은 어머니에게 어디에 간다고 말하지 않았다. 어머니는 TV 뉴스를 보고 알았다.

 **13½** 선생님이 여러분의 과학 성적에 **양자 도약**이 일어났다고 말한다면, 10점 만점에 10점을 받았구나 하고 기대할지도 모르겠다. 그러나 사실은 **한 원자에 있는 전자가 다른 원자로 뛰어넘는 거리만큼,** 성적이 올랐다는 뜻일 수도 있다.

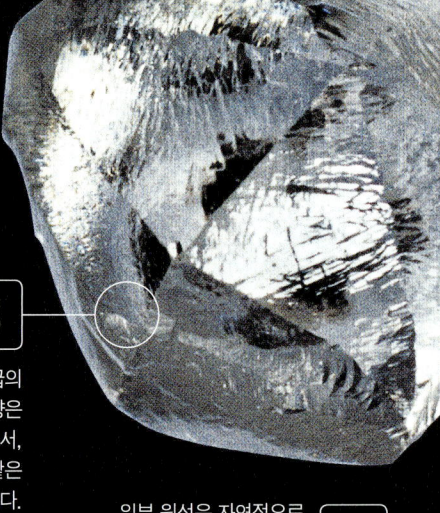

눈부신 다이아몬드

다이아몬드라는 말은 '파괴할 수 없는'이라는 뜻의 그리스어 아다마스(adamas)에서 유래했다. 다이아몬드는 가장 단단한 광물로 알려져 있다. 순수한 탄소로 이루어졌으며, 강도에 어울리는 눈부신 빛으로 반짝이기에, 다이아몬드는 지구에서 가장 탐나는 보석이 되어 있다.

1 다이아몬드는 지구 깊숙한 곳에서 올라온다. **200킬로미터 깊이의 맨틀에서 뜨거운 열기와 강한 압력으로 생긴다.** 이렇게 생긴 다이아몬드는 화산 활동으로 지표면 가까이로 올라온다. 다이아몬드는 대부분 10~30억 년 전에 생겼다고 여겨진다.

2 다이아몬드는 대부분 화산암인 킴벌라이트에서 발견된다. 남아프리카 광업 도시 킴벌리의 이름을 땄다. **해마다 전 세계에서 약 2만 6,000킬로그램의 다이아몬드가 채굴된다.** 대형 트럭 9대를 채우고도 남을 양이다.

3 **다이아몬드는 채굴될 때에는 거친 덩어리 형태다.** 자르고 연마하여 보석으로 만들었을 때에야 독특하게 반짝인다. 보석 등급의 다이아몬드 원석 중 가장 흔한 모양은 팔면체(면이 8개인 입체 도형)로서, 피라미드 두 개를 붙인 것과 같은 모양이다.

4 일부 원석은 자연적으로 암석에서 떨어져 나와서 물에 씻기고 침식되어 투박한 모양이 된다. 이런 충적형 다이아몬드는 해변에서 **발견되기도 한다.** 아프리카 서해안은 많은 보석이 해변에 밀려 올라오곤 해서 다이아몬드 해안이라고 불린다.

5 지구로부터 약 50광년 떨어진 켄타우루스자리에는 지구에 있는 것들보다 훨씬 더 큰 다이아몬드가 있다. 탄소 결정으로 이루어진 BPM 37093이라는 죽어 가는 별로, **지구만 한 다이아몬드**다. 무게가 약 100억 × 1조 × 1조 캐럿이다.

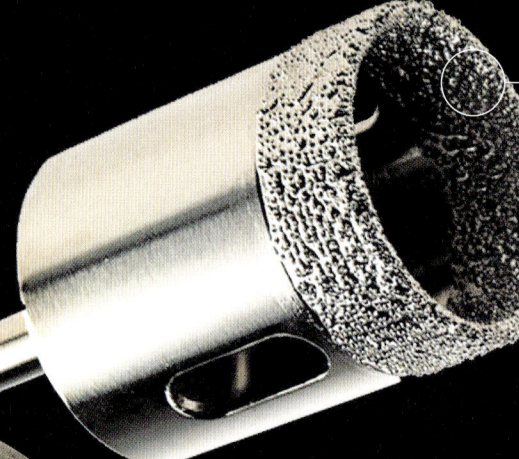

6 **채굴된 다이아몬드 중 보석 등급의 것은 20퍼센트에 불과하다.** 대다수는 훨씬 더 실용적인 데 쓰인다. 드릴, 금속 절단기, 연마기 같은 전동 공구의 가장자리에 붙어 있다.

7 2017년 핑크스타가 경매에서 7000만 달러가 넘는 가격에 팔림으로써 **세계에서 가장 비싼 다이아몬드**가 되었다.

8 다이아몬드는 대개 투명하다고 생각하지만, 사실 다이아몬드는 여러 색깔을 띤다. **천연 다이아몬드는 대개 갈색이다.** 다이아몬드의 색깔은 불순물인 화학 물질이 들어 있어서 생긴다. 질소가 조금 들어 있으면 노란색, 보론(붕소)이 들어 있으면 파란색을 띤다.

9 다이아몬드는 **안으로 들어간 빛이** 아주 치밀한 결정 구조 때문에 여러 평면에 부딪혀 반사된다. 이때 빛이 **무지개 색깔로 분리되기 때문에, 독특하게 반짝인다.**

10 최초의 다이아몬드 약혼반지는 1477년 오스트리아의 막시밀리안 대공이 약혼녀인 부르고뉴의 마리에게 준 것이었다. 하지만 다이아몬드 반지를 끼워 주는 전통이 그때 시작된 것은 아니다. 사실은 1947년에 다이아몬드 회사인 **드비어스**가 "다이아몬드는 영원하다"라는 광고 문구를 내놓으면서 시작되었다.

11 **새파란 호프 다이아몬드는 저주가 걸려 있는 것으로 유명하다.** 전설에 따르면, 이 호두만 한 다이아몬드는 원래 인도의 신 조각상에 박혀 있었는데, 누군가 훔쳐서 세상을 떠돌게 되었다고 한다. 그 뒤로 이 다이아몬드를 손에 넣은 주인들은 처형당하거나 파산하는 불행한 운명을 맞이했다고 전해진다.

12 자연이 수십억 년에 걸쳐 만들어 낸 것을 이제는 실험실에서 며칠이면 만들 수 있다. 고온과 극도의 압력을 가해서, **과학자들은 진짜와 거의 구별할 수 없는 인공 다이아몬드를 만들어 낼 수 있다.**

13 **컬리넌 다이아몬드는 지금까지 발견된 보석 등급의 다이아몬드 중에서 가장 컸다.** 길이가 10센티미터로 감자만 했다. 가공 과정에서 큰 덩어리 9개와 작은 조각 100여 개로 나뉘었다. 가장 큰 두 개는 현재 영국 여왕의 왕관에 박혀 있다.

▽ 탄소 분자 구조

다이아몬드는 알려진 광물 중 가장 단단하지만, 가장 부드러운 광물과 동일한 물질로 이루어져 있다. 다이아몬드를 만드는 탄소 원자는 흑연(연필심)을 만들기도 한다. 하지만 원자들이 배열되는 방식이 다르기 때문에 두 물질은 특성이 전혀 다르다.

다이아몬드에서는 각 탄소 원자가 다른 4개의 탄소 원자와 결합하여 피라미드처럼 튼튼한 구조를 이룬다.

흑연에서는 탄소 원자가 다른 3개의 탄소 원자와 결합하여 층을 이루며, 각 층은 서로 미끄러져 흘러질 수 있다.

13½ 다이아몬드가 아주 비싸므로, 희귀하다고 생각할지 모르겠다. 하지만 **사실 다이아몬드는 가장 흔한 보석이다.** 다이아몬드 대기업들이 시장 공급량을 제한함으로써, 희귀한 보석으로 여겨지게 해서 가격을 올리고 있다.

1 실제로 작동하는 **최초의 증기 기관은 1698년에 만들어졌다.** 그 뒤로 스코틀랜드 기술자 제임스 와트를 비롯한 사람들이 개량을 거듭했다. 영국 기술자 리처드 트레비식은 **1804년 증기 기관차를 발명했다.** 이 기관차는 첫 운행 때 석탄 9톤과 사람 70명을 태운 마차 5대를 끌고 시속 8킬로미터로 달렸다. 당시 기준으로는 아주 빠른 속도였다.

2 추운 날씨에는 **기관차가 움직이기까지 6시간이 걸릴 수도 있었다.** 보일러에 물을 채우고, 물을 가열하고, 증기가 발생하고, 증기의 힘으로 피스톤을 밀어내고, 마침내 바퀴가 돌아가기까지 그만큼 오랜 시간이 걸렸다.

증기력

> 증기의 힘을 이용하기 시작하자, 산업 혁명이 일어났다. 증기 기관으로 공장의 기계를 작동시켜서 상품을 대량 생산할 수 있게 되었다. 또 증기의 힘으로 교통 수단의 바퀴를 돌리자, 사람과 물건을 훨씬 더 빨리 운송하는 일도 가능해졌다.

▽ 증기를 이용하는 원리

무게가 수천 톤에 달하는 열차를 움직이려면, 먼저 화실에서 연료를 태워야 한다. 화실에서 나온 뜨거운 공기는 금속관을 통해 보일러로 향한다. 이 뜨거운 공기는 보일러에 든 물을 증기로 바꾼다. 증기는 엔진 앞쪽에 있는 실린더로 들어간다. 증기의 압력으로 실린더에 들어 있는 피스톤이 밀리면서 왕복 운동을 한다. 피스톤은 바퀴가 달려 있는 축과 연결되어 있다. 피스톤이 왕복 운동하며 축을 움직이면 바퀴가 돌아간다.

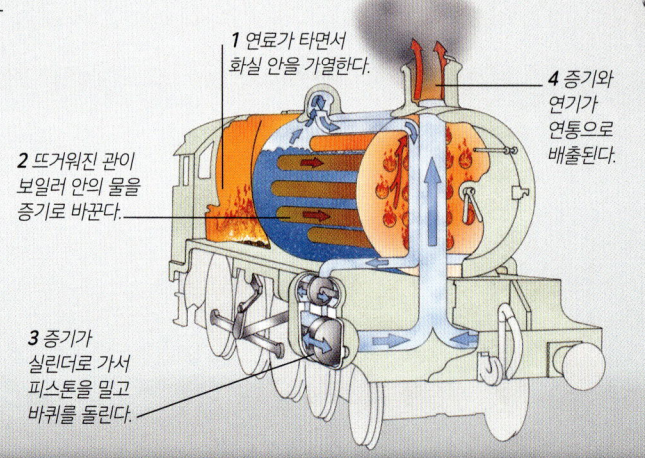

1 연료가 타면서 화실 안을 가열한다.
2 뜨거워진 관이 보일러 안의 물을 증기로 바꾼다.
3 증기가 실린더로 가서 피스톤을 밀고 바퀴를 돌린다.
4 증기와 연기가 연통으로 배출된다.

13 증기로 움직이는 교통수단이 기차만은 아니다. 증기 자동차는 1769년에 첫 선을 보였지만, 휘발유 엔진이 등장하면서 밀려났다. 최초의 동력 항공기는 1852년에 등장한 **증기로 움직이는 비행선**이었다. 증기 비행기는 한 번도 날아오른 적이 없다.

13½ 지금은 어디에서나 석유와 전력이 쓰이므로, 증기의 시대는 지나갔다고 **생각할지 모르겠다.** 하지만 발전소에서는 지금도 증기를 쓴다. 석탄을 태우거나 핵반응으로 생긴 열로 증기를 만들고, 그 증기로 터빈을 돌려서 전기를 생산한다.

22

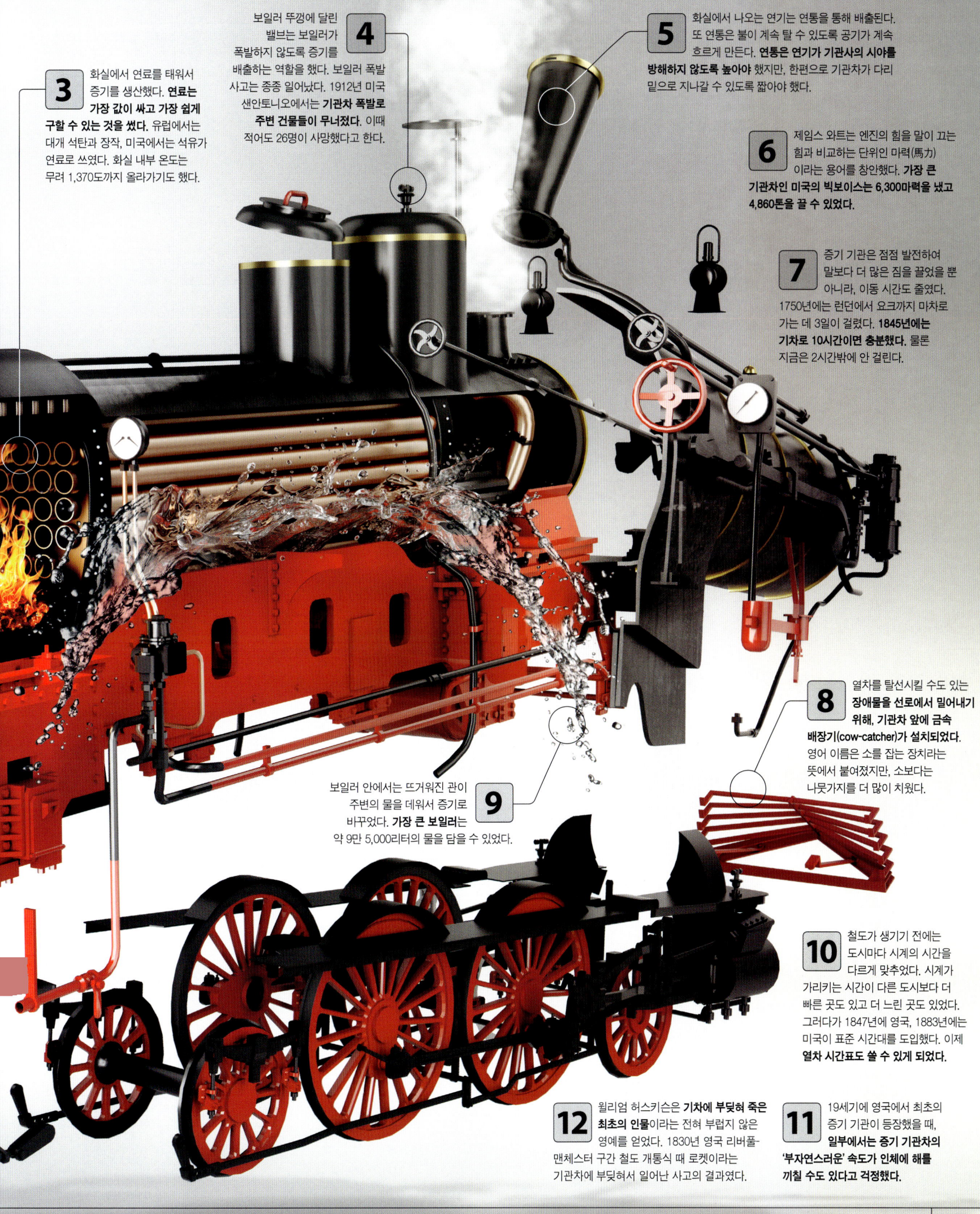

3 화실에서 연료를 태워서 증기를 생산했다. **연료는 가장 값이 싸고 가장 쉽게 구할 수 있는 것을 썼다.** 유럽에서는 대개 석탄과 장작, 미국에서는 석유가 연료로 쓰였다. 화실 내부 온도는 무려 1,370도까지 올라가기도 했다.

4 보일러 뚜껑에 달린 밸브는 보일러가 폭발하지 않도록 증기를 배출하는 역할을 했다. 보일러 폭발 사고는 종종 일어났다. 1912년 미국 샌안토니오에서는 **기관차 폭발로 주변 건물들이 무너졌다.** 이때 적어도 26명이 사망했다고 한다.

5 화실에서 나오는 연기는 연통을 통해 배출된다. 또 연통은 불이 계속 탈 수 있도록 공기가 계속 흐르게 만든다. **연통은 연기가 기관사의 시야를 방해하지 않도록 높아야** 했지만, 한편으로 기관차가 다리 밑으로 지나갈 수 있도록 짧아야 했다.

6 제임스 와트는 엔진의 힘을 말이 끄는 힘과 비교하는 단위인 마력(馬力)이라는 용어를 창안했다. 가장 큰 **기관차인 미국의 빅보이스는 6,300마력을 냈고 4,860톤을 끌 수 있었다.**

7 증기 기관은 점점 발전하여 말보다 더 많은 짐을 끌었을 뿐 아니라, 이동 시간도 줄었다. 1750년에는 런던에서 요크까지 마차로 가는 데 3일이 걸렸다. **1845년에는 기차로 10시간이면 충분했다.** 물론 지금은 2시간밖에 안 걸린다.

8 열차를 탈선시킬 수도 있는 **장애물을 선로에서 밀어내기 위해, 기관차 앞에 금속 배장기(cow-catcher)가 설치되었다.** 영어 이름은 소를 잡는 장치라는 뜻에서 붙여졌지만, 소보다는 나뭇가지를 더 많이 치웠다.

9 보일러 안에서는 뜨거워진 관이 주변의 물을 데워서 증기로 바꾸었다. **가장 큰 보일러는 약 9만 5,000리터의 물을 담을 수 있었다.**

10 철도가 생기기 전에는 도시마다 시계의 시간을 다르게 맞추었다. 시계가 가리키는 시간이 다른 도시보다 더 빠른 곳도 있고 더 느린 곳도 있었다. 그러다가 1847년에 영국, 1883년에는 미국이 표준 시간대를 도입했다. 이제 **열차 시간표도 쓸 수 있게 되었다.**

11 19세기에 영국에서 최초의 증기 기관이 등장했을 때, **일부에서는 증기 기관차의 '부자연스러운' 속도가 인체에 해를 끼칠 수도 있다고 걱정했다.**

12 윌리엄 허스키슨은 **기차에 부딪혀 죽은 최초의 인물**이라는 전혀 부럽지 않은 영예를 얻었다. 1830년 영국 리버풀-맨체스터 구간 철도 개통식 때 로켓이라는 기관차에 부딪혀서 일어난 사고의 결과였다.

23

4 최초의 공룡은 약 2억 3000만 년 전에 출현했다. 더 앞서 출현한 네 발 달린 사촌보다 더 날렵하고 더 민첩했다. 육식성인 에오랍토르(Eoraptor)는 최초의 공룡 중 하나였는데, 몸집이 작아서 어린아이만 했다.

5 크고 목이 긴 용각류 공룡은 육상 동물 중 가장 컸다. 초기 용각류인 이사노사우루스(Isanosaurus)는 몸길이가 6미터를 넘었지만, 나중에 등장한 사촌들에 비하면 어린아이나 마찬가지였다.

2 지구의 생명은 약 38억 년 전 아주 작은 단세포 생물로 시작되었다. 더 복잡한 생물은 훨씬 뒤에야 출현했다. 눈이 5개인 오파비니아(Opabinia)는 약 5억 년 전 새로운 종들이 폭발적으로 출현할 때 생겨났다. 이 시기에 바다에서 수천 종류의 새로운 동물들이 나타났다.

3 약 3억 5000만 년 전, 우리의 물고기 조상은 바다에서 올라와 육상 동물이 되었다. 이 최초의 네 발 달린 척추동물은 몸이 길쭉한 양서류였다. 발을 터벅거리면서 땅 위를 걸었다.

선사 시대 동물들

동물은 지난 수억 년 동안 지구에서 살아 왔다. 지구 최초의 생물은 고대 바다에 살던 미생물이다. 작디작은 미생물은 수십억 년이 흐른 뒤 거대한 동물로 진화했다. 커다란 공룡, 거대한 해양 포식자, 하늘을 나는 강력한 파충류가 선사 시대의 지구를 지배했다.

1 새로운 종이 출현하고 있던 종이 사라지면서 지구에 사는 생물들은 끊임없이 바뀐다. 우리는 지구에 살았던 생물들의 대부분을 결코 알 수 없을 것이다. 지구에 지금까지 살았던 생물 중 99퍼센트 이상은 이미 멸종하고 없다.

6 선사 시대에는 땅에서 사는 무척추동물도 괴물처럼 컸다. 버스만 한 노래기가 있는가 하면 까마귀만 한 잠자리도 있었다.

7 공룡의 친척들 중 일부는 익룡이 되어 하늘을 정복했다. 등뼈를 지닌 동물로서는 최초로 하늘을 날았다. 꼬리가 긴 람포린쿠스(Rhamphorhynchus)는 물고기를 꿰뚫는 바늘처럼 생긴 이빨을 지녔다.

8 공룡이 선사 시대 육지를 지배하던 시기에, 바다의 지배자는 리오플레우로돈(Liopleurodon) 같은 거대한 수생 파충류였다. 리오플레우로돈은 지금의 백상아리만 했고, 거대한 턱과 힘센 지느러미 4개를 지녔다.

9 개똥지빠귀만 하게 작은 콘푸키우소르니스(Confuciusornis)는 최초의 조류 중 하나였다. 지금의 새처럼 이빨이 없는 부리와 긴 날개를 지녔다. 반면에 양쪽 날개에 발톱이 달린 손가락이 붙어 있는 등 새와는 다른 특징들도 있었다.

10 공룡은 거의 1억 5000만 년 동안 지구를 누비며 살다가, 6600만 년 전 지구에 소행성이 충돌하면서 대량 멸종했다. 지금까지 약 700종의 화석이 발견되었으며, 앞으로 더욱 많이 발견될 가능성이 높다.

11 현재 몇몇 생물은 고대 조상들과 아주 비슷하게 생겨서 '살아 있는 화석'이라고 불린다. 납작한 몸을 지닌 투구게는 약 4억 5000만 년 동안 모습이 거의 변하지 않았다.

12 기나긴 세월 동안 포유류는 공룡에 가려져 눈에 띄지 않던 작은 동물에 불과했다. 그러다가 거대한 공룡들이 사라지자, 작은 설치류처럼 생긴 포유동물은 점점 더 큰 새로운 종들로 진화했다.

13 포유류는 공룡의 뒤를 이어서 지구를 지배했다. 300만 년 전에 살았던 검치류인 틸라코스밀루스(Thylacosmilus)는 고양이류와 비슷해 보이지만, 사실은 현대 유대류의 친척이다.

13½ 인류가 공룡과 함께 살았다는 듯이 그리는 영화에 속지 말자. 거대한 공룡들은 6600만 년 전에 모두 사라졌고, 현생 인류는 20만 년 전에야 출현했다.

25

눈을 크게 떠 보세요!

우리 눈은 세상을 들여다보는 유리창이다. 눈에 보이는 모든 것은 매순간 뇌로 보내진다. 눈알에는 우리 몸에서 가장 섬세하면서 복잡하고 빠르게 작동하는 부위들도 있다.

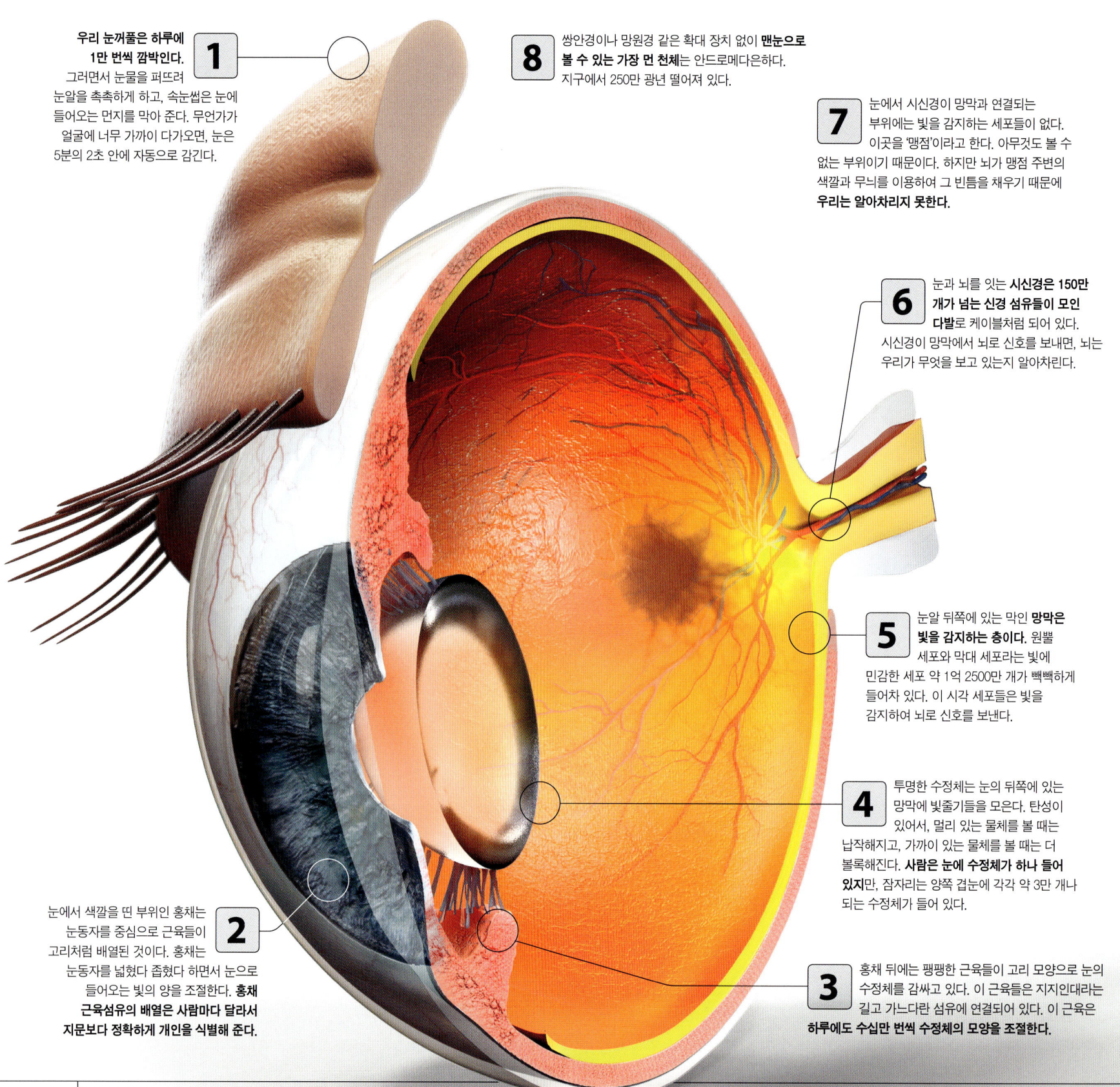

1 우리 눈꺼풀은 하루에 **1만 번씩 깜박인다.** 그러면서 눈물을 퍼뜨려 눈알을 촉촉하게 하고, 속눈썹은 눈에 들어오는 먼지를 막아 준다. 무언가가 얼굴에 너무 가까이 다가오면, 눈은 5분의 2초 안에 자동으로 감긴다.

2 눈에서 색깔을 띤 부위인 홍채는 눈동자를 중심으로 근육들이 고리처럼 배열된 것이다. 홍채는 눈동자를 넓혔다 좁혔다 하면서 눈으로 들어오는 빛의 양을 조절한다. **홍채 근육섬유의 배열은 사람마다 달라서 지문보다 정확하게 개인을 식별해 준다.**

3 홍채 뒤에는 팽팽한 근육들이 고리 모양으로 눈의 수정체를 감싸고 있다. 이 근육들은 지지인대라는 길고 가느다란 섬유에 연결되어 있다. 이 근육은 **하루에도 수십만 번씩 수정체의 모양을 조절한다.**

4 투명한 수정체는 눈의 뒤쪽에 있는 망막에 빛줄기들을 모은다. 탄성이 있어서, 멀리 있는 물체를 볼 때는 납작해지고, 가까이 있는 물체를 볼 때는 더 볼록해진다. **사람은 눈에 수정체가 하나 들어 있지만, 잠자리는 양쪽 겹눈에 각각 약 3만 개나 되는 수정체가 들어 있다.**

5 눈알 뒤쪽에 있는 막인 **망막은 빛을 감지하는 층이다.** 원뿔 세포와 막대 세포라는 빛에 민감한 세포 약 1억 2500만 개가 빽빽하게 들어차 있다. 이 시각 세포들은 빛을 감지하여 뇌로 신호를 보낸다.

6 눈과 뇌를 잇는 **시신경은 150만 개가 넘는 신경 섬유들이 모인 다발로** 케이블처럼 되어 있다. 시신경이 망막에서 뇌로 신호를 보내면, 뇌는 우리가 무엇을 보고 있는지 알아차린다.

7 눈에서 시신경이 망막과 연결되는 부위에는 빛을 감지하는 세포들이 없다. 이곳을 '맹점'이라고 한다. 아무것도 볼 수 없는 부위이기 때문이다. 하지만 뇌가 맹점 주변의 색깔과 무늬를 이용하여 그 빈틈을 채우기 때문에 **우리는 알아차리지 못한다.**

8 쌍안경이나 망원경 같은 확대 장치 없이 **맨눈으로 볼 수 있는 가장 먼 천체는** 안드로메다은하다. 지구에서 250만 광년 떨어져 있다.

9 2015년 영국에서 최초로 '생체공학적 눈' 이식 수술이 이루어졌다. 의사들은 한 남자의 망막에 작은 전극을 삽입했다. 그 전극은 미세한 카메라와 결합되어, 잃어버린 시력을 조금 회복시켰다. **손상된 망막을 대체할 새 망막을 과학자들이 실험실에서 배양할 수 있는 날도 곧 올 것이다.**

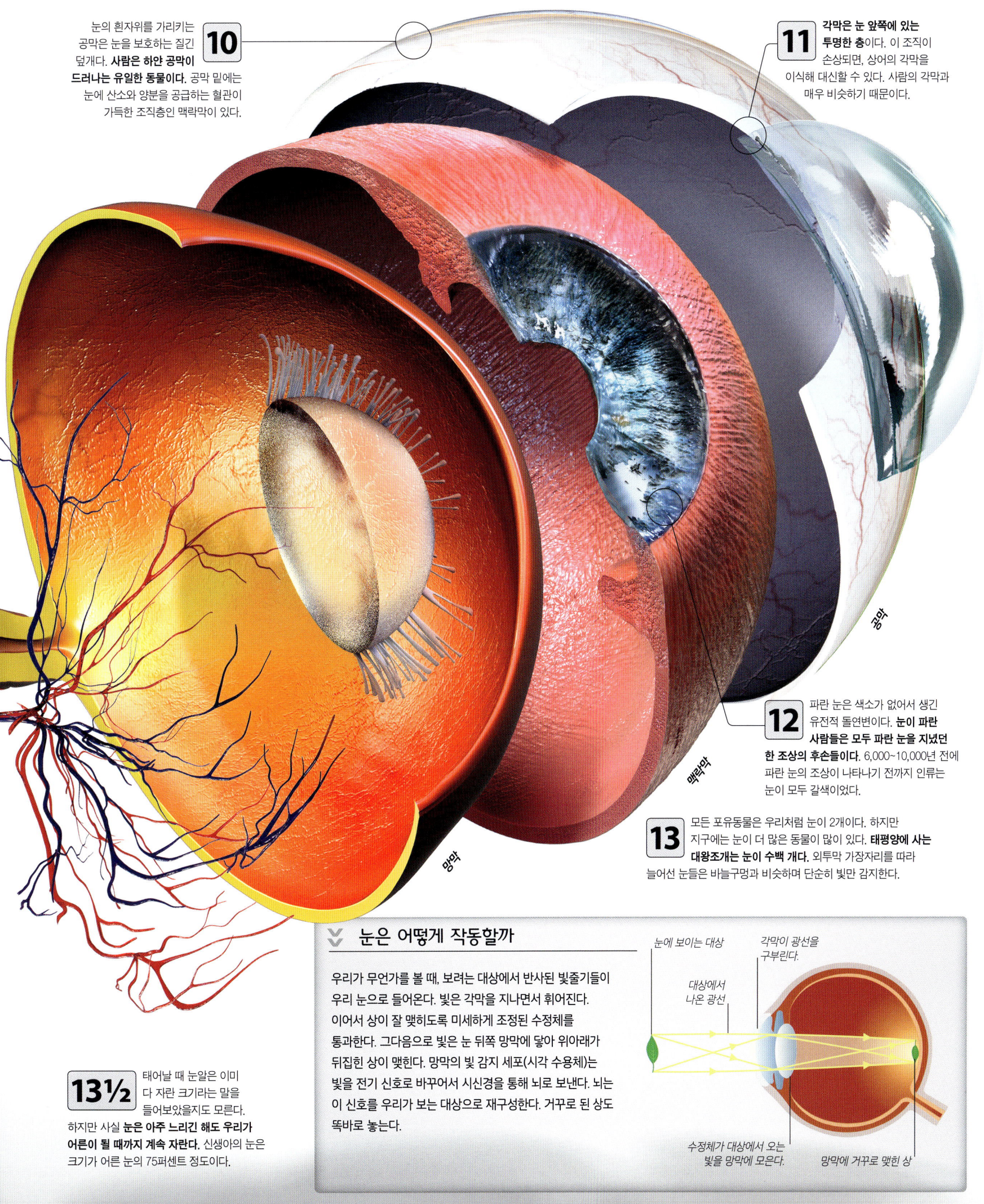

10 눈의 흰자위를 가리키는 공막은 눈을 보호하는 질긴 덮개다. **사람은 하얀 공막이 드러나는 유일한 동물이다.** 공막 밑에는 눈에 산소와 양분을 공급하는 혈관이 가득한 조직층인 맥락막이 있다.

11 **각막은 눈 앞쪽에 있는 투명한 층이다.** 이 조직이 손상되면, 상어의 각막을 이식해 대신할 수 있다. 사람의 각막과 매우 비슷하기 때문이다.

12 파란 눈은 색소가 없어서 생긴 유전적 돌연변이다. **눈이 파란 사람들은 모두 파란 눈을 지녔던 한 조상의 후손들이다.** 6,000~10,000년 전에 파란 눈의 조상이 나타나기 전까지 인류는 눈이 모두 갈색이었다.

13 모든 포유동물은 우리처럼 눈이 2개이다. 하지만 지구에는 눈이 더 많은 동물이 많이 있다. **태평양에 사는 대왕조개는 눈이 수백 개다.** 외투막 가장자리를 따라 늘어선 눈들은 바늘구멍과 비슷하며 단순히 빛만 감지한다.

13½ 태어날 때 눈알은 이미 다 자란 크기라는 말을 들어보았을지도 모른다. 하지만 사실 **눈은 아주 느리긴 해도 우리가 어른이 될 때까지 계속 자란다.** 신생아의 눈은 크기가 어른 눈의 75퍼센트 정도이다.

눈은 어떻게 작동할까

우리가 무언가를 볼 때, 보려는 대상에서 반사된 빛줄기들이 우리 눈으로 들어온다. 빛은 각막을 지나면서 휘어진다. 이어서 상이 잘 맺히도록 미세하게 조정된 수정체를 통과한다. 그다음으로 빛은 눈 뒤쪽 망막에 닿아 위아래가 뒤집힌 상이 맺힌다. 망막의 빛 감지 세포(시각 수용체)는 빛을 전기 신호로 바꾸어서 시신경을 통해 뇌로 보낸다. 뇌는 이 신호를 우리가 보는 대상으로 재구성한다. 거꾸로 된 상도 똑바로 놓는다.

행성들의 행렬

태양계에는 8개의 행성이 있다. 수성, 금성, 화성, 지구는 암석형 행성이다. 주로 암석과 금속으로 이루어져 있다. 목성, 토성, 천왕성, 해왕성은 주로 기체와 액체로 이루어진 거대한 가스형 행성이다.

1 명왕성은 태양계의 9번째 행성이었지만, 그 궤도에서 비슷한 크기의 다른 천체들이 발견되면서 2006년에 왜행성으로 지위가 낮아졌다. 명왕성은 미국 땅에 좌우로 나란히 두 개가 들어갈 만큼 작다.

2 해왕성 너머에 태양을 도는 9번째 행성이 있을지도 모른다. '9번째 행성'이 다른 천체들의 궤도에 영향을 미친다는 증거가 있긴 하지만, 그 행성 자체는 아직 발견되지 않았다.

3 수성은 가장 작은 행성이다. 지구보다 햇빛이 7배 더 밝으며, 온도 변화도 가장 심하다. 낮에는 430도까지 올라갔다가 밤에는 영하 180도까지 떨어진다.

4 금성은 태양에서 두 번째로 가까운 행성이지만 가장 뜨거운 행성이다. 금성의 표면은 온도가 464도에 이르며, 치명적인 황산을 포함한 짙은 구름으로 에워싸여 있다.

5 지구는 생명이 살아가고 액체 상태의 물이 있다는 사실이 알려진 유일한 행성이다. 지구 표면의 3분의 2는 바다다. 지구보다 태양에서 멀리 있는 행성에서는 물이 얼어붙고, 더 가까운 행성에서는 증발한다.

6 화성은 철분이 많은 붉은 먼지로 덮인 '붉은 행성'이다. 화성이 30억 년 전에는 따뜻하고 습했다는 증거들이 있지만, 지금은 춥고 메마르다. 화성은 지금 빙하기이며, 물은 땅 속에 얼어붙은 채로 있다.

7 목성은 태양계에서 가장 큰 행성이며, 다른 모든 행성을 다 더한 것보다 2.5배 더 무겁다. 그래도 태양보다는 훨씬 작다. 목성을 10개쯤 죽 늘어놓아야 비로소 태양의 지름에 가깝다.

▽ 행성의 궤도

태양계의 각 행성은 태양을 둘러싸는 궤도를 돈다. 이것이 공전이다. 각 행성의 태양 공전 궤도는 거의 원형이며, 중력에 따라 형성된다. 행성이 태양에 가장 가까이 다가간 지점을 근일점이라고 하며, 가장 멀리 떨어진 지점을 원일점이라고 한다. 행성이 궤도를 한 번 다 도는 데 걸리는 시간을 '년'이라고 한다. 수성은 1년이 가장 짧으며, 지구 시간으로 겨우 88일이다. 해왕성의 1년 (165지구년)이 가장 길다.

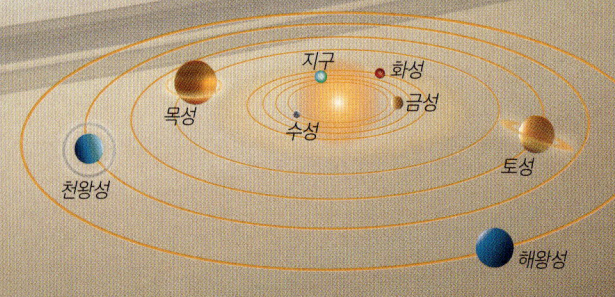

8 지금까지 6개 행성의 궤도에서 달과 같은 위성 175개가 발견되었다. 목성이 69개로 가장 많다. 토성은 62개, 천왕성은 27개, 해왕성은 14개, 화성은 2개, 지구는 1개다. 금성과 수성은 달이 없다.

9 거대한 행성인 토성은 주로 헬륨과 수소로 이루어져 있다. 고체 핵을 갖고 있긴 하지만, 전체적으로 물보다 밀도가 더 낮다. 따라서 이론상 토성은 물에 넣으면 둥둥 뜰 수 있다. 그만큼 거대한 양동이가 있다면 말이다!

10 모든 행성은 자신의 축을 도는 자전도 한다. 다른 행성들은 축이 거의 수직으로 서 있지만, 천왕성은 축이 심하게 기울어져 있어서 수평으로 자전한다. **천왕성은 한 번 자전하는 데 17시간 14분이 걸린다.** 지구는 23시간 56분이 걸리고, 금성은 무려 5,832시간이 걸린다.

11 소행성은 행성들이 형성되고 남은 물질로 이루어진 바위 덩어리다. **화성과 목성 사이의 궤도에는 소행성이 수십억 개 있다.** 하지만 그 소행성들의 질량을 다 더해도 지구에 있는 달의 질량보다 가볍다.

12 태양에서 가장 멀리 떨어진 **해왕성은 가장 추운 행성**이자, 가장 센 바람이 부는 곳이다. 풍속은 시속 2,160 킬로미터에 달한다. 해왕성은 큰 가스형 행성 중에서 가장 작다. 그래도 지구의 4배나 된다.

13 해왕성 너머에는 도시만 한 얼음덩어리 수천 개가 태양을 돌고 있다. 그중 하나가 방향을 돌려서 태양 쪽으로 다가오면, 얼음과 먼지가 떨어져 나가면서 수천 킬로미터에 이르는 **거대한 꼬리**가 생긴다. 그것이 바로 혜성이다.

13½ 운석은 우주에서 지구 대기를 뚫고 들어와서 땅에 충돌하는 광물 덩어리다. 운석은 드물지 않다. 평균적으로 한 해에 운석이 떨어지는 광경을 볼 수 있는 기회는 약 10번뿐이지만, 눈에 보이지 않게 떨어지는 운석은 수천 개에 달한다. 공중에서 타고 사라져 버리는 별똥별은 훨씬 더 많다.

상어의 공격

백상아리는 뛰어난 감각, 뼈를 부수는 강인한 턱, 무시무시한 명성을 지닌, 바다의 최상위 포식자 중 하나다. 상어는 약 526종이 있으며, 전 세계의 모든 바다에 산다.

1 백상아리는 몸길이 7.2미터까지 자랄 수 있다. 어른 키의 약 4배다. 몸무게는 2톤까지 나간다. 이 강력한 포식자는 물범, 돌고래, 거북, 물고기뿐 아니라, 다른 상어까지 잡아먹곤 한다.

2 상어는 **로렌치니기관**이라는 뾰루지만 한 혹들이 가득 나 있는 예민한 주둥이를 지닌다. 로렌치니기관은 아주 미약한 전기 파동까지 감지할 수 있다. 그래서 완전히 깜깜한 곳에서도 먹이를 찾아낼 수 있다.

3 상어의 눈은 머리 양옆에 있어서, 시야가 아주 넓다. 시야가 가장 넓은 것은 귀상어다. 양쪽 눈이 멀리 떨어져 있어서 주변 360도를 다 볼 수 있다.

4 상어는 이빨이 계속 빠진다. 그래도 여분의 이빨이 15줄까지 있다. 닳아서 뭉툭해진 이빨이 빠지면, 새 이빨이 그 자리를 대신한다. 또 상어 이빨에는 본래 불소 성분이 들어 있다. 불소는 우리가 충치를 예방하기 위해 치약에 넣는 성분이다.

5 상어의 조상은 약 4억 2000만 년 전에 처음 출현했다. 그 뒤로 상어는 다섯 차례의 대량 멸종 사건에서 살아남았다. 6600만 년 전 공룡을 전멸시킨 사건을 겪은 이후에도 살아남았다.

6 상어의 머리부터 꼬리까지 양옆으로 감각 세포들이 줄지어 나 있다. 이 세포 줄은 옆줄이라고 하며 모든 어류에서 볼 수 있다. 옆줄에는 물에서 일어나는 아주 작은 진동도 느끼는 작은 털들이 들어 있다.

7 상어는 후각이 놀라울 만치 뛰어나다. 약 1킬로미터 떨어진 곳에 떨어진 피 한 방울도 알아차릴 수 있다.

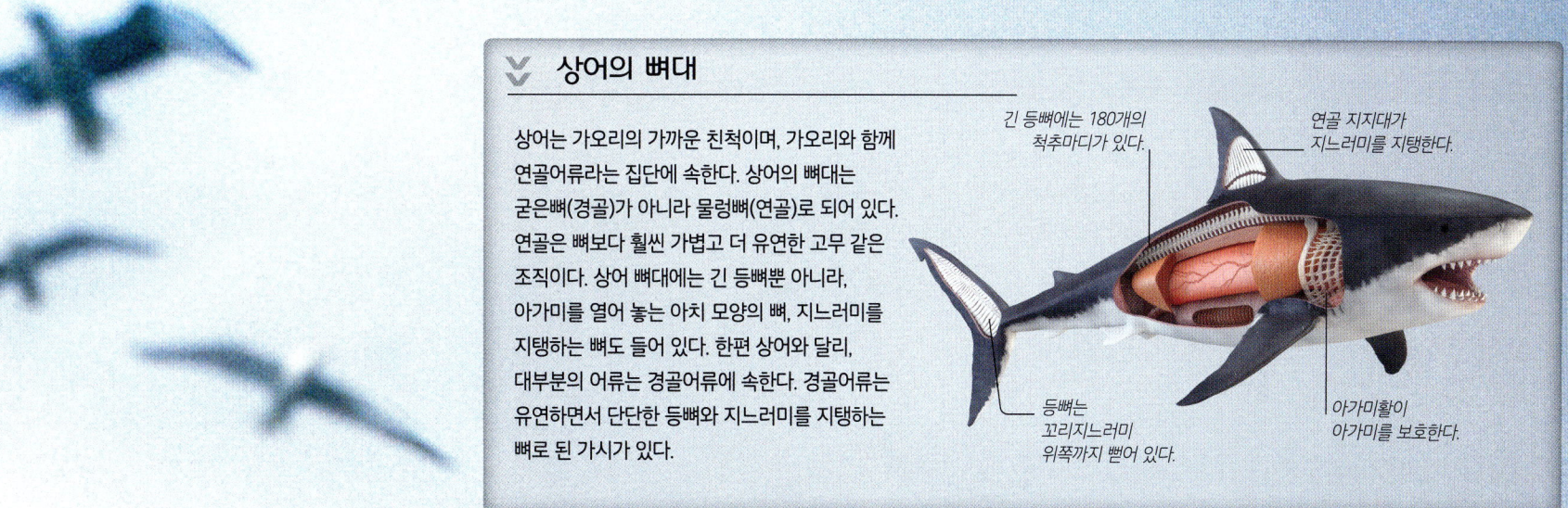

상어의 뼈대

상어는 가오리의 가까운 친척이며, 가오리와 함께 연골어류라는 집단에 속한다. 상어의 뼈대는 굳은뼈(경골)가 아니라 물렁뼈(연골)로 되어 있다. 연골은 뼈보다 훨씬 가볍고 더 유연한 고무 같은 조직이다. 상어 뼈대에는 긴 등뼈뿐 아니라, 아가미를 열어 놓는 아치 모양의 뼈, 지느러미를 지탱하는 뼈도 들어 있다. 한편 상어와 달리, 대부분의 어류는 경골어류에 속한다. 경골어류는 유연하면서 단단한 등뼈와 지느러미를 지탱하는 뼈로 된 가시가 있다.

- 긴 등뼈에는 180개의 척추마디가 있다.
- 연골 지지대가 지느러미를 지탱한다.
- 등뼈는 꼬리지느러미 위쪽까지 뻗어 있다.
- 아가미뚜껑이 아가미를 보호한다.

8 백상아리는 죽지 않으려면 계속 움직여야 한다. 헤엄을 쳐야 물이 입으로 들어와서 아가미로 지나가고, 그래야 산소를 얻을 수 있다. 가만히 있으면, 충분한 양의 물이 아가미를 통과할 수가 없다. 그러면 익사할 수 있다.

9 모든 상어는 포식자이지만, 모두가 공격적인 것은 아니다. 상어 중 가장 큰 고래상어는 물에서 먹이 알갱이들을 걸러서 먹는 얌전한 거인이다. 몸길이가 20미터까지 자랄 수 있으며, 백상아리의 거의 3배에 달한다. 가장 작은 상어는 꼬마랜턴상어로서 기니피그만 하다.

10 일부 상어는 먹이를 찾을 때 가리지 않고 아무거나 닥치는 대로 삼킨다. 황소상어는 때로 "바다의 쓰레기통"이라고 불린다. 황소상어의 위장에서 자동차 타이어, 번호판, 심지어 호저까지 발견된 적이 있다.

11 상어의 턱은 머리뼈와 아주 느슨하게 연결되어 있어서, 먹이를 물 때에는 앞으로 내밀 수 있다. 일단 먹이를 잡으면, 이빨로 꽉 물고 머리를 좌우로 마구 흔들어서 한 덩어리를 크게 떼어 낸다.

12 제2차 세계 대전 때, 미군의 첫 자원 항공대원들은 적을 겁주기 위해서 항공기 앞쪽에 무시무시한 상어의 눈과 이빨을 그렸다. 비호대라는 별명이 붙은 이 항공대는 버마(지금의 미얀마)와 중국 상공에서 비행 작전을 수행했다.

13 상어 피부는 서로 얽힌 미세한 이빨들로 이루어져 있다. 방패비늘이라고 하는 이 질기고 울퉁불퉁한 비늘 덕분에 상어는 물속을 매끄럽게 소리 없이 나아갈 수 있다. 과학자들은 잠수부가 더 빨리 헤엄칠 수 있도록 인공 상어 피부를 이용한 고성능 잠수복을 개발하고 있다.

13½ 상어는 무시무시해 보이지만, 사실 우리가 상어에게 더 무시무시한 존재다. 상어가 인간을 공격하는 일은 아주 드물다. 연간 사망자가 약 6명에 불과하다. 하지만 인간은 해마다 약 1억 마리의 상어를 사냥한다. 그래서 많은 상어가 멸종 위기에 처해 있다.

글자의 비밀

고대 석판에서 현대의 휴대 전화 메시지에 이르기까지, 인류는 문자 덕분에 지난 수천 년 동안 의사소통을 할 수 있었다. 우리 조상들은 다양한 기호와 문자를 썼다. 우리가 아직 해독하지 못한 것도 있다.

1 2만 6,000여 년 전, **석기 시대 사람들은 뼈와 자갈에 금을 그었다.** 이 수수께끼 같은 표시로 잡은 동물의 수를 기록했거나 달과 별에 관한 정보를 알렸을지도 모른다.

2 **최초의 진정한 문자는 5,000년 전 메소포타미아에서 발명되었다.** 쐐기문자라는 것이었다. 점토판에 갈대를 눌러서 쐐기 모양으로 자국을 남기는 방식으로 쓰는 문자였다. 쐐기문자는 고상한 문학 작품을 쓴 것이 아니라, 일상생활에서 셈을 하는 데 쓰였다. 양 같은 물품을 사고판 내용을 기록했다.

3 **고대 이집트인들은 세계에서 가장 유명한 그림문자 중 하나를 창안했다.** 바로 상형 문자(신성 문자)다. 고대 이집트의 상형 문자는 700가지가 넘는 그림을 이용했다. 새, 동물, 집안의 물건, 심지어 사람의 신체 부위를 닮은 문자도 있다.

4 페루의 잉카인들이 썼던 이 끈 매듭은 사실 '퀴푸'라는 결승 문자로 된 복잡한 기록 체계였다. 잉카인은 다른 문자가 없었기에, **매듭의 수, 크기, 위치를 의사소통 수단으로 삼았다.**

5 몇몇 고대 문자는 오늘날까지 수수께끼로 남아 있다. 태평양의 이스터 섬에 새겨진 이 기호도 그렇다. '롱고롱고'라는 고대 언어로 여겨지지만, 무슨 뜻인지는 아무도 모른다.

6 자모의 각 글자는 서로 다른 소리를 나타낸다. 파푸아뉴기니의 부건빌 섬에서만 쓰이는 **로토카스어는 자모가 가장 적어서 12자밖에 안 된다.**

7 몇몇 현대 언어는 자모 대신에 상형 문자를 쓴다. **중국인 약 9억 명이 쓰고 있는 한자는 100,000자가 넘는 문자로 이루어져 있다.** 상형 문자의 각 기호는 자모가 아니라 뜻을 담은 말마디를 나타낸다. 대부분의 중국인은 겨우 4,000자를 안다. 그 정도만 알면 책이나 신문을 충분히 읽을 수 있다.

8 오늘날 신문은 잘게 빻은 목재와 물을 섞어서 만든다. **옛 조상들은 죽은 동물의 가죽으로 만든 양피지를 썼다.** 털가죽에서 털을 손으로 다 긁어낸 뒤에 늘여서 얇게 편 것이다. 주로 양가죽을 썼다.

9 1940년대에 처음 나온 **볼펜은 현재 세상에서 가장 인기 있는 필기도구가 되어 있다.** 헝가리 신문의 바쁜 편집자였던 라슬로 비로가 발명했다. 비로는 얼룩지지 않고 잉크를 다시 채우지 않아도 몇 시간씩 쓸 수 있는 펜이 있었으면 좋겠다는 생각에 개발했다.

10 연필에는 평균적으로 선을 **56킬로미터쯤 그릴 수 있는 연필심(흑연)이 들어 있다.** 연필은 볼펜보다 더 오래간다. 연필 한 자루로 볼펜보다 60배 이상 더 많은 단어를 쓸 수 있다.

11 과학자들은 모든 생물의 세포에 들어 있는 유전 암호인 DNA에 그림을 비롯하여 책 전체를 암호로 기록할 수 있다. 찻숟가락 하나 분량의 DNA에는 인류가 지금까지 쓴 모든 책, 시, 편지, 쇼핑 목록이 다 들어가고도 공간이 많이 남을 것이다.

12 앞을 볼 수 없는 사람들을 위한 점자는 손가락으로 느껴서 읽는 글자다. 볼록하게 튀어나온 점들로 이루어져 있다. **점자는 인쇄된 글자보다 훨씬 더 많은 공간을 차지한다.** 「해리 포터」 시리즈 한 권을 점자로 적으면 점자책 10권이 된다.

13 전문가들은 SNS 언어, 즉 스마트폰으로 의사소통할 때 쓰는 속어, 약어, **이모티콘 등이 새로운 문자 언어가 될지도 모른다고 말한다.** 2015년, 옥스퍼드 영어 사전은 기뻐서 눈물을 흘리는 얼굴 이모티콘을 올해의 단어로 선정했다.

13½ 우주 공간에서는 보통 볼펜을 쓸 수가 없다는 말을 들어 보았을지 모르겠다. 하지만 우주 비행사들은 **연필도 쓸 수 없다.** 연필심이 부러지면 위험해질 수 있기 때문이다. 부러진 심이 떠다니다가 기계나 눈에 들어가면 큰일이다. 그래서 우주에서는 특수하게 설계된 펜이 쓰인다.

1 프랑스 쇼베의 어느 동굴 벽에는 약 3만 년 전에 그려진 그림이 있다. **이 암석화에는 매머드, 사자, 코뿔소, 뛰는 물소 등의 동물들이 그려져 있다.** 사냥이 잘되길 기원하는 의식에 쓰였던 그림으로 보는 이들도 있다. 하지만 우리는 그들이 왜 그렸는지 결코 알 수 없을 것이다.

2 **선사 시대 화가는 광물, 숯, 흙, 태운 뼈를 빻은 가루로 색깔을 냈다.** 색소를 이겨서 끈끈한 물감을 만들기 위해서, 처음에는 동물의 지방을 썼다. 훗날에는 색소에 계란 노른자를 섞어서 그림을 그렸다. 그러다가 15세기에 아마 씨 기름을 섞은 유화 물감이 등장했다.

3 고대 이집트 그림은 양식이 아주 독특하다. 화가들이 엄격한 규칙을 따라서 그려야 했기 때문이다. 자세히 보면 **그림 속 사람들의 눈과 어깨는 언제나 정면을 향하고, 다른 신체 부위는 옆을 향해 있다.** 인물의 크기도 상징적이었다. 가장 중요한 인물이 가장 크게 그려졌다. 고대 이집트에서 미술은 오로지 부자, 신 또는 죽은 사람만이 볼 수 있는 매우 특별한 것이었다.

4 1974년 중국 시안에서 진시황릉 병마용갱이 발견되었다. 굴 안에는 실물 크기로 흙을 빚어 구운 테라코타 병사와 말 모형이 8,000기가 넘게 있었다. 이 **병마용들은 2,200여 년 전에 만들어졌으며, 저마다 모습이 다르다.** 최초로 중국 전체를 통일한 진시황제의 무덤을 지키기 위해 만들어졌다. 이 무덤을 만드는 데 70만 명이 동원되었다고 한다.

5 1911년 온 세계가 깜짝 놀랐다. 이탈리아 화가 레오나르도 다빈치가 1503년에 그린 유명한 **「모나리자」를 이탈리아인 좀도둑이 훔쳐 갔기 때문이다.** 범인은 그 명화가 걸려 있던 파리의 루브르 박물관에서 일하던 빈센초 페루지아였다. 페루지아는 「모나리자」를 자신의 작업복으로 감싸 들고 걸어 나갔다. 2년 뒤, 그림을 팔려고 하다가 붙잡혔다.

6 바티칸 시스티나 성당의 천장에는 이탈리아 르네상스 시대의 화가 미켈란젤로가 그린 그림이 있다. 성서의 중요한 장면들을 담은 놀라운 천장화였다. 미켈란젤로는 발판을 벽에 연결하여 설치한 뒤 18미터 높이의 천장에 4년 동안 그림을 그렸다. **오늘날 매일 2만 5,000명이 넘는 사람들이 시스티나 성당을 찾는다.**

7 네덜란드 화가 **빈센트 반 고흐는 해바라기 그림으로 가장 잘 알려져 있다.** 고흐는 꼬박 10년 동안 900점 넘는 그림을 그렸지만, 생전에 팔린 작품은 단 한 점이었다. 거친 붓 자국과 풍부한 색채가 특징인 고흐의 작품은 오늘날 수십억 원에 팔린다.

그림은 완벽하다

모든 그림이 천 마디 말보다 가치가 있다면, 세계는 역대 미술품으로 이루어진 거대한 도서관을 지닌 셈이다. 세심한 조각부터 대담한 붓질에 이르기까지, 역사 내내 다양한 양식이 출현하고 발전했다.

8 1900년대에 몇몇 화가들은 눈에 보이는 것을 그리는 대신에, 색깔이나 형상을 감정이나 생각을 표현하는 데 쓰기 시작했다. 이를 추상 미술이라고 한다. 추상 미술은 언제나 명확하게 해석되지는 않는다. 1961년 뉴욕 현대 미술관에서 **앙리 마티스의 「보트」가 47일 동안 거꾸로 걸려 있었는데도, 아무도 눈치 채지 못했다.**

9 1920년대에 초현실주의 운동이 세상을 뒤집어 놓았다. **초현실주의는 현실을 넘어선 무엇을 찾는 움직임이었다.** 화가들은 종종 꿈같은 상태를 그렸고, 털이 난 찻잔과 하늘을 나는 물고기 같은 불가능하고 이치에 안 맞는 대상을 그렸다. 가장 유명한 초현실주의자 중 한 명인 스페인 화가 살바도르 달리는 바닷가재 전화기와 녹아내리는 시계 그림으로 유명하다.

10 미국 화가 잭슨 폴록은 1947년 독특한 방식으로 그림을 그리기 시작했다. **이젤을 내버리고 캔버스를 바닥에 놓은 뒤 물감을 뿌리고 붓고 똑똑 떨어뜨렸다.** 이 활기 넘치는 방식은 곧 사람들의 시선을 사로잡았고, '액션 페인팅'이라고 불려졌다. 그리는 행위 자체가 완성된 그림보다 더 중요하다고 여기는 추상 표현주의가 발전했다.

11 2004년 중국에서 높이 208미터인 세계 최대의 석조 불상이 만들어졌다. 반대로 맨눈으로 볼 수 없을 만큼 작은 조각상도 있다. **세계에서 가장 작은 인체 조각상**은 존티 허위츠가 만든 「신뢰」인데, 개미의 머리에 올려놓을 수 있을 만큼 작다. 그런데 2015년에 사진사의 손가락에 눌려서 그만 부서지고 말았다.

12 미술품 거래는 규모가 큰 산업이며 걸작은 엄청난 가격에 팔린다. **가장 값비싼 그림**은 스페인 화가 파블로 피카소의 「나신, 관엽 식물과 흉상」(1932년)으로, 2010년 경매에서 1억 650만 달러에 팔렸다.

13 **현대에는 무엇이 진정한 미술인지를 두고 의견이 제각각 다르다.** 창작자들은 반으로 가른 죽은 소를 전시하거나 (데이미언 허스트), 만들다 만 침대를 갖다놓거나 (트레이시 에민), 말린 코끼리 똥을 물감으로 쓰거나 (크리스 오필리) 함으로써 미술을 극한까지 밀어붙여 왔다.

13½ 미술 평론가들이 정말로 미술 재능을 판단하는 최종 심판일까? **평론가는 어떻게 미술과 나쁜 미술을 구별하는 법을 어떻게 알까?** 1964년, 피에르 브라소라는 알려지지 않은 화가의 작품 6점이 스웨덴 예테보리에서 전시되었다. 평론가들은 브라소의 작품이 훌륭하다고 칭찬했는데, 사실은 인근 동물원의 침팬지가 그린 것임이 드러났다.

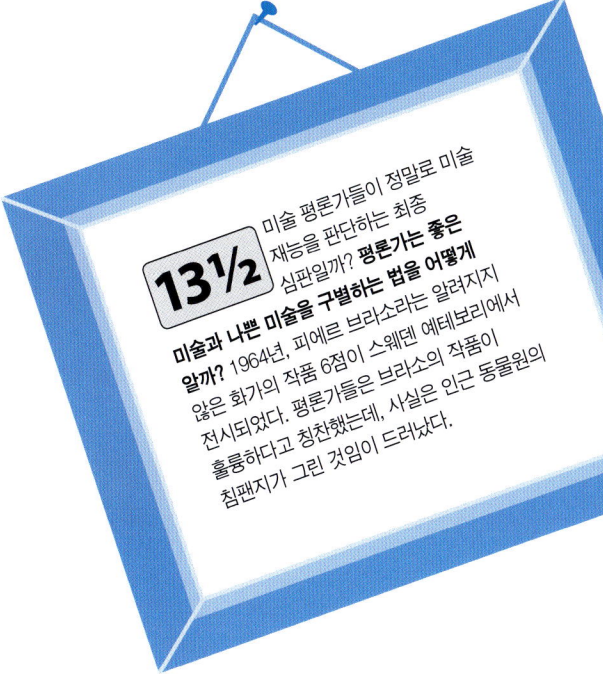

전갈의 꼬리 침

전갈은 야행성 포식자이며, 집게와 독침을 써서 먹이를 사냥한다. 하루에 곤충을 자기 몸무게만큼씩 먹을 수 있다. 주로 우림과 더운 지역에 살며, 바위와 모래 위, 나무 위에서 살아간다.

1 전갈은 무척추동물이다. 즉 속뼈대가 없다. 대신에 **겉뼈대라는 단단한 껍데기가 몸을 지탱한다.** 전갈의 겉뼈대는 자외선으로 보면 밝은 청록색으로 빛난다. 이유는 아무도 모른다.

2 **전갈은 거의 2,000종에 달한다.** 몸길이가 겨우 9밀리미터인 미크로티투스 미니무스에서 집쥐만 한 크기인 21센티미터에 달하는 이 황제전갈에 이르기까지 다양하다. 황제전갈은 세계에서 가장 큰 전갈 종 중 하나이며, 서아프리카에 산다.

3 전갈은 사람과 달리 동맥과 정맥을 갖고 있지 않다. 대신에 관 모양의 심장이 체강으로 피를 뿜어낸다. 체강은 몸속의 공간으로서, 그 안의 체액 속에 다른 모든 기관들이 떠 있다. **전갈을 비롯한 여러 절지동물들은 피가 파랗다.**

4 **황제전갈의 강력한 집게는 주된 무기다.** 아주 강한 힘으로 먹이를 붙잡아 짓눌러 으깨는 데 쓴다. 대개 커다란 근육질 집게를 지닌 전갈 종은 집게가 더 작고 꼬리가 더 크고 통통한 전갈 종보다 침의 독이 약하다.

5 전갈은 단단한 먹이를 먹을 수 없다. **협각이라는 발톱처럼 생긴 구기(입을 이루는 여러 기관들)를 써서 먹이를 잘게 찢는다.** 그런 뒤 위장에 든 소화액을 토해서 뒤덮는다. 먹이가 녹아서 걸쭉해지면 빨아 마신다.

6 **전갈의 단순한 뇌는 몸을 따라 쭉 뻗어 있는 신경삭에 연결되어 있다.** 신경삭은 배 쪽으로 뻗어 있으며, 다리를 움직이는 신경과 이어져 있다.

집게 근육

7 **전갈의 다리는 예민한 털로 덮여 있어서, 공기의 진동을 감지할 수 있다.** 몸 아래쪽에는 빗처럼 생긴 한 쌍의 특수한 기관이 있다. 빗살판이라는 이 기관이 땅의 진동을 감지하고 온도와 습도를 파악한다.

파도 일으키기

심해저에서 높은 상공에 이르기까지, 물은 지구에서 상상할 수 있는 어디에나 있다. 우리 몸속에도 있다. 지구에는 생명이 살아가는 데 필수적인 물이 13억 세제곱킬로미터나 있다.

1 지구에 있는 물의 겨우 3퍼센트만이 민물이다. 우리는 생존하려면 민물이 필요하다. 민물은 대부분 빙하와 만년설 속에 얼어붙어 있다. 민물 중 겨우 1퍼센트만 우리가 마실 수 있는 액체 형태로 존재한다.

2 짠물은 바다에만 있는 것이 아니다. 중동의 사해 같은 육지로 둘러싸인 **몇몇 큰 호수는 염분이 너무 많아서 드러누우면 물 위에 둥둥 뜰 정도다.**

3 지구는 태양계에서 액체 상태의 물이 있다고 알려진 유일한 행성이다. 물은 우주 저 멀리에서도 발견된다. 120억 광년 떨어진 곳에는 블랙홀을 에워싼 거대한 안개구름이 있다. 지구의 바다를 모두 합친 것보다 140조 배 더 많은 물을 품은 구름이다.

4 식물의 뿌리는 물을 흙에서 빨아들여서 증산이라는 과정을 통해 대기로 방출한다. 커다란 참나무는 하루에 400리터(욕조 5개를 가득 채울 양)나 되는 물을 대기로 내보낼 수 있다.

5 세상에서 가장 긴 강은 나일강으로, 아프리카를 구불구불 약 6,853킬로미터를 흐른다. **강물의 양을 보면, 남아메리카의 아마존강이 더 많다.** 바다로 흘러드는 민물의 20퍼센트가 아마존강에서 나온다.

6 지진과 화산 분출은 엄청난 지진 해일을 일으킬 수 있다. 지진 해일은 세계에서 가장 파괴적인 자연력에 속한다. 지진 해일은 높이가 35미터에 달하기도 한다. 10층 건물 높이다.

7 구름은 가볍고 보풀거리는 양 보일지 모르지만, 사실은 엄청 많은 양의 물을 머금고 있다. **뭉게구름은 평균적으로 (좋은 날씨일 때) 무게가 50만 킬로그램에 달한다.** 커다란 비행기의 2배 무게다.

8 마실 물을 구할 수 있도록 돕는 신기술들이 계속 개발되고 있다. **주변 공기에서 물을 추출할 수 있는 첨단 기술로 만든 물병도 있고,** 더러운 물에서 해로운 오염 물질을 제거하는 나노 입자도 나와 있다.

9 바다는 지표면의 70퍼센트 이상을 덮고 있다. 수면과 심해의 해류는 지구 전체를 끊임없이 순환한다. 한 번 도는 데 1,000년이 걸릴 수도 있다.

10 어른의 몸은 평균 60퍼센트가 물이다. 약 40리터가 들어 있다. 물은 모든 세포에 들어 있다. **단단한 뼈도 31퍼센트는 물로 이루어진다.**

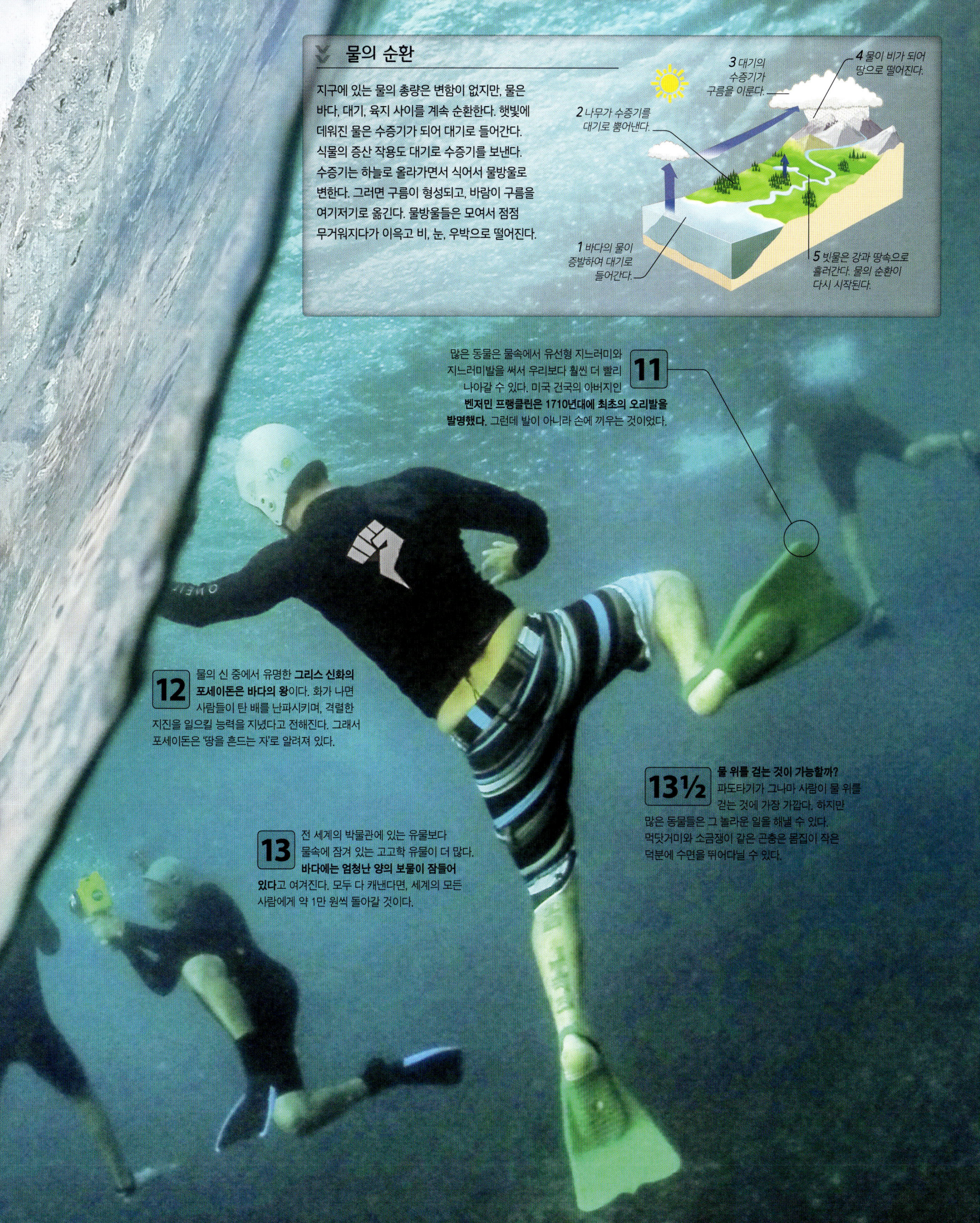

물의 순환

지구에 있는 물의 총량은 변함이 없지만, 물은 바다, 대기, 육지 사이를 계속 순환한다. 햇빛에 데워진 물은 수증기가 되어 대기로 들어간다. 식물의 증산 작용도 대기로 수증기를 보낸다. 수증기는 하늘로 올라가면서 식어서 물방울로 변한다. 그러면 구름이 형성되고, 바람이 구름을 여기저기로 옮긴다. 물방울들은 모여서 점점 무거워지다가 이윽고 비, 눈, 우박으로 떨어진다.

1 바다의 물이 증발하여 대기로 들어간다.
2 나무가 수증기를 대기로 뿜어낸다.
3 대기의 수증기가 구름을 이룬다.
4 물이 비가 되어 땅으로 떨어진다.
5 빗물은 강과 땅속으로 흘러간다. 물의 순환이 다시 시작된다.

11 많은 동물은 물속에서 유선형 지느러미와 지느러미발을 써서 우리보다 훨씬 더 빨리 나아갈 수 있다. 미국 건국의 아버지인 **벤저민 프랭클린은 1710년대에 최초의 오리발을 발명했다.** 그런데 발이 아니라 손에 끼우는 것이었다.

12 물의 신 중에서 유명한 **그리스 신화의 포세이돈은 바다의 왕**이다. 화가 나면 사람들이 탄 배를 난파시키며, 격렬한 지진을 일으킬 능력을 지녔다고 전해진다. 그래서 포세이돈은 '땅을 흔드는 자'로 알려져 있다.

13 전 세계의 박물관에 있는 유물보다 물속에 잠겨 있는 고고학 유물이 더 많다. **바다에는 엄청난 양의 보물이 잠들어 있다**고 여겨진다. 모두 다 캐낸다면, 세계의 모든 사람에게 약 1만 원씩 돌아갈 것이다.

13½ 물 위를 걷는 것이 가능할까? 파도타기가 그나마 사람이 물 위를 걷는 것에 가장 가깝다. 하지만 많은 동물들은 그 놀라운 일을 해낼 수 있다. 먹닷거미와 소금쟁이 같은 곤충은 몸집이 작은 덕분에 수면을 뛰어다닐 수 있다.

운동 경기에 쓰는 공과 장비들

달리기에서 파도타기와 축구에 이르기까지, 스포츠는 사람이 지닌 실력, 근력, 지구력의 한계를 시험한다. 운동선수들은 규칙에 따라 경기를 하여 최종 결과(이기기 또는 끝내기)를 얻는다. 적절한 장비를 갖추지 않으면, 시작하기도 전에 판가름이 난다.

1 전 세계에는 약 8,000가지의 운동 경기가 있다고 한다. 대부분의 사람들은 즐기고 운동하기 위해 스포츠 경기를 하지만, 스포츠로 돈을 벌 수도 있다. 2015년 권투선수 플로이드 메이웨더 주니어는 상금으로 2억 8500만 달러를 벌었다.

2 가라테는 '빈손'을 뜻한다. 이 무예를 하려면 면으로 된 도복만 있으면 된다. **실력 수준에 따라서 띠의 색깔이 다르다.**

3 우리가 아는 야구는 1891년에 창안되었다. 하지만 아즈텍인들은 일찍이 올라말리츨리(ollamalitzli)라는 고무공으로 하는 경기를 즐겼다. 속이 찬 고무공을 머리, 팔꿈치, 무릎, 엉덩이만을 써서 돌로 된 작은 고리 안으로 넣는 운동이었다. 손을 쓰면 안 되었다.

4 원래의 럭비공은 자두 모양이었으며, 냄새 나고 미끈거리는 돼지 오줌보를 가죽으로 감싼 것이었다. 입으로 바로 불거나 점토로 만든 관을 대고 불어서 탱탱하게 만들었다.

5 야구공이 방망이에 맞아서 날아가는 순간의 '탈출 속도'는 시속 193킬로미터까지 나올 수 있다. 딱딱한 야구공은 코르크를 고무줄로 감은 뒤, 그 위를 실로 층층이 감고서 가죽으로 감싸 만든다.

6 권투 글러브를 반드시 끼도록 규정한 것은 1867년이다. 하지만 **고대 그리스에서도 격투기 선수들은 동물 가죽띠로 손을 친친 감았다.** 로마 검투사들은 때릴 때 더 큰 충격을 줄 수 있도록 가죽띠에 금속을 덧댔다.

7 해머던지기는 1900년에 올림픽 정식 종목이 되었다. 당시에는 남자만 출전했다. 사슬에 달린 7.26킬로그램짜리 공을 던지는 경기이다. 해머던지기의 최고 기록은 86.74미터다. 멀리뛰기 세계 기록의 약 10배 거리다.

8 펜싱, 테니스, 럭비와 함께 야구는 패럴림픽 휠체어 경기 4종목을 이룬다. 경기용 휠체어는 잘 넘어지지 않도록 바퀴가 안쪽으로 기울어져 있다.

9 미식축구용 어깨 보호대는 플라스틱 안에 충격을 흡수하는 발포 수지가 들어 있다. 복장뼈(가슴뼈)와 어깨를 보호한다. 165킬로그램의 상대팀 선수가 부딪혀 온다거나 할 때 아주 중요한 역할을 하는 필수 장비이다.

당구공

10 12세기에 수도사들이 창안한 **테니스**는 처음에는 손으로 공을 치는 경기였다. 지금은 튼튼하고 가벼운 탄소 섬유나 그래파이트 섬유로 만든 라켓을 쓰므로 훨씬 덜 아프게 할 수 있다.

골프공

셔틀콕(배드민턴 공)

11 탄소 섬유로 된 러닝 블레이드 덕분에 장애인 달리기 선수는 **100미터를 11초 이내로 뛸 수 있다**. 바닥에 '발'을 디딜 때, 블레이드는 스프링처럼 압축되었다가 되돌아가면서 주자를 앞으로 밀어낸다. 트랙에서 미끄러지지 않도록 블레이드 밑에 징을 붙일 수도 있다.

12 고대 이집트 유적에서 볼링 핀과 공이 발견되었으므로, 기원전 3200년경에도 사람들은 볼링을 즐겼던 듯하다. **핀 10개를 놓고 하는 현대의 볼링은 1841년 미국에서 시작되었다**. 핀 9개로 하는 나인핀 볼링이 도박 때문에 금지되자, 10개를 놓고 하게 된 것이다.

서프보드

13 축구는 가장 많은 사람들이 보고 즐기는 **스포츠이다**. 2014년 월드컵 경기는 32억 명이 시청했다. 축구를 한다는 핑계로 마을 남자들 전체가 부풀린 돼지 오줌통을 쫓아다니면서, 서로 치고받곤 하던 지역도 있었다.

크리켓 공

13½ **마라톤**은 기원전 490년 전투가 벌어진 **마라톤**에서 **아테네까지** 사자가 승전보를 전하기 위해 약 40킬로미터를 뛰었던 역사에서 생겨난 종목이다. 그런데 마라톤 거리가 정확히 42,195킬로미터로 정해진 것은 1908년 제4회 런던 올림픽 때의 일이다. 윈저 성에서 런던 올림픽 경기장까지의 거리였다.

1 곤충은 절지동물이다. 절지동물은 거미류, 전갈류, 갑각류, 지네류도 포함하는 아주 규모가 크고 다양한 집단이다. 곤충은 관절로 이어진 6개의 다리를 갖고 있으며, **몸이 세 부분으로 되어 있다.** 겉뼈대가 몸을 보호하며, 두 개의 민감한 더듬이가 있다.

2 벼룩과 이처럼, 아주 작아서 맨눈에는 거의 보이지 않는 곤충도 많다. **현미경으로 봐야 보이는** 곤충들도 있다. 요정파리 수컷은 몸길이가 겨우 0.1밀리미터다. 마침표의 4분의 1만 하다.

3 **잠자리**는 곤충 세계에서 비행의 명수이자 격추왕이다. **시속 48킬로미터까지 속도를 낼 수 있고**, 뛰어난 시력으로 공중에서 **먹이를 낚아챌** 수 있다.

4 딱정벌레는 모든 곤충의 3분의 1을 차지한다. 사실 지구에 사는 동물 4마리 중 1마리는 **딱정벌레다.** 이 **사슴벌레**는 약 40만 종에 이르는 딱정벌레 가운데 하나다. 뿔 같은 턱으로 번식기에 암컷을 차지하기 위해 수컷끼리 싸운다.

5 곤충 성체는 대부분 며칠 또는 몇 주밖에 못 산다. 하지만 여왕 흰개미는 반세기 동안 군체를 통치하며 살 수 있다. 날마다 알을 최대 2만 6,000개씩 낳으면서 말이다.

곤충의 침입

곤충은 축축한 습지에서 메마른 사막에 이르기까지 모든 서식지에서 번성한다. 지구에서 가장 성공한 동물 집단이라 할 수 있다. 150만 종에 달하는 동물 종 가운데 곤충은 100만 종 이상을 차지하며, 아마 앞으로도 수백만 종이 더 발견될 것이다.

6 모충은 나비와 나방의 한살이에서 유생 단계를 가리킨다. 모충이 주로 하는 일은 엄청난 양의 잎을 뜯어먹는 것이다. 일부 종은 몇 주 사이에 자기 몸무게의 2만 7,000배가 넘는 잎을 먹을 수 있다.

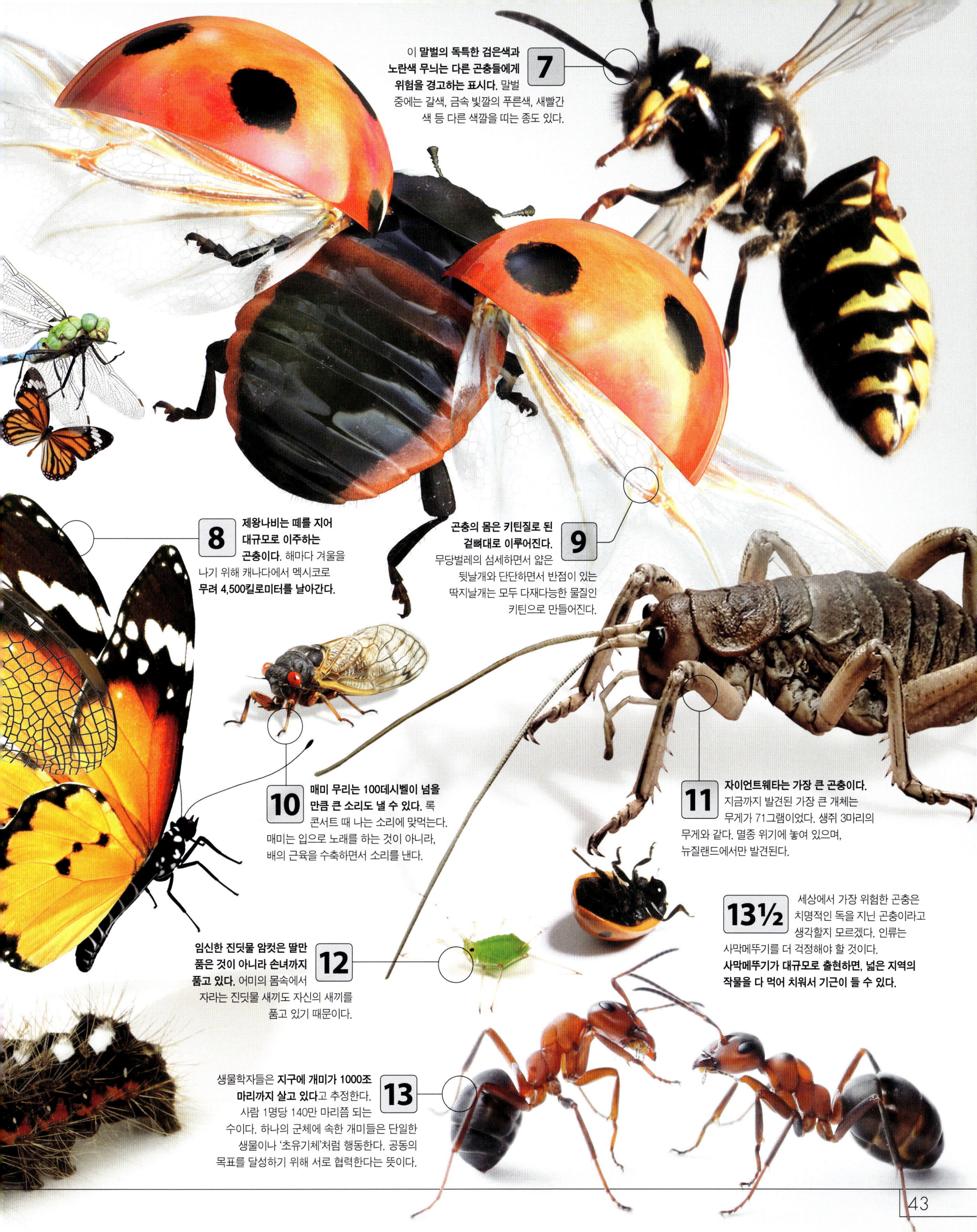

7 이 말벌의 독특한 검은색과 노란색 무늬는 다른 곤충들에게 위험을 경고하는 표시다. 말벌 중에는 갈색, 금속 빛깔의 푸른색, 새빨간 색 등 다른 색깔을 띠는 종도 있다.

8 제왕나비는 떼를 지어 대규모로 이주하는 곤충이다. 해마다 겨울을 나기 위해 캐나다에서 멕시코로 무려 4,500킬로미터를 날아간다.

9 곤충의 몸은 키틴질로 된 겉뼈대로 이루어진다. 무당벌레의 섬세하면서 얇은 뒷날개와 단단하면서 반점이 있는 딱지날개는 모두 다재다능한 물질인 키틴으로 만들어진다.

10 매미 무리는 100데시벨이 넘을 만큼 큰 소리도 낼 수 있다. 록 콘서트 때 나는 소리에 맞먹는다. 매미는 입으로 노래를 하는 것이 아니라, 배의 근육을 수축하면서 소리를 낸다.

11 자이언트웨타는 가장 큰 곤충이다. 지금까지 발견된 가장 큰 개체는 무게가 71그램이었다. 생쥐 3마리의 무게와 같다. 멸종 위기에 놓여 있으며, 뉴질랜드에서만 발견된다.

12 임신한 진딧물 암컷은 딸만 품은 것이 아니라 손녀까지 품고 있다. 어미의 몸속에서 자라는 진딧물 새끼도 자신의 새끼를 품고 있기 때문이다.

13½ 세상에서 가장 위험한 곤충은 치명적인 독을 지닌 곤충이라고 생각할지 모르겠다. 인류는 사막메뚜기를 더 걱정해야 할 것이다. **사막메뚜기가 대규모로 출현하면, 넓은 지역의 작물을 다 먹어 치워서 기근이 들 수 있다.**

13 생물학자들은 **지구에 개미가 1000조 마리까지 살고 있다**고 추정한다. 사람 1명당 140만 마리쯤 되는 수이다. 하나의 군체에 속한 개미들은 단일한 생물이나 '초유기체'처럼 행동한다. 공동의 목표를 달성하기 위해 서로 협력한다는 뜻이다.

43

세계에서 가장 유명한 파라오

투탕카멘은 죽은 뒤에 내세로 가기 위해 몸을 뉘인 무덤에 함께 묻힌 엄청난 보물들 덕분에 전 세계에 널리 알려졌다. 고대 이집트에서는 수명이 짧은 편이었기에, 사람들은 사후 세계를 믿었고, 죽으면 내세에서 영원히 산다고 여겼다.

1 고대 이집트는 기원전 3000년경부터 나일 강 연안에서 3,000년 넘게 번성한 문명을 이루었다. 이집트 문명의 전성기 때 통치자인 파라오는 살아 있는 신으로 숭배되었다.

2 투탕카멘은 기원전 1336년에 파라오가 되었고 10년 뒤에 사망했다. 투탕카멘의 미라는 **무게가 10.2킬로그램에 달하는 황금 데스마스크**를 쓴 채로 발견됐다. 그 마스크는 그의 실제 얼굴을 본뜬 것으로 여겨진다.

3 투탕카멘의 무덤은 현재의 **룩소르 인근 왕가의 계곡에서 3,000년 동안 온전히 남아 있다가**, 1922년 영국 고고학자 하워드 카터의 손에 발굴되었다. 카터는 무덤에서 발견한 보물들의 목록을 작성하는 데만 꼬박 17년을 보냈다.

4 미라를 만드는 데에는 70일이 걸렸다. 몸은 장기를 다 빼내고, 깨끗이 씻긴 뒤 나트론(천연 탄산염의 일종)을 덮어서 바짝 말렸다. 장기는 따로 보존 처리를 하여 몸에 다시 넣었다. 빈 공간은 리넨과 짚으로 채웠다.

5 고대 이집트인들은 **파라오가 사후 세계에서 부활할 수 있도록 시신을 미라로 만들었다**. 죽은 사람은 오시리스 신이 다스리는 세계로 떠난다고 믿었기 때문이다. 오시리스는 죽은 자가 영생을 살 가치가 있는지를 판단했다.

6 보존 처리한 시신은 리넨 붕대로 감쌌다. 붕대는 다 풀면 **1.6킬로미터에 달할 만큼 들어갔다**. 19세기에는 영국 과학 협회에서 고대 이집트 미라의 붕대를 푸는 공개 행사를 열기도 했다.

7 **투탕카멘의 미라는 3겹의 관 안에 눕혀졌다**. 각 관들은 서로 딱 맞게 포개지도록 만들어졌다. 삼중 관은 다시 석관에 넣어 한 겹 더 감쌌다. 가장 안쪽의 관은 순금이었고, 무게가 무려 110킬로그램에 달했다.

8 **바깥쪽 관 두 개는 나무에 금박을 입혀 만든 것이었다**. 몇몇 역사가들은 중간 관과 몇몇 부장품들이 재활용된 것이라고 생각한다. 즉 원래 다른 왕족이 쓰려고 만든 것을 갖다 썼다고 본다.

9 투탕카멘은 오늘날 세계적으로 유명하지만, 생전에는 그다지 눈에 띄지 않은 통치자였다. **9세에 파라오가 되었고 겨우 19세에 사망했다**. 왕위를 차지하려는 경쟁자에게 살해되었을지 모르지만, 누구도 진실은 알 수 없다.

44

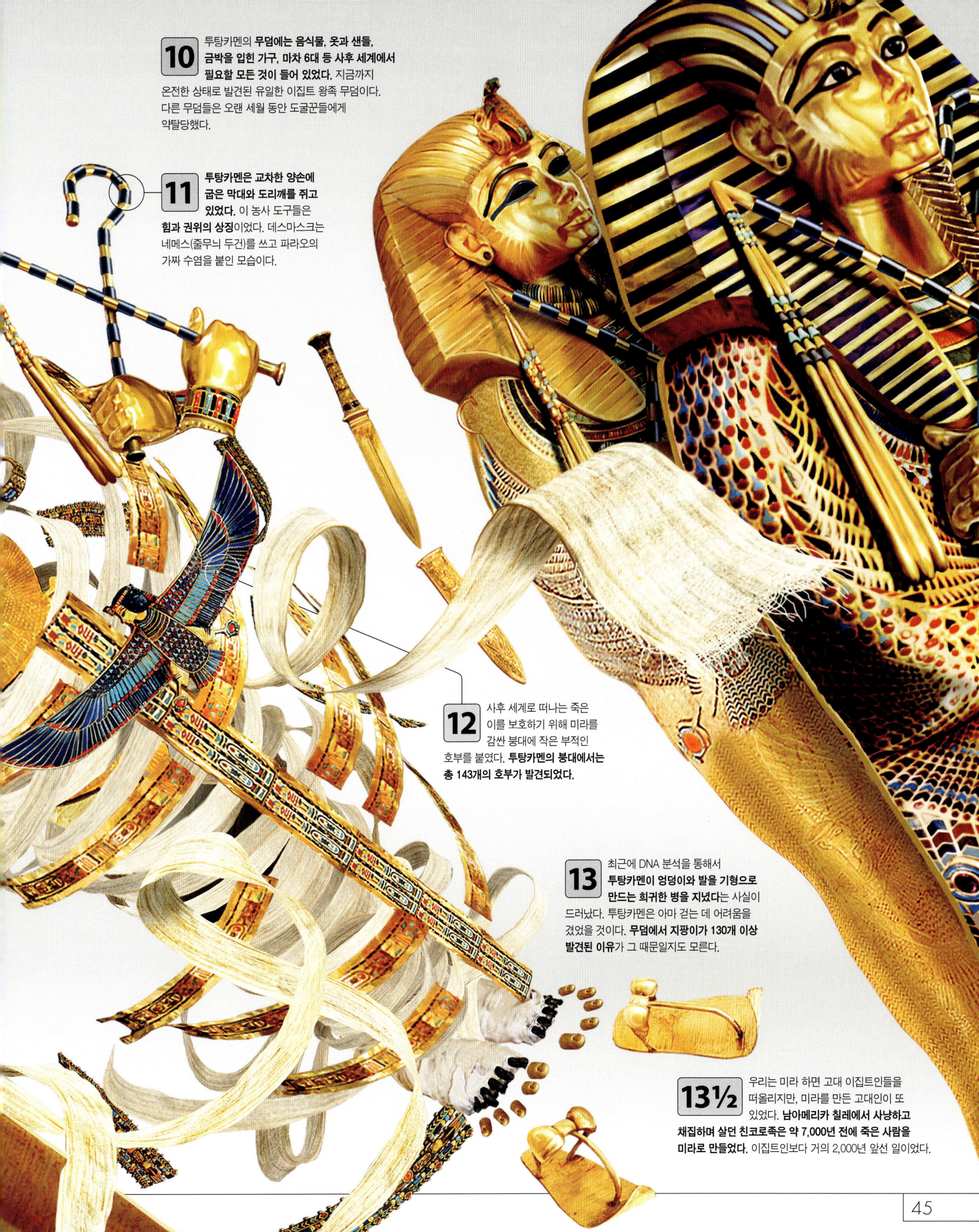

10 투탕카멘의 무덤에는 음식물, 옷과 샌들, 금박을 입힌 가구, 마차 6대 등 사후 세계에서 필요할 모든 것이 들어 있었다. 지금까지 온전한 상태로 발견된 유일한 이집트 왕족 무덤이다. 다른 무덤들은 오랜 세월 동안 도굴꾼들에게 약탈당했다.

11 투탕카멘은 교차한 양손에 **굽은 막대와 도리깨**를 쥐고 있었다. 이 농사 도구들은 **힘과 권위의 상징**이었다. 데스마스크는 네메스(줄무늬 두건)를 쓰고 파라오의 가짜 수염을 붙인 모습이다.

12 사후 세계로 떠나는 죽은 이를 보호하기 위해 미라를 감싼 붕대에 작은 부적인 호부를 붙였다. 투탕카멘의 붕대에서는 총 143개의 호부가 발견되었다.

13 최근에 DNA 분석을 통해서 **투탕카멘이 엉덩이와 발을 기형으로 만드는 희귀한 병을 지녔다는 사실이** 드러났다. 투탕카멘은 아마 걷는 데 어려움을 겪었을 것이다. 무덤에서 지팡이가 130개 이상 발견된 이유가 그 때문일지도 모른다.

13½ 우리는 미라 하면 고대 이집트인들을 떠올리지만, 미라를 만든 고대인이 또 있었다. 남아메리카 칠레에서 사냥하고 채집하며 살던 친코로족은 약 7,000년 전에 죽은 사람을 미라로 만들었다. 이집트인보다 거의 2,000년 앞선 일이었다.

윙윙거리는 파리

우리는 파리를 주로 윙윙거리고, 더러운 것을 옮기고, 짜증나게 하는 해충이라고 생각한다. 여기 보이는 집파리처럼 성가시게 여긴다. 하지만 파리는 160,000종이 넘는다. 몇몇 위험한 종도 있지만 대부분의 파리는 전혀 문제를 일으키지 않는다. 사실상 매우 유용한 종도 있다.

1. 하늘을 나는 곤충은 오래 전부터 있었다. **최초의 진정한 파리는 2억 5000만 년 전에 출현했다.** 다른 많은 곤충은 날개가 두 쌍이지만, 진정한 파리는 날개가 한 쌍이다.

2. 이 집파리는 1초에 날개를 200번까지 치며, **시속 8킬로미터까지 속도를 낼 수 있다.** 위아래, 좌우, 앞뒤로도 날 수 있다.

3. 뻣뻣한 털로 뒤덮인 **집파리의 몸에는 병균이 2900만 마리까지 붙어 있을 수 있다.** 집파리가 오물이나 썩은 음식에 내려앉았을 때 병균이 묻는다. 콜레라와 장티푸스는 파리가 옮기는 심각한 질병에 속한다.

4. **모든 파리류 중에서 가장 위험한 것은 모기다.** 흡혈 동물 모기는 말라리아를 퍼뜨린다. 말라리아는 해마다 400,000명 넘는 사람의 목숨을 앗아가는 전염병이다.

5. **세계에서 가장 큰 파리는 중앙아메리카와 남아메리카에 사는 목재파리다.** 목재파리는 몸길이가 무려 8센티미터까지 자랄 수 있다. 어린이의 손바닥보다 더 크다.

6. **파리는 발바닥이 끈적거리고 미세한 발톱이 있어서 거의 어떤 표면에도 잘 달라붙는다.** 천장에 붙어서 걸어다닐 수도 있다. 파리의 발과 다리에는 맛봉오리도 있다.

7 파리는 커다란 겹눈을 한 쌍 지닌다. **각 겹눈에는** 사방을 다 볼 수 있는 **수정체가 4,000개를 넘게 들었다.** 파리채가 다가오는 것을 보면, 1000분의 1초 사이에 쌩 멀리 날아갈 수 있다.

8 **파리 암컷은** 평균 수명인 **약 30일 동안, 알을 900개까지 낳는다.** 집파리 한 쌍이 좋은 조건에서 계속 번식을 하면, 후손이 5개월 안에 1억 9100만 곱하기 1조 마리 이상으로 불어날 수 있다.

9 집파리는 작달막한 더듬이로 냄새를 감지한다. **1킬로미터 떨어진 쓰레기장이나 두엄 더미에서 나는 냄새를 맡고 먹이를 찾을 수 있다.**

10 얼어붙은 남극 대륙에서 1년 내내 살아남는 파리가 딱 한 종 있다. **작은 깔따구이며, 몸이 딱딱하게 얼어붙어도 살아 있다.** 진정한 파리류이지만, 날개가 없다.

11 집파리는 고체 먹이를 몸 바깥에서 **소화시킨다.** 늘어나는 관을 밖으로 내밀고 침과 소화액을 게워 먹이를 죽처럼 만든 뒤, 빨아들인다. 이 사진에서는 섭식을 위한 관이 제자리로 다시 들어가 있어서 털이 난 끝 부분만 보인다.

12 의사들은 검정파리 같은 파리의 애벌레, 즉 구더기를 상처 치료에 쓰기도 한다. **구더기를 상처에 놓으면 죽은 조직을 먹어 치워서 상처가 더 빨리 낫는다.**

13 **국제 우주 정거장에는 초파리 실험실이 있다.** 초파리는 우주 비행사의 축소판 모형 역할을 해서, 우주 비행의 장기적인 효과를 연구하는 데 도움을 준다.

13½ 집파리에게 물려 본 적이 있는가? **파리에게 물리는 일은 불가능하다.** 집파리는 구기가 부드러워서 물 수가 없다. 하지만 생김새가 비슷한 침파리는 이빨이 있어서 물 수 있다.

원대한 사상들

철학(philosophy)을 뜻하는 영어 단어는 그리스어로 '지혜를 사랑한다'는 말에서 왔다. 철학은 존재와 현실에 관하여 많은 질문들을 던져 우리가 더 깊이 이해할 수 있도록 해 준다. 역사상 가장 위대한 인물들이 고심했던, 심오한 생각들 중 몇 가지를 살펴보자.

1 철학은 고대 그리스에서 시작되었다. 아마 가장 위대한 사상가는 소크라테스일 것이다. **소크라테스는 사람들이 자기 자신을 더 깊이 이해하기를 원했다.** 기원전 399년 소크라테스는 사상으로 젊은이들을 타락시켰다는 죄로 추방이나 사형 중 하나를 택하라는 판결을 받았다. 죽음을 택한 소크라테스는 독미나리 즙을 마시고 사망했다.

2 고대 그리스 철학자 **플라톤은 "아름다움이란 무엇인가?"라는 질문을 곰곰이 생각했다.** 지금도 열띤 논쟁을 일으키는 문제가 아닐 수 없다. 또 플라톤은 추론을 통해 생각하는 것이 중요하다고 믿었다. 기원전 387년 플라톤은 아테네에 유럽 최초의 대학교를 열어, 아카데미라고 이름 지었다.

3 아리스토텔레스는 플라톤의 제자였다. 뛰어난 학자였던 **아리스토텔레스는 이성을 써서 체계적인 방식으로 탐구하는 방법을 가르쳤다.** 아리스토텔레스는 뛰어난 과학자이기도 했고, 동물의 삶에 관심이 많았다. 그래서 **최초의 동물학 책 중 하나를 썼다.** 많은 별난 동물들을 다룬 책이었다.

4 중국 철학자 공자(기원전 551~479년경)는 훌륭한 삶을 살기 위해 5대 덕목을 발전시키는 체계를 제시했다. 기원전 136년경 공자의 도덕 체계는 종교화된 유교로 자리를 잡았다. **그 후 약 2,000년 동안 중국은 공자의 사상을 바탕으로 시험을 치러 관리를 뽑았다.**

5 불교는 부처(기원전 약 563~483년)의 가르침을 토대로 한 종교다. 부처는 신성한 보리수 아래에서 49일 동안 참선한 끝에 '깨달음'을 얻었다. 불교는 철학이기도 하며, 중도(中道)는 그 주된 사상 중 하나다. 진리는 무언가를 흔들림 없이 믿는 데 있지도 않고 모든 것을 의심하는 데 있지도 않으며, 그 사이에서 찾을 수 있다는 것이다.

6 이탈리아 백작의 아들인 토마스 아퀴나스(약 1225~1274년경)는 도미니크회 수도사가 되었다. **종교가 과학 및 철학과 충돌하던 시기에, 아퀴나스는 모두가 협력하면서 서로 도울 수 있다고 가르쳤다.** 신학자로서 탁월한 업적을 이루었기에 가톨릭교 성인으로 추대되었다.

7 1637년, 프랑스의 위대한 철학자이자 수학자인 르네 데카르트는 **"나는 생각한다, 고로 존재한다."**라고 썼다. 일찍이 데카르트는 자신의 존재까지 포함하여 모든 것을 의심했다. 하지만 스스로 생각할 수 있고, 의심할 수 있다면, 자신이 존재한다는 것을 확신할 수 있다고 추론했다.

8 18세기에 **계몽운동이라는 문화 운동이 유럽 전역을 휩쓸었다.** 사람들에게 스스로 생각 하라고 요구하는 사상이었는데, 그중에 표현의 자유도 포함되어 있었다. 독일 철학자 이마누엘 칸트는 이렇게 외쳤다. "알고자 과감히 나서라! 그대 스스로의 이성을 사용할 용기를 가져라!"

9 영국인 존 로크도 계몽주의 사상가였다. 로크는 사람은 자신의 몸을 통제할 권리가 있다고 믿었다. '자연법'으로 알려진 로크의 사상은 **1776년에 쓰인 미국 독립 선언서에도 들어 있다.**

10 런던 유니버시티 칼리지에 가면, 18세기 영국 철학자 **제레미 벤담**을 지금도 만날 수 있다. 벤담의 뼈대에 원래 입던 옷을 입히고, 머리는 밀랍으로 만들어 붙여서 전시하고 있기 때문이다. 벤담은 우리가 **'최대 다수의 최대 행복'**을 위해 노력해야 한다고 생각했다.

11 살면서 무엇을 할지를 어떻게 결정할까? 19세기 독일 철학자 프리드리히 니체는 남의 말을 듣기보다는 각자가 스스로 선택을 해야 한다고 생각했다. 니체는 사람들이 삶을 온전히 경험하는 '초인'이 되기를 바랐다. 망토를 두르고 하늘을 나는 슈퍼맨이 아니라 위대한 예술가, 사상가, 지도자가 되라는 뜻이었다.

12 프랑스 철학자 **장 폴 사르트르** (1905~1980년)는 두 생활방식 중에서 선택을 할 수 있다고 믿었다. 남들 모두 그래야 한다고 생각하는 방식으로 살든지, 자신이 옳다고 느끼고 그 안에서 의미를 찾을 수 있는 삶을 살아감으로써 **남과 "다르게" 살 수 있다**고 했다. 어떤 삶을 택할지는 우리 자신에게 달려 있다.

13 시몬 드 보부아르 (1908~1986년)는 **프랑스 철학자이자 페미니즘의 선구자**였다. 보부아르는 사회가 여성에게 특정한 방식으로 행동하기를 기대한다고 생각했다. 그리고 여성으로 태어났다고 해서 여성이 어떠해야 한다고 사회가 요구하는 대로 따라야 하는 것은 아니라고 주장했다.

13½ 철학은 많은 질문을 하는데, 그 답은 어디에 있을까? 명확한 답을 찾지는 못할 것이다. 철학은 의심의 여지없는 증명을 내놓곤 하는 과학과 다르다. 철학자 10명에게 같은 질문을 하면 **저마다 다른 답**을 내놓거나, 답을 아예 못할 수도 있다.

49

한 입 가득

균형 잡힌 식단

식품은 크게 5종류로 나뉜다. 탄수화물(파스타, 밥, 감자 등 녹말이 많은 음식), 단백질(고기, 달걀, 콩, 유어 유제품, 견과류), 과일과 채소, 지방과 당이다. 대부분의 조언이 다르긴 하지만, 대부분의 전문가는 건강한 식단은 과일과 채소가 절반 이상을 차지해야 하고, 지방과 당이 섭취 횟수를 더 줄여야 한다는 데 의견이 일치한다.

매일의 식단에 들어가야 할 식품 종류와 구성량을 보여주는 그림이다.

음식은 우리 몸을 움직이는 데 반드시 필요한 해심 연료다. 우리가 먹는 맛있는 식품 에너지를 제공하고, 몸을 따뜻하게 해줘, 몸이 자라고 재생할 수 있도록 해준 다. 전형적인 미국식 햄버거는 필수적인 식품군에 속하는 재료 여러 가지를 조합 한 음식이다.

1 빵은 인류의 주식 중 하나이며 밀로 만든다. **주식은 식단의 큰 부분을 차지하면서 거의 매일 먹는 음식이다**. 나라마다 크게 다르지만 주식은 대개 밀, 옥수수, 쌀이다. 이 세 가지가 세계 인류의 에너지 섭취량 중 절반 이상을 차지한다.

2 미국 식당에서는 1년에 약 90억 개의 버거가 팔린다. 패스트푸드 체인점 맥도날드에서만 매일 1초에 75개씩 버거가 팔린다.

3 부드러운 마요네즈는 달걀노른자와 식용유를 섞어서 만든 소스이다. 마요네즈 첫숟가락 1개 분량에는 약 90칼로리가 들어 있다. 맞기 한 바구니의 칼로리 열량에 맞먹는다.

4 겨자 양념은 톡 쏘는 맛이 나지만, 사실은 설탕이 들어가 있다. 다른 많은 가공식품에 설탕이 들어 있는 것과 마찬가지이다. **토마토케첩 첫숟가락 1개 분량에는 초콜릿 칩 쿠키보다 많은 설탕이 들어 있다.**

5 해마다 전 세계에서 약 13억 톤의 음식 쓰레기가 버려진다. 생산되는 음식의 약 3분의 1에 달하는 양이다. 그런 한편, 세계 인구 9명 중 1명은 굶주리고 있다.

6 과일과 채소에는 중요한 비타민과 무기물이 많이 들어 있으며, 우리는 물 중 약 20퍼센트를 음식을 통해 섭취한다.

메시지 주고받기

멀리 있는 누군가에게 무언가 할 말이 있다. 어떻게 하면 전달할 수 있을까? 고대 로마인이 했듯이 사자를 보내어 말로 전하는 것부터 적이 온다고 알리기 위해 북을 치는 것에 이르기까지, 소식을 전하는 방법은 문자 이외에도 많이 있다.

1 고대 그리스에서는 비둘기를 써서 올림픽 우승자가 누구인지 알리곤 했다. 근대에 비둘기는 목숨을 구하는 데 쓰이기도 했다. 제1차 세계 대전 때, **셰르 아미라는 이름의 비둘기는 몹시 다친 상태에서도 40킬로미터를 날아서 소식을 전했다.** 그 덕분에 미국 군인 194명이 목숨을 구할 수 있었다. 셰르 아미는 무공 훈장을 받았다.

2 기원전 800년경 중국 만리장성의 경비병들은 **봉화를 올려서 적의 침입을 알렸다.** 고대 그리스에서는 **연기의 모양을 자모로 삼아서** 특정한 메시지를 전달하는 방법을 고안했다.

3 수기 신호는 팔을 특정한 자세로 들어서 문자를 표시하는 방법이다. 수기 신호도 고대부터 쓰였다. 기원전 4세기에 고대 그리스인은 **수기 신호를 보낼 수 있는 움직이는 '팔'이 달린 탑**을 세웠다. 현대 수기 신호 체계는 깃발을 이용한다. 바다에서는 붉은 기와 노란 기를 쓰며, 육지에서는 파란 기와 하얀 기를 쓴다.

4 전기 통신은 1816년 전신이 등장하면서 시작되었다. 전신은 사용자가 송신기를 두드리면 전선을 통해 전기 신호 형태로 메시지를 보내는 방식이었다. **1858년에는 바다 밑에 깐 케이블을 통해서 대서양 건너편으로 메시지를 보내는 데 성공했다.** 편지를 배로 보내는 방법(보통 10일이 걸렸다)보다는 훨씬 빨랐지만, 모스 부호를 보내는 데 16시간이 걸렸다.

5 모스 부호는 점과 선으로 표현되는 **짧고 긴 신호를 써서 글자를 나타낸다.** 전신 메시지를 빨리 보내기 위해 창안되었다. 처음에는 사람이 신호를 듣고 적었지만, 점과 선이 어디에 있는지를 보는 구멍을 써서 메시지를 타이프로 쳐 주는 기계가 발명되었다.

6 **최초의 전화 통화는 1876년에 이루어졌다.** 1878년에 나온 가장 오래된 전화번호부에는 391명의 이름이 실려 있었지만 전화번호는 없었다. 상대에게 전화를 직접 걸지 않았다. 교환원에게 전화를 걸어서 누구와 연결해 달라고 요청하는 식이었다.

7 미국에서 1913년에 우편배달이 시작되었고, **거의 모든 것을 우편으로 보낼 수 있었다.** 오하이오에서는 15센트를 받고서 남자 아기를 조부모에게 배달한 일도 있었다.

8 최초의 무선 신호는 1895년에 송수신이 이루어졌다. **최초의 라디오 방송**은 그로부터 11년 뒤, 미국 매사추세츠에서 캐나다 발명가 레지널드 페선던이 시작했다. 오늘날 가장 인기 있는 라디오 방송국인 BBC 월드 서비스는 세계에서 수백만 명이 듣고 있다.

9 휴대용 쌍방향 무선 통신은 1930년대에 발명되었다. 워키토키라고 알려진 최초의 무선 통신 기기는 사실 등에 지는 배낭 형태였다. 제2차 세계 대전 때 미군이 개발했으며, 무선 수신기와 무선 송신기가 들어 있는 15킬로그램짜리 금속 상자였다.

10 1926년에 스코틀랜드 발명가 존 로기 베어드는 기계식 텔레비전 '텔레바이저'를 개발했다. 미국인 필로 판스워스는 **1934년에 모든 것이 전자식으로 구동되는 텔레비전(TV)을 선보였다.** 몇 년 뒤 최초의 TV 방송국이 생겼고, **1941년에는 최초의 TV 광고가 나왔다.** 시계 회사의 광고였는데, 미국 뉴욕에서 야구 경기를 내보내기 전에 방송한 것이 처음이다.

11 1962년 우주로 쏘아 올려 지구 궤도로 띄운 **텔스타 통신 위성이 최초로 TV와 전화 신호를 대서양 너머로 중계했다.** 텔스타 2대는 지금도 지구 궤도에 떠 있다, 더 이상 쓰이지는 않지만. 오늘날에는 같은 일을 하는 통신 위성이 수백 대 떠 있다.

12 1984년에 나온 다이나택(DynaTAC)은 **최초의 상업용 휴대 전화였다.** 크기는 벽돌만 했고 무게는 1킬로그램이었으며, **가격은 무려 3,995달러(약 450만 원)**나 됐다.

13 월드 와이드 웹(WWW)은 **1991년에 나왔다.** 당시 사람들의 대부분은 그것이 무엇인지조차 몰랐다. 지금은 세계 인터넷 이용자가 30억 명이 넘고 웹사이트는 10억 개가 넘는다. **전자 우편은 WWW보다 20년 더 먼저 나왔다.** 1970년대에 최초의 전자 우편이 발송되었다.

13½ 휴대 전화가 매우 현대적인 발명품이라고 생각할지 모르지만, 이동하면서 쓸 수 있는 전화기라는 개념은 훨씬 전부터 있었다. **자동차 전화기는 1946년에 이미 있었다!** 차에 고정된 36킬로그램짜리 장치에 무거운 수화기가 달린 형태였다. 1980년대에는 휴대 전화보다 더 널리 쓰였지만, 지금은 사라지고 없다.

특별한 암석들

암석은 광물로 이루어져 있다. 광물은 고체인 지구의 기본 구성단위다. 지금까지 지구에서 발견된 광물은 5,000종이 넘지만, 그중에서 약 30종이 대부분의 암석을 형성한다. 암석은 세 종류가 있다. 화성암, 퇴적암, 변성암이다.

1 암석의 90퍼센트는 화성암이다. 지구 내부에 있던 마그마가 식어서 굳은 것이다. 때로 마그마는 엄청난 힘으로 분출되는데, 그럴 때 속에 기체 방울이 생긴다. 이 마그마가 굳으면 구멍이 송송 나 있는 속돌(부석)이 된다. **속돌은 아주 가벼워서 물에도 뜰 수 있다.**

2 **화성암이 천천히 식으면, 흑연에서 관찰되는 것과 같이 눈에 보이는 결정이 형성될 수 있다.** 하지만 흑요석은 아주 빨리 식어서 결정이 전혀 없다. 이 "화산 유리"는 아주 날카로워서, 수술칼로도 쓸 수 있다.

흑요석

3 퇴적암은 모래, 진흙, 생물의 입자에서 만들어진다. 이 입자들은 바다나 강의 바닥에 가라앉아 쌓여서, 시간이 흐르면 굳어져 사암처럼 층을 이룬 암석이 된다. 모래로 만들어져서 사암(砂巖)이다.

4 **부싯돌**은 석영 광물의 일종이며, 백악 같은 퇴적암에서 발견된다. 쪼개면 날카로운 조각으로 만들 수 있다. 그래서 부싯돌은 선사 시대에 **도구와 무기를 만드는 데 쓰였다.**

5 대리석은 변성암이다. 원래 석회암이었던 것이 지하에서 강한 열과 압력을 받아 변형되어 대리석으로 바뀐 것이다. '변성'은 성질이 변한다는 뜻이다.

6 칠판용 분필은 영어로 초크(chalk)라고 하는데, 예전에는 진짜 백악(chalk)으로 만들었다. 백악은 해양 미생물의 잔해가 쌓여서 형성된 퇴적암이며, 주로 탄산칼슘 광물(방해석)로 이루어져 있다. 지금 분필은 주로 황산칼슘 광물(석고)로 만든다.

7 화석은 대개 퇴적암에 들어 있다. 동식물의 잔해가 퇴적층에 묻혀 있다가 화석으로 발견되는 것이다. 이런 삼엽충들은 5억 2000만 년~2억 5000만 년 전 바다에 살았다.

8 자수정은 보라색을 띤 석영(수정)이다. 석영은 지구에서 가장 풍부한 광물 중 하나다. 석영 결정은 전류를 흘리면 진동하는 특징이 있다. 이 진동이 아주 일정해서 **수정은 시계에 널리 쓰인다.**

9 **청금석(라피스 라줄리)은** 수세기 동안 준보석으로 귀하게 여겨져 왔다. 신석기 때(기원전 3000년경)에는 **구슬을 만드는 데 쓰였다.** 그 뒤에는 갈아서 아이섀도와 물감의 원료로 썼다. 하늘색(azure)을 뜻하는 영어 단어는 이 광석의 이름에서 나왔다.

10 많은 광물은 반짝이는 결정 형태로 발견되는데, **액체였던 화학 물질이 굳으면서 결정이 생기는 것**이다. 결정의 모양은 원자들이 달라붙는 방식에 따라 달라진다. 홍연석은 납과 크로뮴(크롬)으로 이루어져 있으며, 결정은 4개의 면이 죽 뻗어 있는 막대 모양이고 대개 새빨갛다.

11 직육면체 모양의 황철석 결정은 연한 노란색으로 빛난다. 사람들이 금으로 착각하곤 해서 **'바보의 금'**이라는 별명이 붙었다. 황철석(pyrite)은 쇠에 부딪히면 불꽃을 튀기기 때문에 불을 뜻하는 고대 그리스어에서 나온 영어 이름을 갖고 있다. 16세기에는 총을 발사할 불꽃을 일으키는 데 쓰였다.

12 **지금까지 발견된 운석은 약 45,000개다.** 대부분이 암석 운석이고, 이 예추석 또는 옥타헤드라이트 같은 철 운석은 전체의 5퍼센트밖에 안 된다. 길쭉한 결정은 운석이 천천히 식으면서 형성된 것이다. 지구 중심핵과 똑같은 광물(철과 니켈)로 이루어져 있다. 지금까지 운석에서는 지구에 없는 광물도 40종 발견되었다.

13 옥은 경옥과 연옥 두 종류가 있다. 고대 중국에서는 연옥이 죽은 사람의 몸을 보호하고 영생을 누리게 해 준다고 믿었다. 그래서 연옥은 왕족의 수의를 장식하는 데 쓰였다.

13½ **모든 암석이 단단하다**고 생각할지 모르겠다. 하지만 그렇지 않은 암석도 있다. 점토는 퇴적암의 일종인데, 물만 더하여 주무르면 얼마든지 접시, 항아리, 관을 빚어 낼 수 있다. 그런 뒤 불에 구우면 (떨어뜨려 깨뜨리지만 않으면) 만든 모양 그대로 굳는다.

흐르는 시간

시간을 아는 데에는 시간이 거의 걸리지 않는다. 손목시계를 한번 슬쩍 보기만 해도, 약속 시간보다 이른지, 늦었는지, 딱 맞게 왔는지 안다. 하지만 역사를 돌아보면, 사람들이 지금이 몇 시쯤인지 알아내기 위해 무척 애를 써 왔음을 알 수 있다. 시계가 발명되면서 시간을 알기가 훨씬 쉬워졌다.

1 옛날 사람들은 해가 하늘을 지나는 경로를 표시함으로써 시간을 쟀다. **최초의 해시계는** 약 6,000년 전에 쓰였던 것으로, 땅에 막대기를 꽂은 단순한 형태였다. 막대기가 드리우는 그림자로 시간을 알 수 있었다.

2 고대 그리스인과 로마인은 **물시계**로 시간을 파악했다. 물은 모래시계에서 모래가 조금씩 흘러내리는 것과 비슷하게, 한쪽 통에서 다른 쪽 통으로 꾸준히 똑똑 떨어졌다.

3 **최초의 기계식 시계는** 13세기에 등장했지만, 그리 정확하지 않았다. 무거운 추가 떨어지는 힘을 이용하여 톱니바퀴를 움직였다. 하루에 약 15분씩 느려졌다.

4 **진자시계가** 발명되면서 오차는 하루에 몇 초 이내로 줄어 정확도가 높아졌다. 최초의 진자시계는 네덜란드 수학자 크리스티안 하위헌스가 발명했다. 좌우로 흔들리는 진자를 써서 시간을 재는 시계이다.

5 회중시계 안에는 진자의 일을 대신하는 **평형 바퀴**가 들어 있다. 평형 바퀴는 왔다 갔다 하면서 톱니바퀴를 작동시켜서 바늘을 움직인다.

6 시계의 기계 장치는 **보호 덮개** 안에 들어 있다. 초기 회중시계는 옷에 끼우거나 사슬로 목에 걸거나 주머니에 넣는 형태였다.

7 덮개에 붙은 손잡이는 바늘을 맞추는 데 쓰인다. 몇몇 기계식 시계는 태엽을 감는 손잡이가 있어서 용두라고도 부른다. 한편 기계식 시계 중에는 저절로 태엽이 감기는 것도 있다. 차고 있는 사람의 손목이 움직일 때 생기는 에너지를 이용한다.

8 손목에 찰 수는 없지만, **원자시계는 세상에서 가장 정확하게 시간을 알려 준다.** 원자시계는 원자 하나가 왔다 갔다 움직일 때 나오는 파동을 센다. 최신 모델은 **오차가 150억 년 동안 1초 이내로 발동**할 만큼 정확하다.

9 여성은 1800년대부터 손목시계를 차기 시작했지만, 남성들이 시계를 널리 차기 시작한 것은 제1차 세계대전이 끝난 뒤였다. 전쟁 동안 시계를 차고 다니던 군인들이 돌아오면서였다.

10 하루는 지구가 자전하는 데 걸리는 시간과 같다. 하지만 **하루를 24시간으로, 1시간을 60분으로 나눈 것은 인간의 창안이다.** 이런 시간 체계는 아마 고대 바빌로니아에서 시작되었을 것이다. 하지만 이 방식이 왜 전 세계로 퍼졌는지는 아무도 모른다.

11 시계의 바늘들은 각각 시, 분, 초를 나타낸다. **최초의 시계는 시를 알려 주는 시침 한 개만 있었다.** 분침은 1690년대에야 생겨났다.

12 오늘날의 시계판에는 숫자가 12까지 있다. 하지만 프랑스 혁명기의 시계에는 **10까지밖에 없었다.** 하루를 10시간으로, 1시간을 100분으로, 1분을 100초로 나누는 '10진법 시간' 체계를 사용했기 때문이다. 10진법 시간 체계는 인기가 없었고, 18개월 만에 폐지되었다.

13 현대 시계는 심해와 우주에서도 째깍째깍 계속 작동한다. 우주 유영을 한 최초의 시계는 1965년 러시아 우주 비행사 알렉세이 레오노프가 찬 손목시계였다.

13½ 하루가 24시간이 아닐 수도 있다고? 하루를 어떻게 정의하느냐에 따라 다르다. 태양이 같은 위치에 올 때까지 지구가 한 바퀴 도는 시간을 뜻하면, 정확히 24시간이다. 하지만 다른 별들이 같은 위치에 올 때까지를 기준으로 하면, 하루는 23시간 56분이다.

1 곤충, 지렁이, 달팽이 등 등뼈가 없이 꿈틀거리거나 기어 다니는 동물들을 무척추동물이라고 한다. **모든 동물 종에서 무려 97퍼센트가 무척추동물이다.**

2 척추동물은 등뼈가 있다. 그리고 척추동물 종의 절반은 어류다. **돛새치는** 무리를 지어 사냥한다. 여럿이 함께 공격하며, 칼 같은 주둥이를 휘둘러서 **가능한 한 많은 먹이에게 상처를 입힌다.**

3 부엉이는 어스름이 깔릴 때 커다란 눈으로 먹이를 찾아낸다. 부엉이는 눈동자를 움직일 수가 없다. 대신에 **머리를 좌우로 270도까지 돌릴 수 있어서 넓은 시야를 가진다.**

4 갯가재는 동물 중에서 가장 정교한 색각을 지닌다. 색을 구분하는 감각이 뛰어나다. 그래서 알록달록한 산호초에서 먹이를 찾아내어, 곤봉 같은 발톱으로 쳐서 짓이겨 먹는다.

초록스라소니거미

5 많은 초식성 곤충은 먹성이 엄청나다. 메뚜기는 적어도 4000만 마리 넘게 무리를 지어 다닌다. **메뚜기 떼는 하루에 사람 3만 5,000여 명이 먹는 양의 먹이를 먹어 치울 수 있다.**

각양각색 동물계

동물계에는 거대한 고래부터 미세한 벌레에 이르기까지, 아주 다양한 동물 150만 종이 속해 있다. 동물은 모든 대륙과 모든 바다에서 살아간다. 각각의 동물들은 대단한 생존 기술과 놀라운 행동을 펼쳐 보인다.

6 많은 동물은 천적에 먹히지 않기 위해 갖은 수단을 다 쓴다. **복어는 위험을 느끼면 바닷물을 잔뜩 삼킨다.** 평소 크기보다 몸집을 2배 이상 부풀려서 가시투성이 공처럼 변한 모습으로 적을 위협한다.

7 일부 동물은 다쳤을 때 몸을 재생할 수 있다. 상처가 아주 빨리 아무는 동물들이 많다. 심지어 **도롱뇽은 잘린 다리까지 재생할 수 있다.**

8 **가장 큰 동물들은 가장 작은 동물들을 먹는다.** 대왕고래(흰긴수염고래)는 작디작은 플랑크톤을 잡아먹는다. 입을 쩍 벌려서 자기 몸무게만큼 엄청난 양의 바닷물을 머금었다가 내보내면서 고래수염으로 걸러 낸 플랑크톤을 먹는 것이다. 입은 크지만 목구멍은 비치볼만 하다.

붉은줄개가리비

9 **우주에서 보일 만큼 거대한 구조물을 만드는 동물도 있다.** 오스트레일리아 해안의 대보초는 돌산호를 비롯한 산호 군체들이 만든 거대한 산호초로, 길이가 2,300킬로미터를 넘는다.

10 **파충류는 약 10,000종이 있으며, 그중 뱀이 3분의 1을 넘는다.** 뱀은 대부분 땅 위를 기어 다니지만, 크리소펠레아뱀은 나무 위로 올라가서 공중에 뛴다. 몸을 납작하게 하고 S자 모양을 한 채 100미터까지 활공할 수 있다.

사자갈기해파리

11 포식자인 **오징어는 무척추동물 중 가장 빠른 축에 든다. 시속 40킬로미터**까지 빠르게 나아갈 수 있다. 달라붙는 촉수를 뻗어서 지나가는 먹이를 움켜쥔다.

진홍타이란새

12 땅에서 빨리 움직이려면 튼튼한 근육질 팔다리가 필요하다. 많은 동물이 달리거나 기어오를 수 있다. **여우원숭이인 베록스시파카는 땅에서도 나무 위를 뛰듯이 두 다리를 교차하면서 옆으로 걷는다.**

13 보라성게는 이빨과 단단한 가시를 써서 바위에 구멍을 내고 들어앉는다. 가시는 바위를 갉는 사이에 닳지만, 다시 자란다. 만약 가시가 구멍보다 더 길게 자라면, 성게는 구멍에 끼어 빠져나오지 못할 수도 있다.

13½ 모든 동물은 시간이 흐르면서 늙어간다고? 하지만 반드시 그렇지는 않다. 과학자들은 **해파리가 결코 늙어 죽지 않는다**고 생각한다. 해파리는 성체로 자라면 다시 유생이 되고, 이 과정이 끝없이 되풀이되기 때문이다.

지네

1 지금의 이탈리아에 있던 **로마 제국은 500년 동안 사방으로 군대를 보내어** 지중해와 서유럽의 여러 지역을 **정복하고 다스렸다.** 2세기 초에 로마 제국은 북쪽으로는 스코틀랜드에서 동쪽의 시리아까지 뻗어 있었다.

2 로마는 필요한 곳으로 빨리 군대를 보낼 수 있도록 제국 전체에 걸쳐 거의 **130,000킬로미터에 이르는 도로를 건설했다.** 어디로 가든 병사들은 **하수 처리 시설, 공중목욕탕, 로마식 온돌** 같은 로마 편의 시설을 들여놓았다.

3 시간 단위인 한 세기(century)는 100을 뜻하는 라틴어 센툼(centum)에서 나왔다. 그런데 로마 군대의 단위 부대인 백인대(century)는 이름과 달리 80명으로 이루어져 있었다. 백인대를 지휘하는 우두머리는 백부장(centurion)이라고 한다.

4 로마 병사의 갑옷을 입으려면, 로마 시민이 되어야 했다. **병사는 약 20세부터 25년 동안 복무했고,** 혼인이 허용되지 않았다. 복무를 끝내고 퇴직하는 병사는 약간의 땅을 받았다.

5 로마군의 단검은 뼈와 근육도 자를 수 있었다. 본래 찌르는 용도여서 적과 맞붙어 싸울 때 알맞았다. 적군은 백병전을 펼칠 때 너무 길어서 쓰기가 어려운, 긴 칼을 들고 있을 때가 많았다.

6 병사들은 깃털을 붉게 염색해 만든 볏 장식을 투구에 꽂았다. 볏 장식은 대개 앞뒤 방향으로 꽂았지만, 백부장은 싸울 때 대원들이 알아볼 수 있도록 옆으로 꽂았다.

7 봉급(salary)을 뜻하는 영어 단어는 로마어로 소금인 살(sal)에서 유래했다. 로마 병사가 소금으로 봉급을 받았다고 추정할 수 있다. 로마인이 최초로 건설한 도로이자 가장 왕래가 많은 큰 도로는 로마에서 아드리아 해까지 뻗은 비아 살라리아(Via Salaria, 소금길)였다. 아드리아 해는 귀한 소금을 채취하여 거래하는 곳이었다.

8 로마 병사의 장비는 무게가 약 40킬로그램에 달했다. 12세 아이를 업고 다니는 셈이었다. 병사는 갑옷, 무기, 방패, 양털 망토뿐 아니라 땅 파는 도구, 물병, 요리 기구도 들고 다녔다.

로마 병사가 남긴 것

당당한 로마 제국의 군대처럼 잘 훈련된 군대는 긴 역사에도 드물다. 로마 군단의 병사, 무기를 손에 쥐고 적과 맞붙어서 싸우는 보병은 한 사람 한 사람이 일종의 전투 기계였다. 로마군 전체는 잘 조직되고 단련되었으며 거의 무적이었다.

9 로마 제국 내에 살지만 시민이 아닌 사람들도 기병이나 궁수로 군대에 들어갔다. 퇴직할 때 시민권을 얻게 되었다. 이런 지원 부대는 약 450,000명에 이르는 총 전투 인력 중 약 60퍼센트를 차지했다.

10 모든 병사는 몸을 덮는 휘어진 방패를 들고 다녔다. 요새를 공격할 때면 방패들로 머리 위를 촘촘히 가린 채 진군했다. 방패들을 모아 맞대면 거북의 등딱지를 닮아서 귀갑이라고도 했다.

11 방패에는 독수리 날개와 번갯불 무늬를 그려 넣었다. 독수리와 번개는 로마 신들의 왕인 유피테르의 상징이다. 로마 시는 유피테르의 특별한 보호를 받았다고 여겨졌다. 병사들은 부대마다 독특한 상징도 방패에 그려 넣었다.

12 훈련은 혹독했다. 탈영한 자가 가장 심한 처벌을 받았다. 목을 베거나, 십자가에 매달거나, 높은 낭떠러지에서 내던졌다. **부대 전체가 반란을 일으키면, 10명에 1명씩 죽였다.** 병사 10명 중 아무나 골라서 한 명을 처형하는 처벌이었다.

13 로마 병사는 **하루에 30킬로미터까지 행군**했기 때문에 군화가 튼튼해야 했다. 군화는 두꺼운 바닥에 징이 박혀 있었고, 샌들처럼 옆이 트여 있었다.

13½ 조각상에는 로마 병사가 맨발로 묘사되어 있지만, 사실 **추운 지역에서는 양말을 신고 샌들을 신었다.** 영국 북부의 하드리아누스 방벽에서 근무하던 한 병사에게 보낸 편지에 양말이 언급되어 있다. 병사가 속옷 두 벌을 요청했다는 내용도 있다.

식물의 놀라운 씨

씨는 식물의 생존 캡슐이다. 각각의 씨는 크기가 아무리 작더라도 새로운 식물로 자라날 싹과 자라는 데 필요한 양분이 들어 있다. 씨는 자라기에 알맞은 조건이 갖춰질 때까지, 때로는 여러 해가 지나더라도 견디곤 한다.

1 씨는 싹이 트려면, 다른 말로 발아하려면 온기와 수분이 필요하다. 씨를 뒤집어 심어도 씨에서 나온 싹은 위로 자라난다.

2 이 버찌처럼 즙이 많은 열매 안에 들어 있는 씨도 있다. 동물은 열매를 먹고서 소화가 안 되는 씨는 배설한다. 동물이 움직이면서 부모 식물로부터 멀리 떨어진 곳에 씨를 퍼뜨린다.

3 가시 달린 우엉 씨는 동물의 털에 달라붙어서 멀리 퍼진다. 한 스위스 기술자는 개의 털에 걸려 엉켜 있는 우엉 씨에서 실마리를 얻어 벨크로를 발명했다.

4 씨는 최초의 우주 여행자이기도 하다. 1946년 미국의 V2 로켓에 실린 옥수수 씨앗은 우주로 나간 최초의 생물이 되었다.

5 코코드메르야자의 씨는 식물 씨 중에서 가장 크다. 사람의 머리보다 더 크다. 무게가 25킬로그램까지 나갈 수 있다.

6 봉선화의 씨 꼬투리는 터지면서 씨를 세차게 튕겨 낸다. 꼬투리를 건드리면 터지면서 씨가 7미터 까지도 날아갈 수 있다.

7 아주까리의 씨에는 치명적인 독인 리신(ricin)이 들어 있다. 1978년 불가리아인 게오르기 마르코프는 우산에 찔려서 암살당했다. 우산 끝에서 리신이 들어 있는 작은 캡슐들이 튀어나와 몸에 박혔기 때문이다.

해바라기 씨

커스터드애플

음악을 멈추지 마세요!

음악의 세계는 마치 온갖 장르가 한데 모인 거대한 주크박스 같다. 고전 음악과 컨트리 음악에서 로큰롤과 레게에 이르기까지, 우리 귀에 음악으로 들리는 소리는 다양하다. 행복, 슬픔, 흥분, 오싹함 등 분위기를 만드는 데에는 음악만 한 것이 없다.

1 **음악**은 단순히 소리에 불과한 것이 아니다. 감정과 기억을 담당하는 영역들을 포함하여 **뇌 전체를 쓰는 몇 안 되는 활동 중 하나다**. 음악이 눈물을 자아내거나 기뻐서 방방 뛰며 춤을 추고 싶게 만드는 이유가 그 때문이다.

2 **초기 인류는 나무, 씨, 동물 가죽으로 만든 북, 딸랑이, 피리를 써서 음악을 연주했다.** 프랑스의 어느 선사 시대 발굴지에서는 4만 년 된 피리가 발견되기도 했다. 순록의 속 빈 발가락뼈에 구멍을 뚫어 만든 것이었다.

3 고전 음악(클래식)은 유럽에서 1600년대에 개발된 음악 양식이다. 아마 **가장 뛰어난 고전 음악 작곡가는 오스트리아의 천재 볼프강 아마데우스 모차르트**일 것이다. 1764년 모차르트는 겨우 8세 때 첫 교향곡을 썼다. 35세에 세상을 떠날 때까지, 600곡이 넘는 작품을 남겼다.

4 규모가 큰 음악을 연주하려면 **연주자 70~100명이 모인 오케스트라**가 필요하다. 현악기, 타악기, 관악기, 목관악기, 건반악기를 연주하는 이들로 이루어진 단체로 관현악단이라고도 한다. 소리의 균형을 맞추기 위해서 가장 조용한 악기를 앞쪽에, 가장 소리가 큰 악기를 뒤쪽에 배치한다. 2016년 독일 프랑크푸르트의 축구장에서는 7,548명의 연주자로 된 오케스트라가 연주하여 세계 기록을 세웠다.

5 세계에서 가장 비싼 악기는 이탈리아인 **안토니오 스트라디바리가** 1721년에 만든 바이올린이다. 2011년 경매에서 약 1600만 달러에 팔렸다. 스트라디바리는 가족과 함께 평생 1,100점이 넘는 악기를 만들었다. 그의 악기들은 '스트라디바리우스'로 불리며 음질이 뛰어나기로 유명하다. 아직까지 그의 솜씨를 따라올 사람은 없었다.

6 주류 음악 양식은 민속 음악에서 유래한 것이 많다. **오늘날의 대중음악에 가장 큰 영향을 미치고 있는 블루스**는 처음에는 미국 남부의 흑인 노예들이 일할 때 부르던 노래에서 시작됐다. 블루스 악단은 밴조, 기타, 하모니카를 연주하며, 때로 빨래통, 물통, 병 등 생활용품을 악기로 삼기도 한다.

7 파티가 열리는 곳이라면, 음악이 있다! 세계 최대의 리우데자네이루 파티 중 하나는 브라질 마르디그라스 축제다. 축제 기간 동안 **약 300개 악단이 거리에서 삼바를 연주한다.** 삼바는 브라질 전통 음악이며, 매일 그 음악에 맞추어서 200만 명이 흥겹게 춤을 춘다.

64

8 전통적인 기타는 소리가 아름답지만 너무 작아서 주된 악기로 삼기가 어렵다. 1940년대에 **전기 증폭기를 붙이면서 기타 소리가 훨씬 더 커졌다.** 최초의 전기 기타 중 하나는 속이 꽉 찬 나무로 만들었는데, 통나무라는 뜻의 '로그'라고 불렀다.

9 로큰롤의 제왕이라는 명칭은 **엘비스 프레슬리**에게 돌아간다. 프레슬리는 1950년대부터 컨트리, 리듬, 블루스를 독특하게 조합함으로써 팝 음악을 혁신했다. 단독 가수로서 역사상 음반 판매량 최고 기록을 지닌 프레슬리의 음반은 10억 장 넘게 팔린 것으로 추정된다. 프레슬리는 1977년에 세상을 떠났지만, 지금도 그를 흉내 내는 80,000여 명의 사람들을 통해 살아 있다고 할 수 있다.

10 노래방의 인기가 잘 보여 주듯이, 사람들은 노래 부르기를 좋아한다. 노래방의 일본 이름인 가라오케는 '가짜 오케스트라'라는 뜻이다. 노래방 반주 기계는 1971년 일본 드러머인 이노우에 다이스케가 발명했다. 현재 **노래방에서 가장 많이 불린 노래** 중 하나는 2013년 영화 「겨울왕국」에 나온 「렛 잇 고 (Let it Go)」이다.

11 1977년 우주를 향해 탐사선이 날아올랐다. 외계인에게 발견될 가능성을 생각해서, 탐사선에는 **지구 생명의 다양성을 보여 주는 그림과 소리를 담은 금도금한 레코드판**을 실었다. 물론 음악도 담겨 있었다. 아제르바이잔의 백파이프 소리부터 자이르의 노랫소리, 척 베리의 로큰롤 음악에 이르기까지 다양한 양식의 음악이 실렸다.

12 역대 가장 많이 팔린 음반은 마이클 잭슨의 「스릴러 (Thriller)」이다. 1982년에 발표된 이래로 6600만 장 넘게 팔렸다. 좀비 춤을 선보인 표제곡의 뮤직 비디오 (MV)는 가장 널리 알려진 MV 중 하나이다.

13 음악은 돈도 벌게 해 준다. **2016년에 미국 음악 산업은 76억 5000만 달러 넘는 매출을 기록했다.** 공연 입장권 판매액이 가장 큰 비중을 차지한다. 2016년 최고 기록은 브루스 스프링스틴이 세웠다. 세계 순회공연을 통해서 총 2억 6830만 달러를 벌었고, 그다음은 2억 5640만 달러를 벌어들인 비욘세였다.

13½ 1993년에 **모차르트 음악을 들으면 두뇌가 더 좋아진다고** 주장하는 '모차르트 효과' 논문이 나왔다. 부모들은 아이들에게 모차르트를 들려주기 시작했다. 엄마 배 속의 태아에게도 들려주었다. 하지만 모차르트의 음악이 듣는 이의 지능에 아무런 지속적인 효과도 미치지 않는다는 것이 입증됨에 따라, 이 열풍은 곧 수그러들었다.

소리보다 빠른 초음속

동력을 이용한 차량이 발명된 뒤로, 사람이 탈것을 타고 이동하는 속도는 점점 빨라졌다. 70년 사이에 교통수단의 속도는 초음속에 도달했다. 음속, 즉 소리의 속도인 마하 1을 넘어설 만큼 빨라진 것이다. 마하 1은 시속 1,230킬로미터와 같다.

1 항공기를 타고서 최초로 초음속에 도달한 사람은 미국 조종사인 **찰스 '척' 예거**였다. 척 예거는 **1947년 10월 14일**, X-1이라는 총알 모양의 항공기로 해발 13.7킬로미터 상공에서 "**음속 장벽을 깼다**".

2 척 예거가 음속 장벽을 깨고 정확히 50년 뒤인 1997년 10월 15일, **영국 조종사 앤디 그린은 지상에서 최초로 음속 장벽을 깼다**. 그린이 탄 '스러스트 SSC'라는 자동차에는 제트 기관이 2개 달려 있었다.

3 지금까지 개발된 **초음속 여객기는 두 종류뿐이다**. 러시아 투폴레프의 Tu-144와 영국과프랑스가 함께 만든 콩코드다. Tu-144는 1978년에, 콩코드는 2003년에 마지막 비행을 했다.

4 콩코드가 퇴역한 한 가지 이유는 **연료비가 너무 많이 들어서였다**. 콩코드는 영국 런던에서 미국 뉴욕까지 날아가는 데 3.5시간밖에 걸리지 않았지만, 약 9만 리터의 연료를 써야 했다. 한 번에 승객 100명을 태웠으니, 1명에 900리터를 쓴 셈이었다.

5 항공기 속도가 **초음속에 가까워질 때**, 주변에 기압파가 생기면서 베이퍼 콘이라는 수증기 응축 현상이 일어난다. 그러면 **일시적으로 구름이 형성된다**. 초음속에 다다르면, 소닉 붐 또는 음속 폭음으로 불리는 아주 큰 소리가 난다. 이 폭발음은 **땅에서도 들린다**.

6 초음속으로 날 때는 **공기 저항으로 많은 열이 발생**한다. 열 때문에 금속으로 된 항공기의 동체(껍데기)가 몇 센티미터쯤 팽창한다. 한번은 콩코드 기술자가 동체가 팽창했을 때 그 틈새에 자신의 모자를 놓아두었다. 동체가 식자, 모자가 꽉 끼는 바람에 빼낼 수가 없었다.

7 미국에서 만들어진 이 F/A-18F **슈퍼 호닛 전투기**는 최고 속도가 시속 1,915킬로미터. **음속의 1.5배**다.

8 **초음속 항공기를 타고 가는 사람들은 소닉 붐을 듣지 못한다**. 소닉 붐은 항공기가 나아가면서 생기는 압력파 때문에 발생하기 때문이다.

소닉 붐

움직이는 물체는 앞에 있는 공기를 밀어내면서 나아가는데, 그때 배가 물을 가르며 나아갈 때 생기는 물결 같은 압력파가 생긴다. 이 파동은 음속의 속도로 나아간다. 하지만 물체가 음속보다 빨리 움직일 때는 압력파들이 뭉치면서 충격파를 형성한다. 이것이 바로 소닉 붐이다.

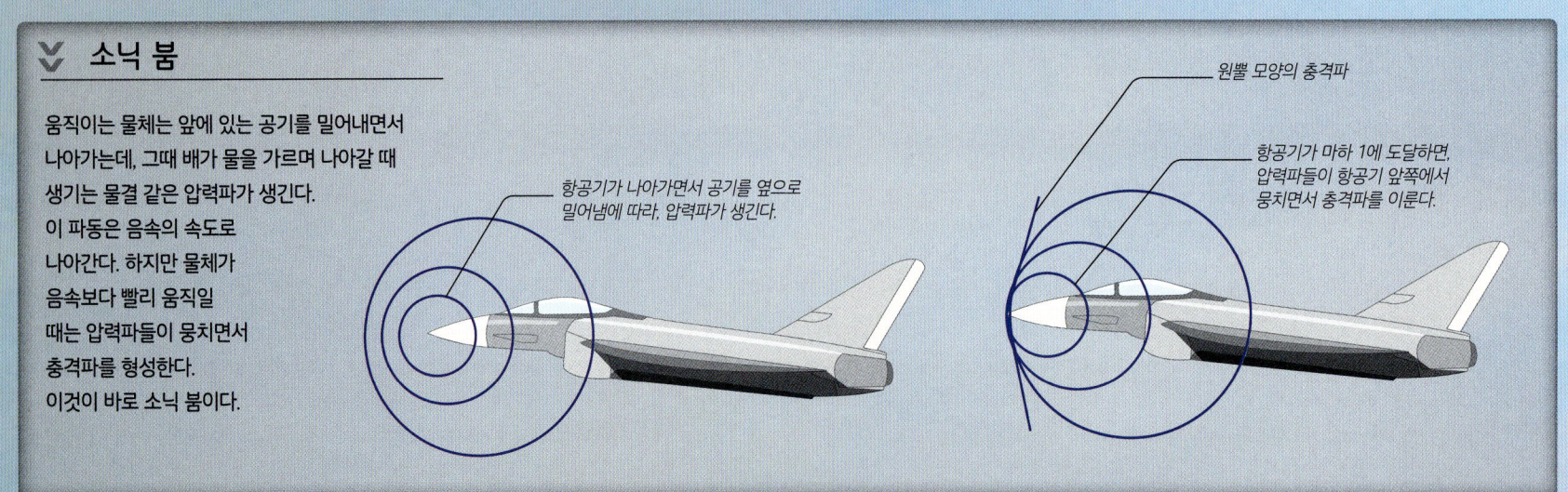

항공기가 나아가면서 공기를 옆으로 밀어냄에 따라, 압력파가 생긴다.

원뿔 모양의 충격파

항공기가 마하 1에 도달하면, 압력파들이 항공기 앞쪽에서 뭉치면서 충격파를 이룬다.

13½ 소닉 붐은 항공기가 음속을 돌파할 때만 단 한 번 나는 소리가 아니다. **사실 항공기가 초음속으로 날아가는 동안 계속 나는 소리**가 소닉 붐이다.

13 '초음속'이 마하 1보다 더 빠른 속도를 뜻한다면, '극초음속'은 마하 5(음속의 5배)를 넘는 속도를 말한다. **지금까지 지구에서 가장 빠른 비행기는 미 항공우주국의 무인 실험기 X-43A이다.** 2004년 마하 9.6이라는 '극극초음속'에 도달하며 최고 기록을 세웠다. 음속의 거의 10배에 달하는 속도다.

12 2012년 10월 14일, 오스트리아의 무모한 모험가 펠릭스 **바움가르트너는 공중에서 자유 낙하하면서 음속 장벽을 돌파한 최초의 인물**이 되었다. 바움가르트너는 무려 해발 39킬로미터 상공에 위치한 캡슐에서 뛰어내려서 마하 1을 넘는 시속 1,358킬로미터에 도달했다. 그리고 낙하산을 펼쳐서 무사히 착륙했다.

11 별똥별(유성)은 우주에서 지구 대기로 들어오는 작은 암석이다. 극도로 높은 속도로 날아와 대기에 충돌하며, **언제나 소닉 붐을 일으킨다**. 하지만 아주 높은 상공에서 일어나는 현상이라서 지상에서는 거의 들리지 않는다.

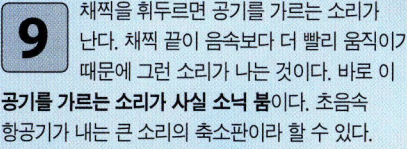

9 채찍을 휘두르면 공기를 가르는 소리가 난다. 채찍 끝이 음속보다 더 빨리 움직이기 때문에 그런 소리가 나는 것이다. 바로 이 **공기를 가르는 소리가 사실 소닉 붐**이다. 초음속 항공기가 내는 큰 소리의 축소판이라 할 수 있다.

10 베이퍼 콘은 항공기가 **음속에 도달하기 직전의 속도로 날 때 주위에서 형성된다**. 빠르게 움직이는 항공기 주변에서 높았던 기압이 급격히 낮아지면, 그때 공기 속의 수증기가 응축하여 구름이 된다.

동물들의 식사 시간

동물은 먹이를 먹어야 한다. 그리고 다른 생물들이 동물에게 아침, 점심, 저녁거리가 된다. 모든 동식물은 서로에게 의존하여 살아가며, 먹이 사슬을 통해 이어져 있다. 각 생물은 먹이 사슬의 다음 단계에 자리한 다른 생물에게 에너지를 제공한다.

1 토끼는 초식 동물이다. 여름에는 초록색 잎을 뜯어먹고, 겨울에는 잔가지, 나무껍질, 솔잎 등을 먹으면서 견딘다. **토끼의 이빨은 1년에 12센티미터까지 계속 자란다.** 하지만 토끼가 먹는 풀잎에 들어 있는 규산염 알갱이 때문에 이빨은 계속 닳는다.

2 식물에는 영양소가 풍부하지만 질겨서 소화가 잘되지 않는다. 토끼의 소화계는 길이가 5미터나 되며, 풀에서 영양소를 흡수하기 위해 열심히 일한다. **토끼는 영양소를 최대한 많이 흡수하기 위해 자신의 배설물을 다시 먹는다.** 창자를 두 번 거치면서 먹이의 영양소가 더 많이 흡수된다.

3 먹이 사슬의 첫 단계는 식물이다. **식물이 햇빛 에너지, 물, 공기 중의 이산화탄소를 써서 양분을 합성하면서 시작된다.** 이 과정을 광합성이라고 한다. 광합성을 통해 해마다 공기에서 빠져나가는 탄소가 1000억 톤이 넘는다.

4 많은 **식물은 초식 동물을 막기 위해 독을 만든다.** 토끼풀 잎은 짓이겨질 때면 치명적인 청산가리를 분비한다. 그래서 달팽이를 비롯한 초식성 곤충을 물리친다.

개체수 피라미드

에너지는 양분을 생산하는 식물이 초식 동물에게 먹히고, 초식 동물이 육식 동물에게 먹히면서 먹이 사슬을 따라 전달된다. 그러나 생물이 성장하고 운동하는 데에도 에너지를 쓰며, 일부 생물은 포식자에 먹히지 않고 죽어서 분해되기도 하므로, 먹이 사슬을 따라 올라갈수록 에너지의 양은 줄어든다. 그래서 한 생태계를 이루는 먹이 사슬은 '개체수 피라미드'로 표현할 수 있다. 식물이 더 많고, 초식 동물은 그보다 적고, 육식 동물은 더욱 적다. 각 생물체를 지탱할 에너지가 먹이 사슬 위쪽으로 갈수록 더 적기 때문이다. 최상위 포식자의 수가 가장 적다.

- 최상위 포식자는 생태계에서 수가 가장 적다.
- 육식 동물은 초식 동물보다 수가 적다.
- 초식 동물은 식물보다 수가 적다.
- 식물은 가장 수가 많다.

8 최상위 포식자는 다른 동물들의 먹이가 되지 않는 동물이다. 이 **붉은꼬리말똥가리**는 북아메리카 대륙의 벌판에서 **최상위 포식자**다. 먹이를 덮쳐서 날카로운 갈고리발톱으로 머리와 목을 움켜쥔다.

9 고기는 영양가가 아주 풍부하여 육식 동물은 초식 동물보다 덜 자주 사냥해도 된다. 맹금류는 며칠에 한 번씩 사냥할지도 모르지만, 커다란 뱀은 몇 달 동안 먹지 않고도 살아갈 수 있다.

10 다양한 생물 종을 먹는 동물도 많다. 그러므로 먹이 사슬들은 서로 연결되어 복잡한 먹이 그물을 이룬다. 이 붉은꼬리말똥가리는 뱀뿐만 아니라, 쥐, 생쥐, 들쥐, 새, 토끼도 잡아먹는다.

11 동물 중에는 전적으로 초식 동물이거나 육식 동물이 아닌 동물도 많다. **다양한 먹이를 먹는 잡식 동물**이 그렇다. 갈색곰이라고도 불리는 불곰은 가장 큰 잡식 동물로서 열매, 견과, 잎에서 연어와 소까지 다양하게 먹는다.

7 뱀은 먹이를 씹지 않고 통째로 삼킨다. 턱이 아주 유연하고 느슨하게 연결되어 있어서 머리보다 더 크게 벌릴 수 있다. 그래도 토끼를 다 삼키려면 2시간 넘게 걸릴 수 있다.

12 생물이 죽거나 동물이 배설을 하고 나면, 그 안에 든 영양소는 재순환된다. **세균과 곰팡이**를 비롯한 미생물들이 **죽은 생물과 배설물을 분해**하기 때문이다. 이들 같은 분해자가 없다면, 지구는 동식물의 잔해와 똥으로 뒤덮일 것이다.

6 방울뱀은 머리 옆쪽에 있는 작은 온도 변화를 감지하는 열 감지 구멍을 써서 먹이를 찾아낸다. 1미터 떨어진 곳에 있는 토끼의 몸에서 발생하는 열을 감지할 수 있다.

13 먹이에 든 에너지 중 많은 양이 성장에 쓰인다. 하지만 **에너지 일부는 열로 사라진다**. 몸집이 작은 정온 동물은 체온을 유지하기 위해서, 얻은 에너지의 90퍼센트 이상을 열로 잃을 수도 있다.

5 뱀은 살아 있는 먹이를 먹는 포식자다. 독사는 물 때 독을 주입하여 먹이를 마비시키고 죽인다. 방울뱀의 독은 토끼를 10분 안에 죽일 수 있다.

13½ 우리는 인간이 먹이 사슬의 꼭대기에 놓인다고 생각하기 쉽다. 하지만 인간은 (채소와 고기를 다 먹는) 잡식 동물이라서 먹이 사슬의 중간에 놓인다. 문명과 기술에 힘입어서, 우리는 원하는 것을 다 먹고 다른 동물에게 잡아먹히지도 않는다. 다만 진정한 최상위 포식자는 오로지 고기만 먹는다.

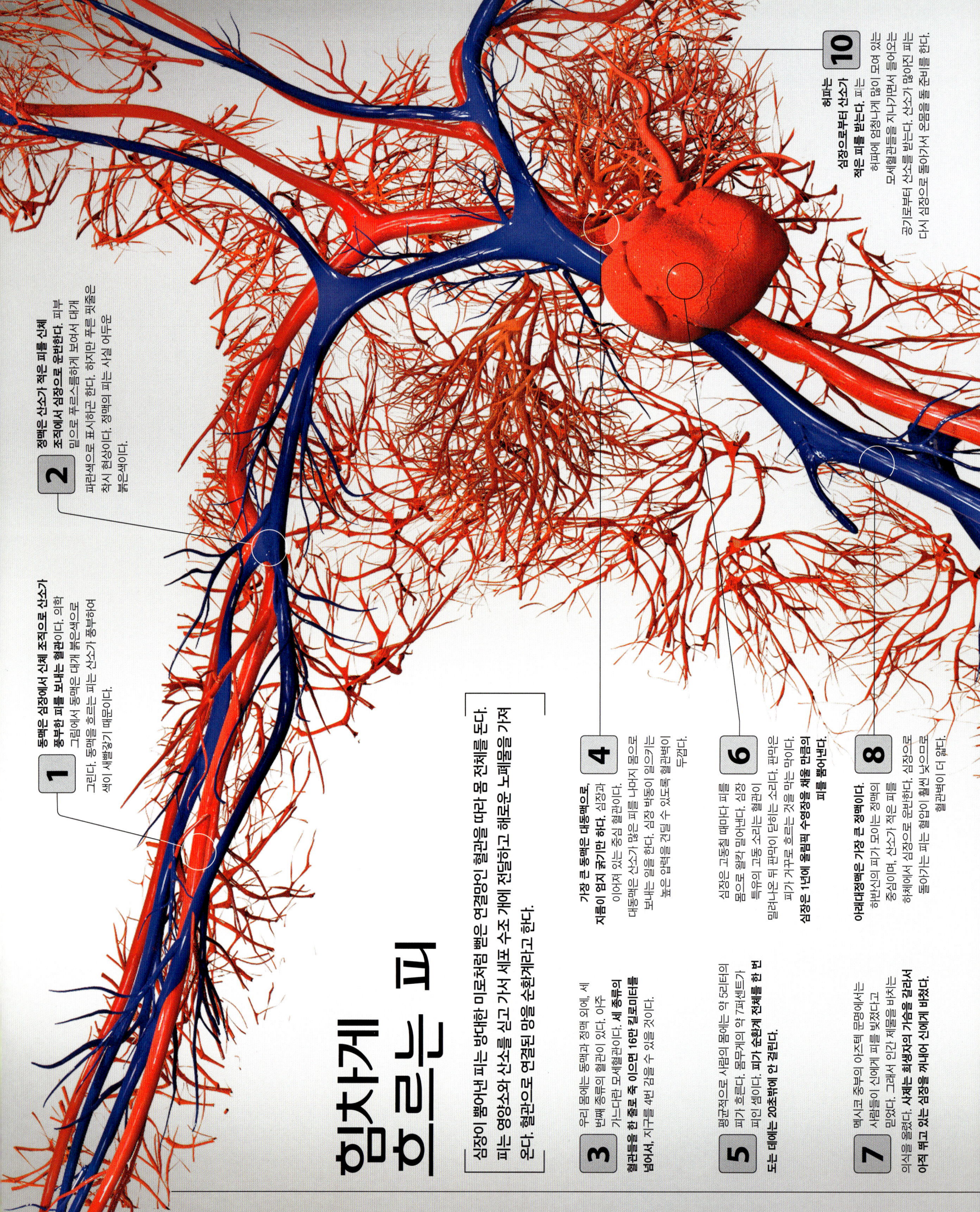

일차게 흐르는 피

심장이 뿜어낸 피는 방대한 미로처럼 뻗은 연결망인 혈관을 따라 몸 전체를 돈다. 피는 영양소와 산소를 싣고 가서 세포 수조 개에 전달하고 헤모로은 노폐물을 가져온다. 혈관으로 연결된 망을 순환계라고 한다.

1 동맥은 심장에서 신체 조직으로 산소가 풍부한 피를 보내는 혈관이다. 이후 그림에서, 동맥을 흐르는 피는 붉은색으로 그린다. 동맥을 흐르는 피는 산소가 풍부하여 섞이 새빨갛기 때문이다.

2 정맥은 산소가 적은 피를 심체 조직에서 심장으로 운반한다. 피부 밑으로 푸르스름하게 보여서 대개 파란색으로 표시하곤 한다. 하지만 정맥의 피는 사실 아두운 붉은색이다.

3 우리 몸에는 동맥과 정맥 외에, 세 번째 종류의 혈관이 있다. 아주 가느다란 모세혈관이다. 세 종류의 혈관들을 한 줄로 이으면 16만 킬로미터 넘어서, 지구를 4번 감을 수 있을 것이다.

4 가장 큰 동맥은 대동맥으로, 지름이 엄지 크기만 하다. 심장과 이어져 있는 중심 혈관이다. 대동맥은 산소가 많은 피를 나머지 몸으로 보내는 일을 한다. 심장 박동이 일으키는 높은 압력을 견딜 수 있도록 혈관벽이 두껍다.

5 평균적으로 사람이 몸에는 약 5리터의 피가 흐른다. 몸무게이 약 7%세트가 피가 셈이다. 피가 순환계 전체를 한 번 도는 데에는 20초밖에 안 걸린다.

6 심장은 고동칠 때마다 피를 몸으로 밀어낸다. 특유의 고동 소리는 심장 밀래나온 뒤 판막이 단히는 소리다. 판막은 피가 거꾸로 흐르는 것을 막는 역할이다. 심장은 1번에 올림픽 수영장을 채울 만큼의 피를 뿜어낸다.

7 옛시고 중부의 이족텍 문명에서는 사람들이 신에게 피를 바쳤다고 믿었다. 그래서 인간 제물을 바치는 의식을 올렸다. 사제는 회생자의 가슴을 갈라서 아직 뛰고 있는 심장을 꺼내어 신에게 바쳤다.

8 아래대정맥은 가장 큰 정맥이다. 하반신의 피가 모이는 정맥이 중심이며, 산소가 적은 피를 하체에서 심장으로 운반한다. 심장으로 돌아가는 피는 훨씬 낮아으므로 혈관벽이 더 얇다.

10 허파는 심장으로부터 작은 파를 받는다. 파는 허파에 영향이 많이 모여 있는 허파꽈리들을 지나가면서 들어오는 공기로부터 산소를 받는다. 산소가 많아진 피는 다시 심장으로 돌아가서 온몸을 들을 준비를 한다.

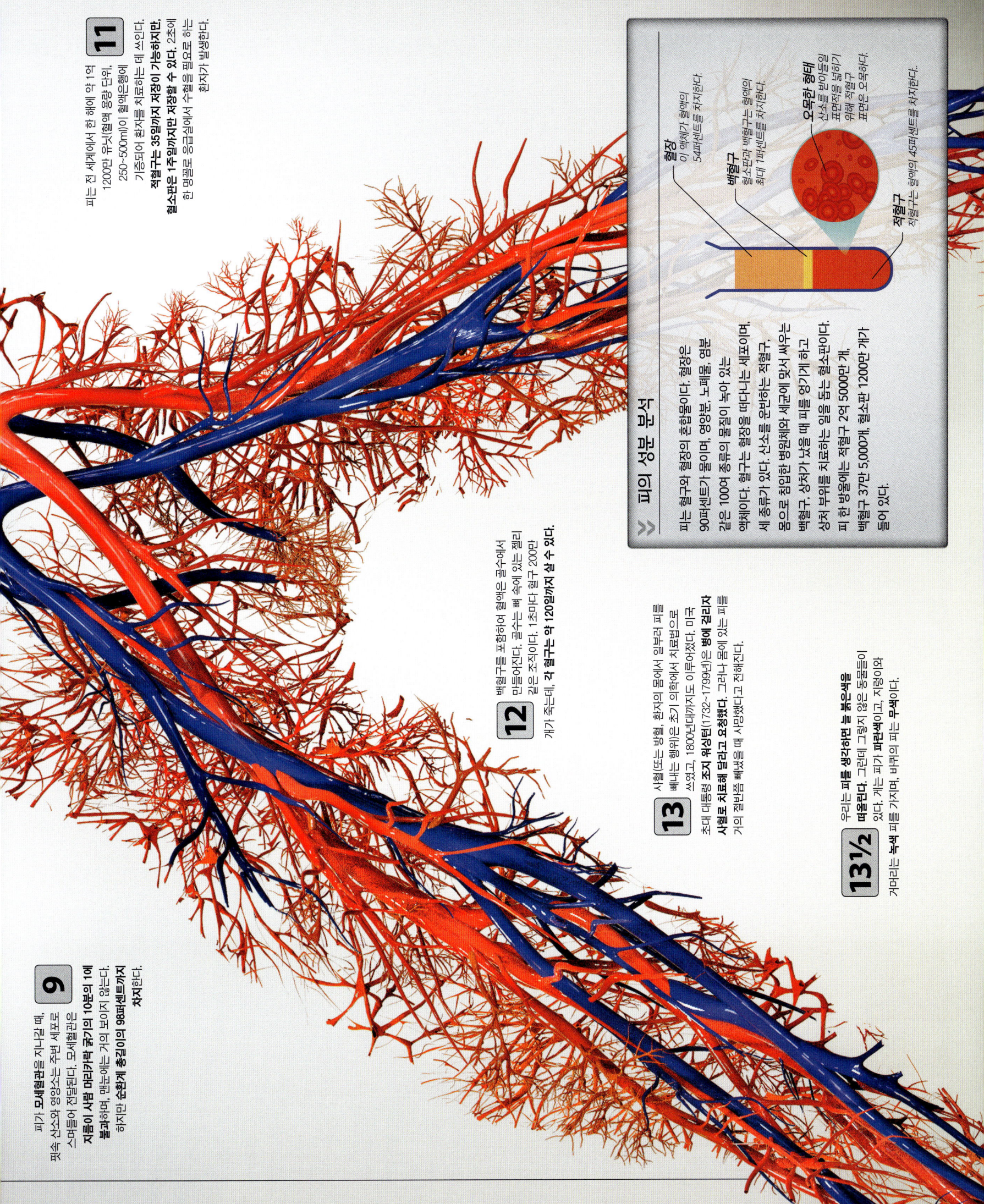

1 지구의 60퍼센트 이상은 수심 1,600미터가 넘는 바다로 덮여 있다. **가장 깊은 곳은 마리아나 해구로서, 수심이 1만 994미터다.** 에베레스트산이 잠기고도 남을 만치 깊다.

2 나무를 먹는 이 새우는 뜻밖에도 마리아나 해구 바닥에서 살아간다. 먹이를 얻기가 어려운 곳인데 말이다. **물에 떠다니다가 깊은 곳까지 가라앉은 목재나 코코넛 껍질 조각을 먹는다.**

3 **심해 아귀는 빛을 내어 먹이를 꾀는 발광 미끼를 갖고 있다.** 암컷만 미끼를 지닌다. 수컷은 몸집이 암컷의 10분의 1도 안 될 만큼 작다.

4 뱀처럼 길쭉한 **드래곤피시의 몸은 83퍼센트가 물이다.** 그래서 극도로 강한 수압에도 물에 떠 있을 수 있다. 바닷물의 수압은 체내의 공기를 압축하므로, 심해어류는 기체를 채운 부레 대신에 뼈대를 더 가볍게 하고 몸에 물을 더 많이 채우는 방법으로 물에 뜬다.

5 심해에는 거대한 괴물들이 숨어 있다. 가장 큰 무척추동물인 **콜로살오징어는 심해에 살며, 14미터까지 자라서 버스만 하다.** 눈알은 축구공만 하고, 동물 중에서 가장 크다.

6 미끈거리는 **먹장어는** 빨판 같은 입으로 동물의 사체에 구멍을 뚫고 들어가서 파먹는 청소동물이다. **자기 몸으로 매듭까지 지을 수 있다.** 주변에 몸을 묶어 놓는 방법으로 먹이를 파먹을 때 물살에 휩쓸리지 않고 머물러 있을 수 있다.

깊고깊은 바다

심해는 한밤중처럼 컴컴하고, 몹시 춥고, 자동차를 납작하게 만들 만큼 수압이 강한 세계다. 하지만 생명은 대양의 밑바닥에서도 번성한다. 가장 깊은 물에서는 기이한 생물들이 신기한 삶을 살아간다.

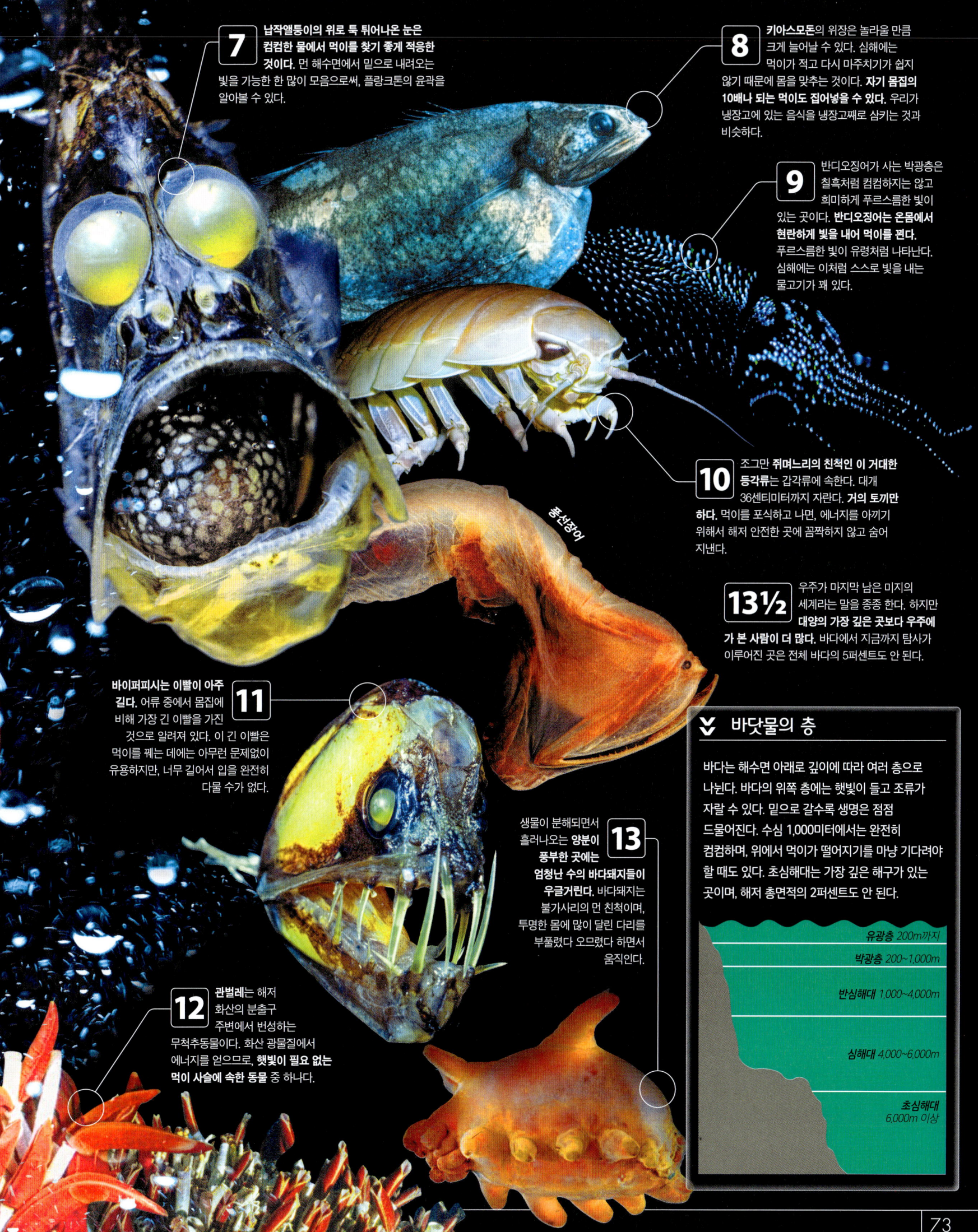

뜨거운 암석

화산 분출은 지구 내부의 녹아 있는 암석이 지표면을 뚫고 솟아오를 때 일어난다. 스미듯이 부드럽게 흘러나올 때도 있지만, 폭발하면서 불타는 암석, 끓는 용암, 뜨거운 기체를 뿜어내는 일이 흔하다.

1 세계에는 약 1,500개의 활화산이 있고, **어느 시점에든 평균 약 20개가 분출**하고 있다. 수중 화산도 많이 있지만, 정확히 얼마나 되는지는 잘 모른다.

2 화산은 대부분 지각판의 경계에서 생긴다. **활화산의 약 75퍼센트는 태평양의 '불의 고리'에 있다.** 불의 고리는 태평양 지각판의 가장자리를 말한다.

3 땅속 깊은 곳에 있던 마그마(녹은 암석)가 지표면을 뚫고 나온 것이 **용암**이다. 용암은 암석의 조성에 따라서 찐득할 수도 있고 흐를 수도 있다. 흐르는 용암은 찐득한 용암보다 더 빨리 움직이지만, 빨라야 시속 10킬로미터쯤이다. 그러니 달아날 시간은 충분하다.

4 이 화산처럼 비탈이 가파른 원뿔형 화산을 성층화산이라고 한다. **앞서 일어난 분출 때 나온 물질들이 층층이 쌓여서 형성된다.** 진하고 찐득한 용암 때문에 만들어지는 경향이 있다. 농도가 옅어서 흐르는 용암은 엎어 놓은 방패 모양으로 더 편평한 순상화산을 만든다.

5 마그마는 때로 더 작은 이차 분출구를 형성하면서 분출되기도 한다. **마그마는 주변 암석보다 더 가볍기 때문에, 지구 내부에서 솟아오른다.**

6 인도네시아의 카와이젠 화산은 경이로운 **파란 빛을 내뿜으면서 불탄다.** 이 놀랍고도 색다른 광경은 용암과 함께 분출된 고농도의 황 기체가 공기와 만나면서 벌어진다. 황이 타면서 파란 불꽃을 내기 때문에 파랗게 타는 것이다.

7 지구에서 가장 활발한 활화산 중 하나는 이탈리아 에올리에 제도에 있는 **스트롬볼리 화산**이다. 해저에서 분출한 화산이 섬을 이룬 곳이다. 스트롬볼리 화산은 로마 시대부터 **현대까지 약 2,000년 이상 거의 끊임없이 분출해 왔다.**

8 화산이 폭발적으로 분출할 때는 용암이 공중으로 솟구친다. 용암은 날아가며 식어서 암석 덩어리가 된다. 그렇게 생기는 '용암탄'은 지름이 6미터에 이르기도 한다.

9 화산 밑에는 마그마굄이 있다. 지표면에서 1~10킬로미터 깊이에 마그마가 잔뜩 괴어 있는 공간이다. **마그마굄의 온도는 약 1,315도에 달할 수도 있다.**

10 분출 때 솟구치는 화산재 구름은 마그마굄에 있던 기체들과 굳은 마그마의 작은 조각들을 담고 있다. **대규모 분출 때에는 화산재 기둥이 60킬로미터까지 솟아오르기도 한다.**

11 화쇄류는 몇몇 폭발성 분출 때 생기는 위험한 흐름이다. 뜨거운 기체, 화산재, 암석이 위험하게 화산 비탈을 따라서 **시속 500킬로미터가 넘는 속도로 쏟아져 내리면서 주변을 800도가 넘도록 가열**할 수도 있다.

12 일부 화산은 아주 크고 강력해서 '초화산'이라고 불린다. **일반적인 화산보다 1,000배까지 더 강하게 분출**할 수 있다. 미국 옐로스톤 국립 공원은 그런 초화산이 분출한 곳이다. 64만 년 전에 분출하면서 미국 절반을 화산재로 뒤덮었다고 한다.

13 지구에서 가장 큰 화산은 **타무 단층 지괴**다. 높이 4킬로미터를 넘는 순상 사화산으로 태평양에 잠겨 있다. 그래도 **화성에 있는 올림푸스몬스 화산에 비하면 작다.** 올림푸스몬스는 높이가 25킬로미터로 태양계에서 가장 크다.

13½ 화산이 터지려면 오랜 시간이 걸릴까? 아니다. 멕시코의 파리쿠틴 화산은 어느 밭에서 하룻밤 사이에 나타났다. 24시간 안에 높이가 50미터까지 솟아올랐고, 일주일 사이에 150미터로 자랐다.

하늘의 불빛

오로라는 지구의 북극과 남극, 두 자극 위에서 밤하늘에 장엄한 빛의 공연을 펼친다. 오로라의 모양은 빛이 수직으로 뻗는 기둥에서부터 커튼처럼 하늘에 넓게 드리운 띠와 곡선에 이르기까지 다양하다.

1 자기 북극 주변에서 생기는 오로라는 **북극광(오로라 보레알리스)**이라고 한다. 이 오로라는 북극권 바로 아래 지역인 캐나다 북부 매니토바의 상공에 생긴 것이다. **북극광은 알래스카, 스칸디나비아, 아이슬란드, 그린란드, 러시아 북부**에서도 흔히 보인다.

2 오로라는 로마 신화에 나오는 새벽의 여신의 이름을 땄다. 하늘을 가로질러서 해가 온다고 알려주는 여신이었다. '보레알리스(Borealis)'는 그리스어로 '북풍'에서 나왔고, '오스트랄리스(Australis)'는 그리스어로 '남쪽'을 뜻한다.

3 자기 남극 주변에서 생기는 빛은 **남극광(오로라 오스트랄리스)**이라고 한다. 생기는 빈도는 북극광과 비슷하지만, **주로 남극 대륙과 남극해 상공에서 생기기 때문에 사람들의 눈에 덜 띈다.** 때로 칠레, 아르헨티나, 뉴질랜드, 오스트레일리아의 남쪽에서도 보인다.

4 기원전 568년에 적힌 **바빌로니아 점토판이 아마도 오로라를 기술한 가장 오래된 문헌**일 것이다. 바빌로니아 국왕 네부카드네자르 2세의 공식 천문학자들은 밤하늘의 "붉은 빛"이라고 묘사했다.

5 **오로라는 태양에서 오는 하전 입자가 지구 대기의 기체들과 반응하여 생긴다.** 이 태양 입자들은 남극과 북극 상공에 형성된 고리 모양의 대기층으로 들어가서, 대기의 기체들을 강렬한 색깔로 빛나게 한다.

6 '북극광'이라는 이름을 지은 이탈리아 천문학자 **갈릴레오 갈릴레이는 오로라가 햇빛이 반사된 것이라고 생각했다.** 그 빛이 대기로 들어오는 하전 입자들로 생긴다는 것은 1908년 노르웨이 과학자 크리스티안 비르셀란이 알아냈다. 하지만 그 이론이 증명된 것은 거의 60년이 지난 뒤의 일이었다.

7 태양에서 엄청난 분출이 일어나면 지구에 경이로운 오로라 장관이 펼쳐질 수 있다. 1989년 3월 태양에서 **원자폭탄 수천 개가 동시에 터지는 것만큼 강력한 분출이 일어났다. 10억 톤의 입자 구름이 지구로 밀려왔고 엄청난 오로라를 일으켰다. 이때 발생한 북극광은 멀리 남쪽 플로리다와 쿠바에서도 보였다.**

오로라는 어떻게 생길까

지구 자기장은 우주로 수만 킬로미터까지 뻗어 있다. 그러면서 우리 행성을 보호하는 막인 자기권을 형성한다. 태양에서 오는 강력한 입자들은 대부분 자기권에 막혀서 비껴가고 일부만 통과해서 지구 대기권으로 들어오지만, 그중 일부는 자기권에 갇힌다. 태양 폭풍으로 태양에서 오는 강풍에 자기권이 교란될 때, 갇힌 입자들이 빠르게 자기 남북극을 고리 모양으로 에워싸고 있는 대기로 밀려 내려와서 오로라를 만든다.

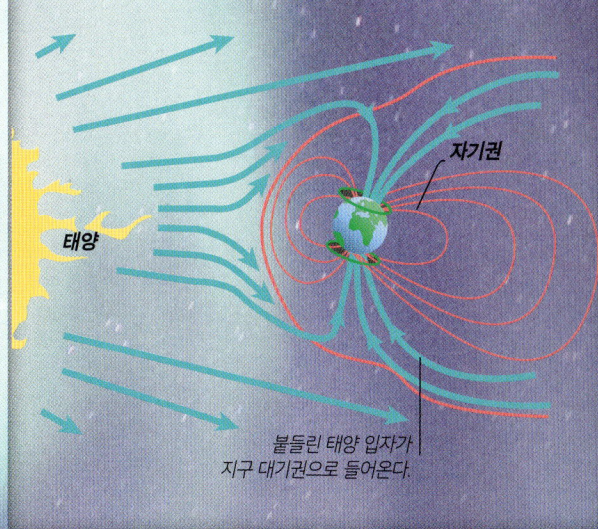

태양 / 자기권 / 붙들린 태양 입자가 지구 대기권으로 들어온다.

8 오로라 색깔은 태양 입자와 반응하는 기체에 따라 달라진다. 산소는 이 사진 속의 독특한 황록색을 내는데, 고도가 더 높은 곳에서는 빨간색을 띠기도 한다. 질소는 분홍색과 파란색 오로라를 낸다.

9 북구 신화는 북극광이 **신들이 사는 아스가르드와 지구를 연결하는 다채로운 불의 다리**라고 했다. 이 다리를 '움직이는 길'이라는 뜻에서 비프로스트라고 부르기도 하며, 헤임달이라는 신이 지켰다고 전해진다.

10 오로라의 장관은 해발 **1,000킬로미터에 이를 만큼 까마득히 높은** 곳에서도 펼쳐질 수 있다. 대부분은 약 80~120킬로미터 상공에서 펼쳐진다.

11 오로라는 지구에서만 생기는 것이 아니다. **화성, 목성, 토성 등 다른 행성들에서도 볼 수 있다.** 멀리 떨어진 한 갈색왜성(행성보다는 크지만 별보다는 작은 천체)에서는 지금까지 관측된 것들 중 가장 강력한 오로라가 나타나기도 했다. **지구의 북극광보다 100만 배 더 밝았다.**

12 국제 우주 정거장에 있는 **우주 비행사들은 오로라를 옆에서 볼 수 있다.** 우주 정거장이 오로라가 으레 생기는 바로 그 고도에서 돌고 있기 때문이다. 우주 정거장의 우주 비행사에게 오로라는 지구 위로 높이 솟아오른 봉우리처럼 보인다.

13 네온 불빛은 오로라와 같은 방식으로 빛을 낸다. 관이나 전구 안에 기체를 채우고 전류를 흐르게 하면 빛이 난다. 네온 기체는 주황색, 수은은 파란색, 나트륨(소듐)은 노란색으로 빛난다.

13½ 오로라의 가장 멋진 풍경은 밤하늘을 배경으로 펼쳐진다. 하지만 **오로라는 밤에만 생기는 것이 아니다.** 너무 희미해서 눈에 보이지 않지만, **낮에도 생긴다.** 열기구를 타고서 적외선 카메라로 찍으면 보인다.

영화 제작하기

영화가 상영되는 화면은 새로운 마법의 세계로 탈출할 수 있는 창문과 같다. 하지만 그것은 사람들이 영화를 즐겨 보는 여러 이유 중 하나일 뿐이다. 영화 업계에서 일하는 이들에게는 큰 화면이 큰 사업이다.

1. **영화표가 가장 많이 팔리는 나라는 인도다.** 2016년에 인도인은 거의 23억 장의 영화표를 샀고, 같은 해에 중국인은 12억 장을 샀고, 미국인도 12억 장을 샀다.

2. 영화는 극장 영화표를 팔아 가장 많은 돈을 벌지만 DVD와 TV 방영, 장난감 같은 부대 상품을 통해서도 많은 돈을 번다. **지금까지 가장 많은 수익을 올린 영화는 2009년 작「아바타」**로서 전 세계에서 27억 8000만 달러를 벌었다.

3. 개봉 첫 주가 뭐가 중요하다고 그렇게 소란일까? **영화는 개봉 첫 주에 총이익의 3분의 1을 벌기도 한다.**「분노의 질주: 더 익스트림」은 2017년 개봉 첫 주에 역대 최고 매출인 5억 4200만 달러를 벌었다.

4. **영화는 엄청난 돈을 벌 수도 있지만, 한 편이 만들어지는 데 드는 비용도 만만치 않다.** 지금까지 가장 많은 제작비가 든 영화는「캐리비안의 해적: 낯선 조류」다. 2011년에 디즈니 영화사가 3억 9800만 달러를 들여 만들었다. 특수 효과에만 1분당 100만 달러 이상을 썼다.

5. 영화를 더욱 크게 볼까? **세계에서 가장 큰 영화 화면은 중국 장쑤성의 극장에 있다.** 스크린은 폭이 34.6미터, 높이가 26.8미터에 이른다. 항공기 보잉 737의 날개폭만큼 넓다.

6. 중국에서는 하루에 극장이 27개나 생길 만큼 빠르게 상영관이 늘어나 왔다. 지금은 거의 4만 개에 달한다. 중국은 곧 미국을 넘어서 **세계에서 가장 많은 상영관이 있는 나라**가 될 것이다.

7. 영화 예고편은 1913년부터 만들어졌다. 처음에는 영화 상영이 끝난 뒤에 틀었다. 이미 관객 대부분이 떠난 뒤에 틀고 있다는 사실을 누군가가 깨닫기 전까지는 말이다.

11 다음에는 어떤 영화가 나올까? 곧 안경 없이 보는 3D와 더욱더 발전한 조명 같은 효과를 결합한 방식(3D에 빗물과 반짝이는 의자에 앉아서 360도로 회전하는 가상현실 영화도 등장할지 모른다.

12 가장 인기 있는 영화 장르를 판단하기까지는 어려울 수 있지만, **액션 영화를 볼 때 팝콘 같은 간식을 가장 많이 먹는다**는 안다. 토크쇼를 볼 때보다 액션 블록버스터의 속도감 있는 장면을 볼 때, 간식을 2배 이상 많이 먹는다는 연구 결과가 있다. 소리가 없을 때에도 마찬가지 결과였다.

10 영화사는 **흔들리는 의자**(무서운 영화를 볼 때 의자를 흔들어 관객을 깜짝 놀라게 하는 장치)에서 **냄새 분무기**(극장에 냄새를 뿜는 장치)에 이르기까지, 관객을 극장에 끌어들일 온갖 방법을 궁리해 왔다. 하지만 모두 별 인기가 없었다.

9 3D 영화는 생각보다 훨씬 오래전에 생겨났다. 처음 큰 인기를 끈 것은 1950년대였다. 양쪽 색이 다른 안경을 쓰면, 양쪽 눈에 조금씩 다른 영상이 비치도록 했다. 뇌는 자동적으로 두 영상을 하나로 합쳐서 입체로 본다. 오늘날 3D 영화는 더 큰 인기를 끌고 있으며, 전 세계에 3D 상영관이 7만 5,000곳을 넘었다.

8 영화에 입히는 음향 효과는 색다른 곳에서 얻는 소리를 한다. 코코넛은 말이 달리는 소리, 장갑은 새가 날개를 치는 소리를 흉내 내는 데 쓰인다. 「스타워즈」 시리즈에서 광선검이 뻗어 나올 때 나는 소리는 마이크를 TV에 너무 가까이 갖다 대면 생기는 잡음에서 얻었다.

13 사람들은 **영화를 볼 때 팝콘만 먹지 않는다**. 중국인은 절인 자두를 즐겨 먹는다. 그 밖에 영화와 함께 즐기는 간식으로는 일본의 말린 정어리, 노르웨이의 순록 육포, 한국의 쫄깃한 구운 오징어, 네덜란드의 짭짤한 감초 과자, 인도의 사모사 등이 있다.

13½ 모르지만, 사실은 **영화를 만든다**. 영화 업계 중 세계에서 가장 규모가 큰 곳이 할리우드라고 생각할지 만들어지기도 한다. 1년에 2,000편이 제작되는 볼리우드가 힌두어로 유명하다. 나이지리아가 두 번째고 미국은 세 번째다. **인도가 가장 많은**

79

고귀한 기사

중세 유럽에서 기사는 왕이나 군주를 위해 말을 타고 싸우는 병사였다. 강력한 전사였던 기사는 주군을 지키고, 교회, 여성, 약자를 보호하기로 맹세했다. 기사가 걸친 쇠 갑옷은 자기만의 요새였다.

1 갑옷은 원래 미늘을 쇠고리로 엮어서 만들었다. 그 뒤로 몸에서 취약한 부위를 보호하기 위해 작은 강철판들이 조금씩 추가되었다. 15세기에는 이미 강철판만으로 이루어진 형태가 갑옷의 표준이 되어 있었다. 갑옷을 다 갖추어 입으면 약 25킬로그램이나 되었다.

2 기사의 얼굴 아래쪽과 목을 보호하는 갑옷 부위를 가리켜 '비버(bevor)'라고 했다. '질질 흘리다'라는 뜻의 옛 프랑스어였다. 비버에는 호흡할 수 있게 공기구멍이 나 있었지만, 입김이 안쪽에 모이면서 늘 축축했다.

3 긴 칼은 양쪽에 날이 있었고, 끝이 뾰족했다. 노련한 기사는 칼을 한 번 휘둘러서 적의 팔다리를 잘랐고, 심지어 목까지 벨 수 있었다.

4 말도 마갑이라는 갑옷을 입었다. 마갑을 살 돈이 부족한 기사는 말의 귀와 주둥이를 보호하는 머리 갑옷 조각 한 개만 씌우기도 했다. 기사는 대개 말을 몇 마리씩 데리고 있었다. 전투에 쓰는 전마 2마리, 돌아다닐 때 쓰는 승용마 1마리, 짐을 운반하는 짐말 몇 마리였다.

5 기사가 되려면 여러 해 동안 훈련을 해야 했다. 귀족 집안의 남자아이는 7세가 되면 집을 떠나서 기사의 시동이 되곤 했다. 자질구레한 일을 하면서 말을 타고 무기를 다루는 법을 배웠다.

6 시동은 14세에 종자가 되었다. 종자는 기사의 말과 무기를 돌보고, 갑옷 입는 일을 도왔다. 약 7년간 종자로 일하면, 종자는 기사가 될 수 있었다.

7 종자는 **기사 작위 수여식이라는 특별한 의식을 통해 기사가 되었다.** 군주나 왕에게 토지를 하사받고, 그 대가로 전쟁터에 나가는 등 여러 가지 의무를 수행하기로 약속했다.

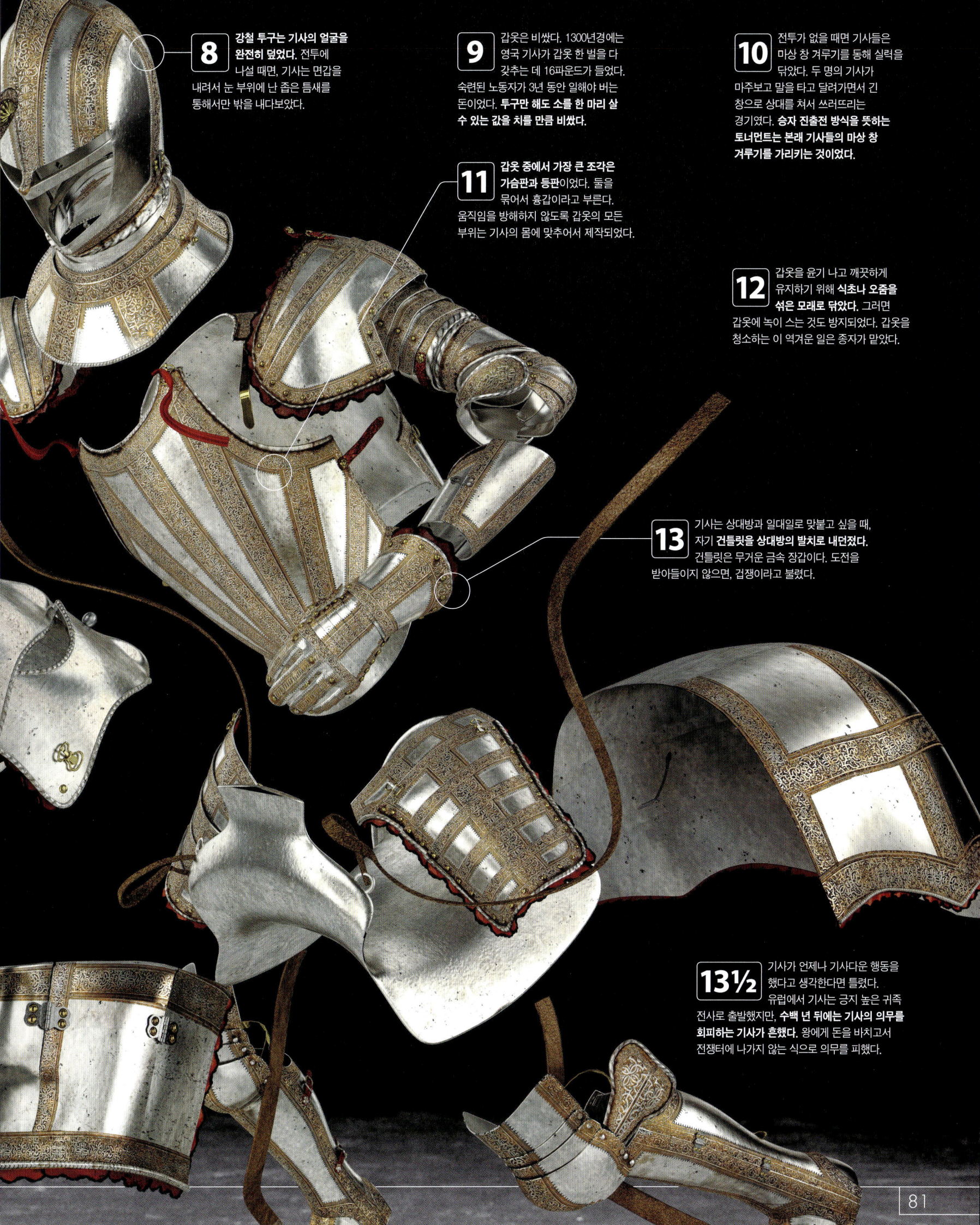

8 강철 투구는 기사의 얼굴을 완전히 덮었다. 전투에 나설 때면, 기사는 면갑을 내려서 눈 부위에 난 좁은 틈새를 통해서만 밖을 내다보았다.

9 갑옷은 비쌌다. 1300년경에는 영국 기사가 갑옷 한 벌을 다 갖추는 데 16파운드가 들었다. 숙련된 노동자가 3년 동안 일해야 버는 돈이었다. **투구만 해도 소를 한 마리 살 수 있는 값을 치를 만큼 비쌌다.**

10 전투가 없을 때면 기사들은 마상 창 겨루기를 통해 실력을 닦았다. 두 명의 기사가 마주보고 말을 타고 달리면서 긴 창으로 상대를 쳐서 쓰러뜨리는 경기였다. 승자 진출전 방식을 뜻하는 **토너먼트는 본래 기사들의 마상 창 겨루기를 가리키는 것이었다.**

11 갑옷 중에서 가장 큰 조각은 **가슴판과 등판**이었다. 둘을 묶어서 흉갑이라고 부른다. 움직임을 방해하지 않도록 갑옷의 모든 부위는 기사의 몸에 맞추어서 제작되었다.

12 갑옷을 윤기 나고 깨끗하게 유지하기 위해 **식초나 오줌을 섞은 모래로 닦았다.** 그러면 갑옷에 녹이 스는 것도 방지되었다. 갑옷을 청소하는 이 역겨운 일은 종자가 맡았다.

13 기사는 상대방과 일대일로 맞붙고 싶을 때, 자기 **건틀릿을 상대방의 발치로 내던졌다.** 건틀릿은 무거운 금속 장갑이다. 도전을 받아들이지 않으면, 겁쟁이라고 불렸다.

13½ 기사가 언제나 기사다운 행동을 했다고 생각한다면 틀렸다. 유럽에서 기사는 긍지 높은 귀족 전사로 출발했지만, **수백 년 뒤에는 기사의 의무를 회피하는 기사가 흔했다.** 왕에게 돈을 바치고서 전쟁터에 나가지 않는 식으로 의무를 피했다.

빙글빙글 도는 회전날개

하늘에서 쉽게 방향을 틀면서 날 수 있는 헬기 또는 헬리콥터는 산불 감시, 수색과 구조 등 여러 가지 중요한 일을 한다. 여기 보이는 시호크 SH-60처럼 거대한 항공 모함에 실려서 군용으로 쓰이는 헬리콥터도 많다.

1 헬리콥터 날개는 원래 고대 중국에서 장난감에 쓰였다. 단풍나무 씨가 빙빙 돌며 떨어지는 모습에 영감을 얻어서 만든 '도르래'를 중국 아이들은 기원전 400년경부터 갖고 놀았다. 도르래는 대나무를 깎아 만든 날개에 자루를 붙인 장난감으로, 빙 돌려서 날릴 수 있었다.

2 긴 회전날개가 바로 헬리콥터 비행의 열쇠다. 회전날개는 고속으로 빙빙 돌 때, 바람을 아래로 밀어낸다. 그러면 무거운 금속으로 된 헬기 몸체를 땅에서 들어 올릴 만한 양력(띄우는 힘)이 생긴다.

3 15세기 말 이탈리아 발명가 레오나르도 다빈치는 최초로 유인 헬리콥터를 생각해 냈고, 착상을 스케치로 남겼다. 하지만 다빈치 생각대로 만들었다면 결코 날지 못했을 것이다. 최초의 진짜 헬리콥터는 450여 년이 흐른 뒤인 1939년에 날았다.

4 헬리콥터는 시속 400킬로미터까지 속도를 낼 수 있다. 강력한 비행기만큼 빨리 날지는 못하지만 훨씬 더 자유자재로 움직인다. 수직으로 이착륙하고, 앞뒤좌우로 날고, 한 곳에 떠 있고, 테니스장만큼 작은 공간에도 착륙할 수 있다.

5 시호크는 소금기 있는 바다 공기에 녹이 슬지 않도록 겉에 특수한 보호막을 입힌 헬리콥터이다. 그래서 화물을 운반하고, 수색과 구조를 하고, 전투를 벌이는 등 여러 가지 해군 임무를 수행할 수 있다.

6 양쪽의 터빈 엔진 두 개가 회전날개를 움직인다. 1분에 200번까지도 회전시킬 수 있다. 자동차 엔진과 비슷하지만, 훨씬 더 강하다.

7 꼬리 회전날개 (꼬리 로터)는 사소해 보이지만, 회전날개가 일으키는 회전력을 상쇄시키는 데 꼭 필요하다. **꼬리 회전날개가 없으면**, 헬리콥터 동체가 회전날개와 반대 방향으로 돌아서 **비행이 불가능해질 것이다.**

8 바다 위의 한정된 공간에서 보관하기 쉽게, 시호크는 꼬리 부분을 동체 안으로 접어 넣을 수 있다. 회전날개도 접어 넣을 수 있어서, 크기를 원래의 절반쯤으로 줄일 수 있다.

13½ 액션 영화에서 많이 보았을 장면이 있다. 엔진이 멈추자마자, 헬리콥터가 땅으로 추락하는 장면이다. 실제로는 **엔진이 멈추어도 회전날개는 얼마간 계속 돌기 때문에**, 노련한 조종사는 헬리콥터를 안전하게 착륙시킬 수 있다.

13 머지않아 원격 조종 헬리콥터가 화성 표면을 날게 될지도 모른다. 현재 나온 시제품은 휴지 상자만 하게 작지만, 희박한 화성의 대기를 고려하여 커다란 회전날개를 달고 있다.

12 세계에서 가장 큰 헬리콥터는 러시아의 Mi-26다. 이 거대한 새는 높이가 3층 건물만 하며, 엄청난 무게를 운반할 수 있다. 1999년에는 색다른 화물을 운반했다. 25톤짜리 얼음덩어리에 보존된 2만 3,000년 된 매머드였다.

11 군용 헬리콥터인 시호크는 필요할 때면 위험한 무기를 장착한다. **어뢰와 대함유도탄**을 헬기 밑에 장착하고, 옆에는 **기관총**도 달 수 있다.

9 조종석은 헬리콥터를 조종하는 곳이다. 조종사는 **조이스틱 같은 조종간**으로 회전날개의 각도를 바꾸고, **발 페달**로 꼬리 회전날개를 조종한다. 두 가지 장치를 함께 조작해서 헬리콥터의 방향을 바꿀 수 있다.

10 시호크 옆쪽에 있는 몇몇 특수한 안테나 계기판은 항해하고 통신할 수 있는 다양한 **감지 장비**들에 속한다. 아래쪽의 탐지 레이더 안테나는 음파를 써서 물속에 있는 물체를 훑는다. 가장 어두운 물속까지 들여다볼 수 있다.

83

물질이란 무엇일까?

우리를 포함하여 우주에 있는 모든 '것'은 물질이다. 우리 행성에서 물질은 크게 세 가지 상태로 존재한다. 고체, 액체, 기체다. 많은 물질은 세 상태로 다 존재할 수 있다. 가열하거나 냉각할 때 한 상태에서 다른 상태로 바뀐다.

1 모든 물질은 언제나 이리저리 진동하거나 돌아다니는 **극도로 작은 입자들로 이루어져 있다.** 고체, 액체, 기체와 같은 물질의 상태는 **입자들이 얼마나 빨리 움직이느냐**에 달려 있다.

2 이 찻숟가락의 금속처럼 **고체 물질을 이루는 입자들은 자유롭게 움직일 수 없다.** 고체의 입자는 이리저리 진동하지만, 함께 얽힌 채로 남아 있다. 그것이 고체가 **일정한 모양**을 유지하고 있는 이유다.

3 **액체 물질을 이루는 입자들은** 서로 가까이 있긴 하지만, 서로 지나치면서 **돌아다닐 수 있다.** 액체는 일정한 부피를 유지하지만, **모양은 일정하지 않다.** 찻물이 담긴 컵의 모양에 따라 형태가 달라지는 것이 그렇다.

4 **기체를 이루는 입자들은** 서로 멀리 떨어져 있고 **모든 방향으로 자유롭게 움직인다.** 일정한 모양이나 부피를 지니지 않고, 어느 통에 넣든 간에 꽉 채울 만큼 퍼진다. 이 과정을 확산이라고 한다. 냄새가 금방 방 전체로 퍼지는 이유도 이 때문이다.

5 액체를 데우면, 그 입자들 중 일부는 액체 표면을 떠나서 보이지 않는 증기가 된다. 증기는 다시 **쉽게 액체로 돌아갈 수 있는 기체다.** 액체가 기체로 변하는 과정을 증발이라고 한다.

6 찻물에서 나온 수증기가 식으면, 그 증기의 입자들 중 일부가 서로 결합하여, 즉 응축하여 잔의 표면에 작은 물방울로 맺힌다. **김은 공중에 뜬 물방울들이 이룬 일종의 안개다.**

7 우리 주변의 물질 중 상당수는 순수한 고체나 액체, 고체가 아니라 둘 이상의 상태가 섞여 있는 것이다. 예를 들어, **레몬 껍질은 고체처럼 느껴지지만 사실은 고체와 액체의 혼합물이다.**

8 모든 물질은 138억 년 전 우주가 생길 때, 즉 **시간이 시작될 때 생겨났다.** 과학자들은 모든 물질이 생겨난 그 순간을 '빅뱅'이라고 한다.

9 액체는 입자 사이의 인력을 통해 하나로 결합된다. 액체 표면에서는 입자들이 표면의 다른 입자들에 더 끌린다. 이 힘을 표면 장력이라고 한다. 표면 장력 때문에 **액체가 방울을 형성한다.**

우리에게 가장 소중한 별

지구에서 가장 가까운 별은 불타는 수소와 헬륨으로 이루어졌으며, 회전하는 거대한 구체인 태양이다. 태양의 중력이 태양계 전체의 모습을 결정한다. 태양 표면은 불타오르면서 주변을 도는 행성들을 빛으로 채우며, 지구의 모든 생명을 부양할 힘을 보낸다.

1 태양은 **태양계의 중심에 자리한다**. 태양계의 모든 행성, 달, 소행성, 혜성은 태양과 마찬가지로 **46억 년 전에 똑같은 먼지 구름에서 생겨났다**.

2 태양은 지름이 140만 킬로미터다. 질량은 우리 태양계 질량의 99.8퍼센트를 차지한다. 태양은 **지구 130만 개가 들어갈 만큼 거대하다**.

3 하지만 다른 별들에 비하면 태양도 그리 크지 않다. 태양은 왜성에 속한다. 비교적 작고 덜 밝은 별을 가리킨다. **지금까지 알려진 가장 큰 별은 UY 스쿠티**이며, 태양 30억 개가 들어갈 정도로 크다.

4 역사적으로 **인류는 태양을 숭배하고 두려워해 왔다**. 고대 이집트인들은 태양신 라를 섬겼고, 아즈텍인들은 토나티우라는 태양신을 숭배했다.

5 태양은 **1초에 400조 와트의 에너지를 뿜어낸다**. 지구의 모든 사람이 1년 동안 쓰는 에너지보다 100만 배 더 많은 양이다.

6 태양은 지구에서 1억 5000만 킬로미터 떨어져 있지만, **태양에서 지구까지 에너지가 도달하는 데에는 8분밖에 안 걸린다**. 대조적으로 태양의 중심에서 그 표면까지 에너지가 도달하는 데에는 길게는 10만 년까지 걸린다.

7 태양에서 나오는 입자들의 흐름은 끊임없이 이어지면서 분출된다. 이 흐름은 속도가 최대 초속 900킬로미터에 달하며, **1초에 100만 톤의 가스를 우주로 뿜어낸다**.

8 태양의 상층 대기, 즉 코로나는 눈에 보이지 않지만, 이렇게 자외선으로 보면 드러난다. 눈에 보이는 표면보다 500배 더 뜨겁다. 과학자들은 아직 그 이유를 알지 못한다.

9 이처럼 **대단히 밝은 영역을 백반이라고 한다**. 흑점과 관련이 있다. 흑점은 태양 표면에서 온도가 더 낮은 지점이다. **흑점의 수는 11년 주기로 변한다**.

10 **태양의 표면은** 오렌지 껍질처럼 **오돌토돌하거나 거품이 이는 듯하다**. 각 오돌토돌한 지점은 **가스가 솟아오르는 부위**로서, 폭이 약 1,000킬로미터에 달한다.

11 거대하게 분출하는 이 빛나는 가스를 홍염이라고 한다. **홍염은 우주로 약 30만 킬로미터까지 뻗어나간다**. 지구 지름의 약 25배다.

12 이 홍염은 2012년 8월에 분출되었다. 이런 사건을 **코로나 질량 분출**이라고 한다. 규모가 큰 경우에는 10억 톤의 입자를 우주로 뿜어낸다.

13 태양은 수명의 절반쯤을 살았다. 약 50억 년 뒤에 **태양은 적색 거성이 되어 수성과 금성을 집어삼킬 것이다**. 그리고 태양의 바깥층은 날러서 사라지고 치밀한 핵만이 남을 것이다.

13½ **태양은 우리에게 특별해 보일지 몰라도 아주 평범한 별이다**. 우리 은하에만 태양과 같은 별이 수십억 개 있고, 관찰 가능한 우주에는 은하가 2조 개쯤 있다.

태양의 내부

태양의 에너지원은 중심에 있는 핵이다. 핵은 태양 질량의 절반 이상을 차지한다. 1500만 도에 이를 만큼 아주 뜨거운 핵에서는 1초마다 6억 톤이 넘는 수소가 헬륨으로 바뀌고 있다. 이 핵융합 반응으로 생산되는 에너지는 천천히 태양의 표면으로 올라온다.

- 대류층에서는 기체의 흐름을 통해 에너지가 표면으로 전달된다.
- 복사층은 복사를 통해 에너지가 전달되는 두꺼운 층이다.
- 뜨겁고 밀도가 높은 핵
- 눈에 보이는 표면은 광구라고 한다.

알을 깨고 나오는 동물들

대부분의 양서류, 파충류, 어류, 무척추동물에게 알은 한살이에서 필수적인 단계다. 알은 깨어나기 전의 허약한 새끼를 감싸서 보호하는 역할을 한다. 알을 아주 많이 낳는 동물이 있는 반면, 아주 적게 낳아서 잘 보살피는 동물도 있다.

1 우리가 먹는 달걀은 닭이 낳는데, 수정되지 않은 무정란에서는 병아리가 생기지 않는다. **전 세계에서 1년에 10억 개가 넘는 달걀이 소비된다.**

2 타조는 동물 중에서 가장 큰 알을 낳는다. 최고 기록을 세운 알은 무려 **2.6킬로그램에 달했다.** 벽돌만큼 무거운 알이었다.

3 대부분의 알은 위장이 잘 되어 있지만, 큰도요타조 (티나무)의 알은 아니다. 반들거리는 녹색 알은 다른 도요타조 암컷의 시선을 끈다. 오히려 알들을 한 둥지에 많이 모아서 안전하게 품는 전략인 듯하다.

4 새알은 부화시키려면 계속 따뜻한 온도를 유지해야 한다. 대부분의 부모 새는 알을 배 밑에 깔고 앉아서, 알이 부화할 때까지 체온으로 따뜻하게 품는다.

개구리알

5 나일악어의 알은 처음에는 성별이 없다. 알에서 배아가 자라는 동안 주변 온도에 따라서 성별이 정해진다. 주변 온도가 31도 미만이라면 암컷이 되고, 그보다 높으면 수컷이 된다.

6 이 옥수수뱀 같은 **많은 파충류는 새알처럼 딱딱하지 않고 부드러운 가죽질 알을 낳는다.** 새알은 위에 앉아서 품는 부모 새의 무게를 견뎌야 하기 때문에 더 단단한 것인지도 모른다.

7 일부 동물은 정말로 쓰레기 속에서 태어난다. 몇몇 **파충류와 조류 종은 썩어 가는 식물 밑에 알을 묻어 둔다.** 식물이 썩으면서 내는 열을 이용하기 위해서다.

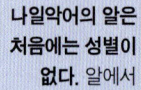
민달팽이

8 눈에 잘 안 띄는 곤충이 가장 많은 알을 낳기도 한다. 오스트레일리아의 핀디나방은 알을 한 번에 2만 9,000개까지 낳을 수 있다. 단, 알을 한 곳에 낳아서 돌보는 대신에, 날면서 아무데나 흩뿌린다.

표범도마뱀붙이

9 보호하는 동시에 가두는 알에서 나올 때가 되면, **아기 새는 부리에 난 알이빨 (난치)라는 특수한 이빨로 알을 깬다.** 알이빨은 알껍데기를 두드려서 깨뜨리고 나면 저절로 떨어져 나간다.

88

10 굴왕거미는 거미줄로 만든 커다란 주머니 안에 알을 수백 개씩 낳는다. 알 주머니는 동굴 구석에 매달아 놓는다. 새끼들을 잘 지킬 수 있는 곳이다.

11 뿔괭이상어는 나사처럼 생긴 독특한 주머니 안에 알을 낳는다. 뿔괭이상어 어미는 이 나선형 알집을 천적의 눈에 띄지 않는 바위 틈새에 안전하게 끼워 둔다.

12 문어 암컷은 알을 낳으면 온몸으로 감싸서 지킨다. **4년 반 동안 계속 알을 품고 있던 헌신적인 심해 문어도 있었다.** 단 한 번도 먹이를 먹으러 자리를 비우지 않았다고 한다.

먹구렁이

무지개송어

표범육지거북

13 대부분의 알은 공 모양이지만, **바다오리는 길쭉하고 끝이 뾰족한 알을 낳는다.** 둥지가 있는 높은 낭떠러지에서 알이 쉽게 굴러 떨어지지 않도록 하기 위해 적응한 결과다.

산누에나방 애벌레

13½ 포유류는 대개 알이 아니라 새끼를 낳는 동물이라고 정의된다. 하지만 **단공류라는 별난 포유류 집단은 알을 낳는다.** 오리너구리와 바늘두더지가 단공류에 속하며, 이 동물들은 오스트레일리아와 뉴기니에 산다.

▽ 새알의 내부

알이 어미 새의 몸 밖으로 나올 때, 알 속의 배아는 작은 얼룩만 하다. 배아는 알을 품고 있는 어미 새의 온기로 따뜻한 상태에서 노른자로부터 양분을 흡수하며 자라기 시작한다. 알껍데기에는 미세한 구멍들이 있어서 호흡할 수 있는 공기가 드나든다. 닭의 알에서 새끼가 깨어날 만큼 자라려면 약 3주가 걸린다.

노른자에서 영양분을 얻는다.

양막이 배아를 충격으로부터 보호한다.

배아의 오줌이 모이는 요막

공기주머니

신기한 뼈

우리 몸의 뼈대는 신체 구조를 형성하고, 핵심 기관을 보호하고, 몸을 움직이는 근육이 붙는 자리를 제공한다. 뼈는 콘크리트보다 8배 더 튼튼하지만, 아주 가볍다. 사람의 뼈는 몸무게의 15퍼센트를 차지할 뿐이다.

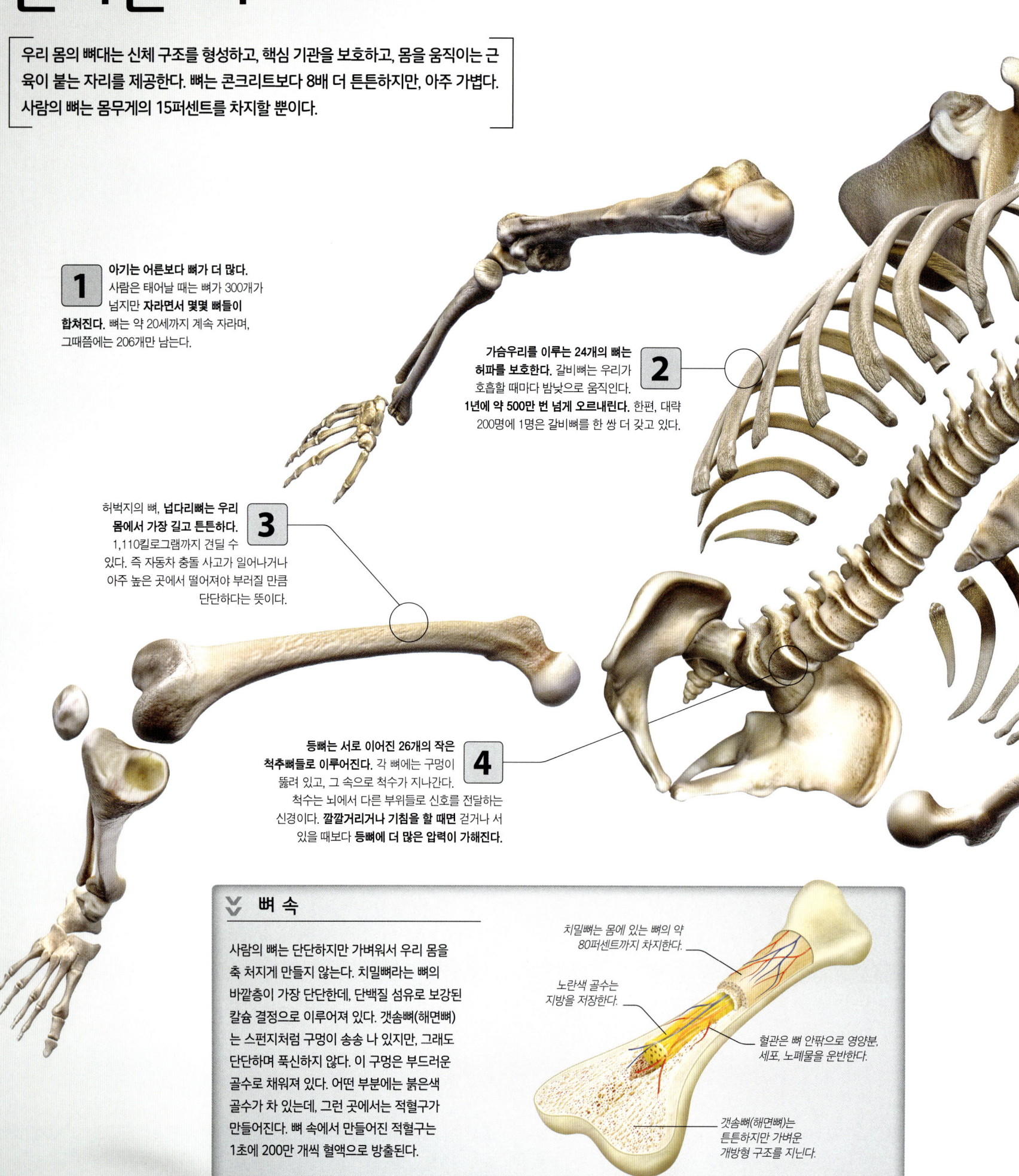

1 **아기는 어른보다 뼈가 더 많다.** 사람은 태어날 때는 뼈가 300개가 넘지만 **자라면서 몇몇 뼈들이 합쳐진다.** 뼈는 약 20세까지 계속 자라며, 그때쯤에는 206개만 남는다.

2 **가슴우리를 이루는 24개의 뼈는 허파를 보호한다.** 갈비뼈는 우리가 호흡할 때마다 밤낮으로 움직인다. **1년에 약 500만 번 넘게 오르내린다.** 한편, 대략 200명에 1명은 갈비뼈를 한 쌍 더 갖고 있다.

3 허벅지의 뼈, **넙다리뼈는 우리 몸에서 가장 길고 튼튼하다.** 1,110킬로그램까지 견딜 수 있다. 즉 자동차 충돌 사고가 일어나거나 아주 높은 곳에서 떨어져야 부러질 만큼 단단하다는 뜻이다.

4 **등뼈는 서로 이어진 26개의 작은 척추뼈들로 이루어진다.** 각 뼈에는 구멍이 뚫려 있고, 그 속으로 척수가 지나간다. 척수는 뇌에서 다른 부위들로 신호를 전달하는 신경이다. **깔깔거리거나 기침을 할 때면 걷거나 서 있을 때보다 등뼈에 더 많은 압력이 가해진다.**

뼈 속

사람의 뼈는 단단하지만 가벼워서 우리 몸을 축 처지게 만들지 않는다. 치밀뼈라는 뼈의 바깥층이 가장 단단한데, 단백질 섬유로 보강된 칼슘 결정으로 이루어져 있다. 갯솜뼈(해면뼈)는 스펀지처럼 구멍이 송송 나 있지만, 그래도 단단하며 푹신하지 않다. 이 구멍은 부드러운 골수로 채워져 있다. 어떤 부분에는 붉은색 골수가 차 있는데, 그런 곳에서는 적혈구가 만들어진다. 뼈 속에서 만들어진 적혈구는 1초에 200만 개씩 혈액으로 방출된다.

- 치밀뼈는 몸에 있는 뼈의 약 80퍼센트까지 차지한다.
- 노란색 골수는 지방을 저장한다.
- 혈관은 뼈 안팎으로 영양분, 세포, 노폐물을 운반한다.
- 갯솜뼈(해면뼈)는 튼튼하지만 가벼운 개방형 구조를 지닌다.

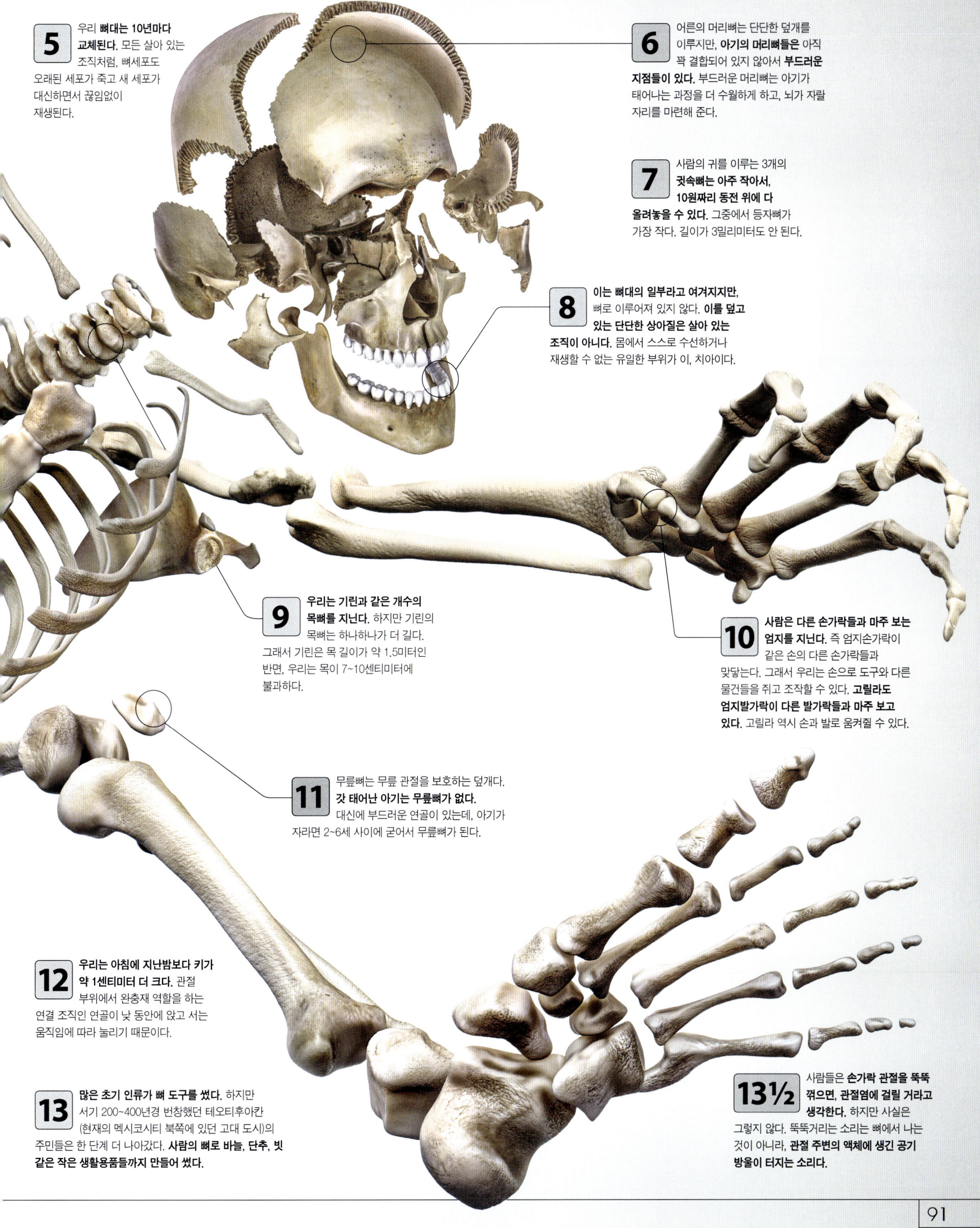

1. 양서류는 대개 물과 뭍 양쪽에서 살 수 있다. **빗영원**은 생애의 대부분을 뭍에서 지내지만, 번식할 때가 되면 **연못으로 돌아간다.** 수컷은 물에서 춤을 추면서 암컷을 꾄다. 들쭉날쭉한 볏을 과시하면서 춘다.

왕눈이 청개구리

2. 양서류는 대개 **투명한 젤리로 감싼 알을** 물에 낳는다. 이 개구리알처럼 말이다. 그런데 다윈개구리 수컷은 암컷이 풀에 낳은 알을 커다란 자기 울음주머니 속에 품는다. 알이 부화해 조그만 새끼 개구리로 다 자라면 뱉는다.

토마토개구리

3. 열대에 사는 이 **카메룬무족영원**은 지렁이처럼 생긴 무족영원류에 속한다. 일부 무족영원 종의 새끼는 별난 생존법을 쓴다. 어미 배 속에서 자라나 **어미의 피부를 먹으면서 찢고 나온다.** 그래도 어미는 죽지 않는다. 피부는 사흘이면 새로 자랄 수 있다.

4. 이 **두발가락암피우마도롱뇽**은 뱀장어처럼 생긴 긴 몸에 쓸모없는 작은 다리가 둘 달려 있다. 생존 능력이 아주 뛰어나다. 가뭄이 들면 진흙 깊숙이 파고 들어가서 견딘다. **아무것도 먹지 않고 3년까지도 버틸 수 있다.**

5. **호박벌독화살개구리**는 화려한 색깔로 피부에 독이 있다고 포식자에게 경고를 보낸다. 치명적인 독을 지닌 개구릿과에 속한다. 이처럼 피부에 독이 있는 개구리 중에는 **사람 10명을 죽일 만한 독을 지닌 종류도 있다.**

놀라운 양서류

개구리와 두꺼비, 도롱뇽과 영원, 무족영원으로 이루어진 양서류는 축축한 곳에서 살아간다. 양서류는 성장하는 동안 놀라운 탈바꿈을 한다. 이를 테면, 물에 사는 유생, 올챙이에서 뭍에 살 수 있는 성체, 개구리로 변신하는 것이다.

6 아홀로틀은 성장하지 않는 도롱뇽 중 하나다. 결코 물을 떠나지 않으며, 평생을 다리가 달린 올챙이와 비슷한 모습으로 살아간다.

7 모든 양서류가 물 근처에서 사는 것은 아니다. 화려한 색깔을 띤 **빨간눈청개구리**는 열대우림의 나무 위에서 살아간다. 피부가 미끄럽지만, **발가락에 달린 빨판으로 나뭇가지에 착 달라붙을 수 있어서 나무를 아주 잘 탄다.**

8 양서류는 대부분 수명이 짧지만, **올름이라고 불리는 동굴도롱뇽붙이는 100년 넘게 살 수 있다.** 눈이 거의 보이지 않고 몸이 새하얀 이 도롱뇽은 땅속 동굴 깊숙한 곳에 산다.

9 모든 양서류가 개구리알 같은 알을 낳는다고 생각할지 모르지만, **새끼를 낳는 종류도 있다.** 몇몇 무족영원류 종은 몸속에 새끼를 품어 키운다. 새끼는 작은 성체가 되면 어미의 몸을 뚫고 나온다.

10 어릴 때 물에서 자라는 데도, 도롱뇽은 오랫동안 사람들의 생각에 불과 관련된 동물로 여겨졌다. 고대 그리스 철학자 아리스토텔레스는 **도롱뇽이 불에서 살 수 있고 마음대로 불을 끌 수 있는 마법의 도마뱀이라고 믿었다.**

11 많은 개구리와 두꺼비는 끼루룩, 개굴개굴, 삐익 하는 소리를 내어 의사소통을 한다. **대평원두꺼비의 울음소리는 귀가 멀 정도로 크며, 1킬로미터 떨어진 곳에서도 들을 수 있다.** 커다란 울음주머니로 소리를 증폭시킨다.

12 두꺼비의 긴 혀는 먹이를 잡는 데 아주 좋다. 먹잇감을 발견하면 5분의 1초 안에 혀를 쏜다. 혀끝은 끈적거려서 한번 달라붙은 먹이는 달아나지 못한다.

13 양서류는 매우 자주 허물을 벗는다. 때로는 매일 벗기도 한다. **얇고 축축한 피부 층에는 단백질이 풍부하기 때문에, 많은 개구리와 두꺼비는 벗은 허물을 먹는다!**

13½ 하늘에서 개구리가 비처럼 쏟아진다고? 꾸며 낸 이야기처럼 들릴지 모르지만, 실제로 여러 차례 그런 일이 일어났다는 기록이 있다. **개구리들이 소용돌이에 휘말려서 올라갔다가 다른 곳에 떨어질 수 있다는 이론이 나와 있긴 하지만,** 정확히 어떻게 가능한 일인지는 알지 못한다.

93

말하는 법

할 말이 있다고? 우리는 언어 덕분에 생각과 착상을 공유하고, 감정을 표현하고, 남을 설득하거나 비난하며, 주변에서 일어난 사건들을 정리할 수 있다. 언어는 강력한 도구가 분명하다. 하지만 언어로 어떻게 세상에 활기를 불어넣을까?

1 오늘날 전 세계에서 약 7,000가지의 언어와 방언이 쓰이고 있다. **아시아에는 2,200가지 언어가 있으며, 파푸아뉴기니에만 850가지가 있다.** 하지만 세계 인구의 절반 이상은 23가지 언어 중 하나를 쓴다.

2 여러 언어를 쓸 수 있는 사람도 있다. 19세기에 홍콩 총독이었던 **영국인 존 바우링은 100개 언어를 할 수 있다고 했다.** 그리고 그보다 훨씬 더 많은 언어를 공부했다.

3 우리는 **자모(알파벳)라는 문자 집합을** 써서 언어를 적는다. 알파벳이라는 단어는 고대 페니키아 자모의 처음 두 글자인 '알레프(aleph, 소)'와 '베트(bet, 집)'에서 나왔다. 소머리 그림이 이윽고 a가 되었고, 집을 나타낸 기호가 b가 되었다.

4 컴퓨터는 자체 언어를 지니며, 우리는 그 언어를 써서 컴퓨터에 무엇을 할지 알려 준다. 이런 **프로그래밍 언어는 500가지가 넘는다.** 모든 프로그래밍 언어는 일정한 코드가 복잡하게 줄줄이 이어진 형태로 구성된다.

5 **영어에는 25만 개의 단어가 있다.** 아마 다른 언어들보다 더 많을 것이다. 게다가 해마다 약 1,000개씩 새로운 단어가 영어 사전에 추가되고 있다.

6 말을 들을 수 없는 사람들은 수화라는 손으로 하는 신호를 써서 의사소통을 할 수 있다. **말로 하는 구어처럼 수화 언어에도 지역별 차이가 있다.** 지역에 따라 손짓이 가리키는 단어가 다를 수도 있고, 손짓의 속도나 표현 방식이 다를 수도 있다.

olá

नमस्ते

7 자신에게 이야기해 본 적이 있는가? **자각언어증(idioglossia)은 단 한 사람만이 쓰는 언어를 가리킨다.** 다언어를 쓰는 가정에서 자라는 아이는 때로 자신만의 언어를 만들어 내곤 한다. 한편, 쌍둥이는 자신들만의 비밀 언어를 쓰기도 한다.

8 몇몇 영화, 책, 비디오 게임에서 등장인물들은 **허구의 언어로 대화한다.** 「스타트렉」 드라마와 영화에서는 클링온이라는 외계 종족이 쓰는 언어가 나온다. 그동안 아주 다양한 클링온어 단어들이 창안되어 왔기에, 애호가들은 이 언어를 배워서 서로 대화를 할 수 있을 정도다. 클링온어 사전까지 나와 있다.

hello

sannu

9 언어는 다양한 소리를 나타낼 수 있다. **아프리카 남부와 동부의 몇몇 언어는 혀 차는 소리를 자음으로 쓴다.** 카나리아 제도의 라고메라 섬에 사는 일부 주민들은 '실보 고메로'라는 독특한 언어를 쓴다. 스페인어이긴 한데, 먼 거리에서 들리도록 휘파람 소리로 내는 것이다.

10 애플사의 시리 같은 인공 지능은 **20가지 이상의 언어로 말할 수 있다.** 또한 남녀의 목소리와 억양을 흉내 낼 수 있다. 하지만 그 차분하고 감정 없는 목소리가 사람이 실제로 말하는 양상과 완전히 똑같을 수는 없다. 우리는 말할 때 의미뿐 아니라, 말하는 방식을 통해서도 의도를 전달하기 때문이다.

11 문자 메시지가 등장하기 오래전에, **점과 선을 나타내는 짧거나 긴 전기 신호를 써서 메시지를 전달하는 모스 부호가 개발되었다.** 발명가 새뮤얼 모스는 가장 흔히 쓰이는 글자들을 파악하여, 가장 짧은 전기 신호를 지정했다. 점 3개는 'S', 선 3개는 'O'를 뜻한다. SOS는 빨리 쉽게 보낼 수 있었기에, 구조 신호가 되었다.

merhaba

12 국제 연합(UN)이 1948년에 발표한 **세계 인권 선언은 503가지 언어로 번역됨**으로써, 세계에서 가장 많이 번역된 문서가 되었다.

مرحبا

13½ 일상생활에 더 이상 쓰이지 않는 언어는 죽은 언어라고 말한다. 로마 제국이 멸망한 뒤 라틴어가 죽었다고 생각할 수 있다. 하지만 **라틴어는 아직** 과학, 법, 특히 종교의 국제어로서 **살아 있다.** 로마 인근의 바티칸시티에서는 현금 인출기도 라틴어로 설명이 적혀 있다.

13 "아브라카다브라!"는 여러 언어에서 널리 쓰이는 **주문이다.** 이 단어는 3세기의 로마 의사가 남긴 일지에 처음 나왔다. 의사는 말라리아에 걸린 사람들에게 이 행운의 단어를 종이에 적은 뒤, 천으로 감싸서 9일 동안 목에 감고 있으라고 권했다. 안타깝게도 주문의 치료 효과는 없었다.

과시하는 옷차림

역사를 돌아보면 사람들은 줄곧 옷차림을 부를 과시하려는 용도로 여겨 왔다. 14~16세기에 신세계가 발견되면서 이국적인 천들이 유럽으로 들어왔다. 그리하여 여기 보이는 16세기 유럽식 복식 같은 다양한 의상의 시대가 시작되었다.

1 세련된 귀족은 **많은 옷을 겹쳐 입었기 때문에**, 혼자서는 옷차림을 제대로 갖출 수가 없었다. 1558년에서 1603년까지 영국을 통치한 여왕 엘리자베스 1세는 매일 옷을 입는 데 **2시간 이상씩 걸렸다.**

2 귀부인은 '보디스'를 입었다. 상체를 꽉 조여서 체형을 만드는 레이스가 달린 두 벌의 옷이었다. **속에 나무, 금속, 심지어 고래뼈를 넣어서 뻣뻣하게 만들기도 했다.** 입으면 몸을 굽힐 수가 없었다.

리넨 속옷

떼어 낼 수 있는 소매

3 옷에는 겉과 대비되는 안감의 색깔이 드러나도록 구멍과 틈을 냈다. 가운 한 벌에 작은 구멍이 9,000개까지 있는 경우가 있었다.

4 옷을 만드는 천은 먼저 오줌에 푹 담갔다. 오줌 속 암모니아의 작용으로 천이 밝은 색깔을 띠게 되기 때문이다. **대가족 집안에서는 오줌이 가득한 통을 섬유 업체로 보냈다.**

페티코트

양모 스타킹

가죽 신발

5 엘리자베스 1세가 통치하던 시대에, 영국의 평범한 여성들은 대개 옷을 한두 벌만 갖고 있었다. 하지만 **여왕은 가운만 3,000여 벌을 가졌다.** 당대의 패션 아이콘이었다.

6 테를 둘러서 뻣뻣한 속치마 '파딩게일'은 여러 겹의 겉치마를 펼치는 데 쓰였다. **이 치마는 약 60센티미터 넓이로 펼쳐졌다.** 허리에는 심을 넣은 '범 롤'을 차서 엉덩이 쪽을 부풀렸다.

96

7 남녀 모두 목에 복잡한 주름을 잡은 옷깃인 '러프'를 둘렀다. 영국 극작가 벤 존슨(1572~1637년)은 **커다란 러프를 두르면 마치 머리를 쟁반에 올린 것처럼 보인다**고 했다.

8 1571년 영국에서는 귀족을 제외한 6세 이상의 **모든 남성은 일요일에 털모자를 써야 한다는 법**을 만들었다. 모자를 만드는 사람들에게 일거리를 주기 위한 법이었다.

9 남성은 셔츠 위에 '더블릿'을 입었다. 어깨가 더 넓고 허리가 더 잘록해 보이도록 **어깨에는 말털로 심을 넣곤 했다.**

10 '브리치스'는 심을 넣어서 부풀린 반바지였다. 한 남자는 브리치스를 너무 부풀리는 바람에 체포되었다. 브리치스 안에 식탁보 2장, 냅킨 10장, 셔츠 4벌이 들어 있었다고 한다.

11 **가장 오래된 바지**는 지금까지 알려진 바에 따르면 약 3,300년 전에 중국에서 만들어진 것이다. 말을 타기에 편하도록 고안된 듯한 형태를 갖추고 있다.

12 19세기에 아동복이 따로 나오기 전까지 서양에서 아이 옷은 어른 옷을 줄인 모양이었다. 한편 1650~1900년대에는 남자아이도 치마를 입었다. 만 8세까지 입기도 했다.

13 르네상스 시대에는 **뒷굽이 높은 신발이 지위의 상징**이었다. 부유한 사람을 가리키는 '뒷굽이 높은(well-heeled)'이라는 표현이 그 당시에 생겼을 가능성이 높다.

13½ 수백 년 전에 살았던 사람들이 지저분하고 냄새가 날 것이라고 생각할지 모르겠다. 옛날 사람들은 우리만큼 옷을 자주 빨지는 않았어도, **매일 깨끗한 속옷으로 갈아입었다.**

97

초콜릿 덩어리

카카오나무의 쓴 열매에서는 세상에서 가장 달콤한 음식이 나온다. 바로 초콜릿이다. 지난 한 세기 동안 초콜릿의 수요는 해마다 증가했다. 오늘날 초콜릿 애호가들은 맛 좋은 초콜릿 간식을 먹는 데 한 해에 120조 원 넘게 쓴다.

1 초콜릿은 카카오 콩에서 나온다. 카카오나무의 씨다. **카카오 콩 약 40개로 판 초콜릿 하나를 만들 수 있다.** 꼬투리 1개꼴로 들어가는 셈이다.

2 카카오나무의 **노란 꼬투리가 벌어지면, 달콤한 즙이 든 하얀 과육이 보인다.** 흰 과육 안에 쓴 콩이 들어 있다. 이 식물의 학명인 *테오브로마 카카오(Theobroma cacao)*는 라틴어로 '신들의 음식'이라는 뜻이다. 작은 나무이며, 중앙아메리카와 남아메리카에 퍼져 있다.

3 약 500만 명의 초콜릿 농부들이 **해마다 380만 톤의 카카오 콩을 수확한다.** 아프리카의 코트디부아르에서 가장 많이 생산한다. 세계 생산량의 30퍼센트를 차지한다.

4 초콜릿을 만들려면, **카카오 콩을 발효시켜서 말리고, 씻고 구운 뒤, 껍데기를 벗기고 곱게 갈아서 액체로 만든다.** 이 액체에서 고형 초콜릿을 이루는 핵심 성분 두 가지인 카카오 고형 물질과 카카오 버터를 추출한다.

5 옛날에 만들어진 흑백 영화에서는 **피가 나오는 장면에 초콜릿 시럽을 썼다.** 끈적거리고 흐르는 모양이 피와 비슷했기 때문이다.

6 **고형 초콜릿은 1847년에 발명되었다.** 영국인 조지프 프라이가 녹인 카카오 버터를 액체 초콜릿과 섞으면서 만들어 냈다. 이 매끄럽고 보드라운 조합에 설탕 같은 감미료를 추가했다.

7 곤충 같은 동물을 바짝 말려서 초콜릿을 입히면 어떨까? 간식이라기에는 좀 징그러워 보일지 모르지만, **초콜릿을 입힌 전갈**은 전 세계에서 판매되고 있다. 만일을 위해 독은 제거한다.

8 중앙아메리카와 남아메리카의 고대 문명에서 처음으로 초콜릿을 즐겨 먹기 시작했다. 당시 사람들이 먹은 씁쓸한 초콜릿 음료 '호칼라틀'은 지금의 핫초콜릿보다 화끈거렸을 것이다. 카카오 콩만 아니라 고추 같은 양념도 넣었기 때문이다. **아즈텍 황제 몬테수마는 황금 잔에 담은 초콜릿 음료를 하루에 약 50잔씩 마셨다.**

9 카카오 콩은 고대 아즈텍과 마야 문명에서 대단히 귀하게 여겼기에, **화폐로도 쓰였다.** 금보다 더 비쌌고, 다른 상품들과 교환하는 데 썼다.

10 세계에서 생산되는 초콜릿의 거의 절반은 유럽인이 먹는다. **스위스인은 평균적으로 초콜릿을 1년에 약 11.9킬로그램씩 먹는다.** 벽돌 4개의 무게에 맞먹는 양이다.

11 판 초콜릿에는 아주 미세한 곤충 조각이 섞여 있을지도 모른다. **카카오 콩을 으깰 때 벌레가 섞여 들어갈 수 있기 때문이다.** 초콜릿에 알레르기를 일으키는 사람은 어쩌면 이런 불순물에 반응하는 것일 수도 있다.

12 카카오 콩을 갈아 만든 **코코아 가루에는 강력한 각성제가 들어 있다.** 테오브로민이라는 물질은 우리에게는 무해하지만, 개에게는 독성이 강하다. 사람은 이 독에 영향을 받을 만큼 많은 양을 먹을 수가 없다.

13½ 색깔이 흰 화이트초콜릿도 있다. **굳이 따지자면 화이트초콜릿은 초콜릿이 아니다.** 카카오 고형 물질이 전혀 없이, 카카오 버터만 들어 있기 때문이다.

13 초콜릿 치약도 있다. 충치를 막는 데 도움이 안 될 것 같다고? 하지만 코코아 가루에 든 **테오브로민이 불소보다 이를 보호하는 데 더 낫다는 연구 결과도 있다.**

무거운 금속

금속이 없는 세계는 상상하기가 불가능하다. 튼튼하고 쓸모 있는 물질인 금속은 자동차와 깡통, 프라이팬과 고층 건물 등 우리 주변에서 흔히 볼 수 있다. 순수한 금속은 원소이며, 한 종류의 원자로만 이루어진 물질이다.

1 철이 금속은 가장 친숙한 종류의 금속에 속한다. 단단하고 윤기가 흐르며, 구부리거나 두드려서 모양을 만들 수 있고, 녹는점이 높다.

2 대부분의 금속은 순수한 형태로 존재하지 않고, 광석이라는 암석에 섞여 있다. 금속을 얻으려면 암석을 녹여서 다른 원소들에서 분리해 낸다. 암석을 녹이려면 화학 물질을 넣고 가열한다.

3 철은 우주에서 여섯 번째로 흔한 원소다. 지구의 중심핵은 거대한 하나의 철 결정으로 이루어져 있으며, 온도가 6,000도에 달한다. 태양 표면만큼 뜨겁다.

4 구리는 인류가 약 1만 년 전에 쓰기 시작한 **최초의 금속**이었다. 순수한 형태로 발견된 구리는 장신구를 만드는 데 쓰였다. 최초의 구리 광산은 기원전 500년대로 거슬러 올라간다.

5 슈퍼맨은 왜 납을 투시할 수 없을까? 납은 슈퍼맨의 엑스선 시각으로도 뚫어 볼 수 없을 만큼 치밀한 금속이기 때문이다. 병원에서는 엑스선 장비로부터 신체를 보호하기 위해 납판을 쓰곤 한다.

6 납이 가장 무거운 금속은 아니다. 그 영예는 **오스뮴**에 돌아간다. 오스뮴은 납보다 밀도가 2배 높다. 전자레인지만 한 크기의 오스뮴은 무게가 소형차 한 대와 맞먹는다.

합금 자동차 바퀴통

천연 은 광석

방연석(납 광석)

구리

구리관

강철 클립

도전하는 비행기

사람이 하늘을 날고자 하는 꿈은 인류의 역사만큼 오래되었다. 하지만 인류가 실제로 비행한 역사는 약 230년 전 열기구와 함께 시작되었다. 20세기에 발명된 동력 비행기는 현대 세계를 구축하는 데 한몫을 했다.

1 비행의 시대는 1783년 최초의 열기구가 하늘로 올라가면서 시작되었다. 프랑스의 몽골피에 형제가 띄운 이 **열기구**에는 오리, 양, 수탉이 한 마리씩 타고 있었다.

2 1903년 미국의 라이트 형제는 직접 만든 라이트플라이어를 띄움으로써 최초의 동력 항공기 비행에 성공했다. 우주 비행사 닐 암스트롱은 1969년에 달에 첫발을 내딛을 때, 그 항공기의 작은 조각을 지니고 있었다.

3 1919년 영국의 존 올콕과 아서 브라운은 **최초로 중간에 내리는 일 없이 대서양을 건너는 비행에** 성공했다. 올콕은 비행 도중에 엔진에 붙은 얼음을 떼어 내고자 날개를 기어올라야 했다.

4 미국의 아멜리아 에어하트는 1932년 **홀로 대서양 횡단 비행을 한 최초의 여성**이었다. 5년 뒤에 세계 일주를 하다가 수수께끼처럼 실종되었다.

5 가장 큰 항공기 중 하나인 독일의 비행선 LZ 129 힌덴부르크는 길이가 축구장 3개만 했고, 자체 우체국까지 있었다. 이 비행선은 1937년에 수소 기체가 폭발하면서 불탔고, 36명이 사망했다.

6 제1차 세계 대전은 항공기가 대규모로 쓰인 **최초의 전쟁**이었다. 제2차 세계 대전 때인 1944년에는 독일이 최초의 전투기이자 당시에 가장 뛰어난 항공기를 개발했다. 메서슈미트 Me 262이다.

13½ 사람이 비행을 두려워하는 것은 나름대로 이유가 있으며, 비행 공포증은 흔하다. 하지만 사실 **비행기 사고로 죽을 확률은 1100만 명 중에 1명꼴로 낮다.** 번갯불에 맞을 확률이 더 높다!

13 객실이 2층으로 된 가장 큰 여객기인 에어버스 380은 승객 853명을 태울 수 있다. 날개폭이 80미터여서, 라이트 형제가 처음 띄운 비행기보다 2배 이상 길다.

12 콩코드의 코는 조종사가 활주로를 봐야 할 때면, 코끝을 아래로 기울였다. 비행할 때에는 뾰족한 코를 똑바로 세워서 화살 모양의 유선형 동체로 빠르게 나아갔다.

11 지금은 밤이나 낮이나 어느 순간이든 간에 약 100만 명이 하늘을 날고 있다. 하지만 비행기를 타 본 사람은 세계 인구의 5퍼센트에 불과하다.

10 영국과 프랑스에서 제작된 콩코드는 1976년 부자들을 위한 초음속 여행의 시대를 열었다. 런던에서 뉴욕까지 보통 여객기로는 약 8시간 걸리는 거리를 3.5시간 이내로 날아갔다.

9 유인 제트기의 최고 속도 기록은 미국 항공기인 SR-71 블랙버드가 갖고 있다. 1974년 미국 뉴욕에서 **영국 런던까지 약 5,571킬로미터 거리를 무려 1시간 54분 만에 날았다.**

8 1950년대에는 항공 여행이 매우 비쌌다. 1958년에 런던에서 뉴욕까지 비행기로 왕복하는 데는 현재 물가로 따져서 약 800만 원이 들었다. 같은 경로를 지금은 약 50만 원에 갈 수 있다.

7 최초의 민간 항공사인 영국 드 하빌랜드의 코메트는 1952년에 정기 영업을 시작했다. 영국 런던에서 남아프리카의 요하네스버그로 날아간 것이 첫 정기 비행이었다. 중간 기착까지 포함하여 **23시간 38분이 걸렸다.** 지금은 중간에 내리는 일 없이 11시간이면 갈 수 있다.

어둠을 밝히는 불꽃

전원 스위치를 켜면, 보이지 않는 전기의 힘에 밀려서 수조 개의 하전 입자들이 전선을 따라 이동한다. 요즘에는 전기로 거의 모든 것을 움직이지만, 최초의 전기는 오로지 전구를 켜는 데에만 쓰였다.

1 전류는 미세한 하전 입자의 흐름이다. 집에 공급되는 전기에서는 전자가 바로 입자다. 전자는 모든 원자에 있으며, 음전하를 띤다.

2 최초의 실용적인 전구는 1881년 **미국 발명가 토머스 에디슨**이 개발했다. 그 후 25년이 지나기 전에 수백만 가정에 전구가 도입되었다. 처음에는 경고문을 붙여야 했다. 사람들이 기름 램프와 초에 불을 붙이듯이 성냥으로 전구를 켜려고 했기 때문이다.

3 최초의 전구는 '백열전구'였다. 가느다란 필라멘트에 전류를 통과시키면, **필라멘트가 뜨거워지면서 빛을 낸다.** 에디슨은 필라멘트를 만들기 위해 턱수염을 비롯하여 6,000가지가 넘는 재료로 실험했다. 결국 대나무 숯을 써서 필라멘트를 만들었다.

4 백열전구는 지금도 쓰인다. 다만 **현대에는 금속인 텅스텐을 가늘게 늘여 촘촘하게 만 것을 필라멘트로 쓴다.** 현대식 전구의 텅스텐 필라멘트를 죽 풀면, 길이가 50센티미터를 넘을 것이다.

5 **에디슨**은 전구가 널리 쓰일 수 있도록 나사형 소켓을 비롯하여 관련된 도구를 많이 발명했다. 소켓과 스위치에서 발전소 장비에 이르기까지 **1,000가지가 넘는 발명 특허를 냈다.**

6 일부 동물은 스스로 전기를 만들어 낼 수 있다. **전기뱀장어는 수백 볼트에 달하는 강력한 전기 충격으로 먹이를 기절시킨다.** 이름에 뱀이 들어가지만 뱀과는 전혀 상관없는 어류다.

7 금속은 전도체다. 전자가 원자에서 떨어져 나와 자유롭게 움직일 수 있기 때문에, 전류가 흐를 수 있다. **전구에는 전기 콘센트에 연결하면 전구로 전자를 보내는 금속 베이스가 달려 있다.**

8 미국 캘리포니아 리버모어에는 **1901년부터 100년 넘게 계속 켜놓은 전구가 있다.** 대부분의 백열전구가 소비 전력이 60와트나 100와트인 반면, 이 전구는 약 4와트다.

13½ 토머스 에디슨은 흔히 전구의 발명가라고 여겨진다. 에디슨이 실용적인 백열전구를 최초로 만든 것은 사실이지만, 과학자들은 1830년대부터 비슷한 형태의 전구를 실험해 왔다. **에디슨이 전구에 특허를 내기 약 50년 전부터였다.**

13 대부분의 가정과 사무실은 조명, 난방, 냉방 등에 전기를 쓴다. 2014년에 전 세계 인류는 **100와트 전구 270억 개** 또는 LED 전구나 형광등 1000억 개를 켤 만큼의 전기를 썼다.

12 백열전구는 매우 비효율적이다. **에너지의 약 2퍼센트만 빛을 내는 데 쓰이고, 나머지는 열로 낭비된다.** 요즘에는 에너지 효율이 더 높은 형광등과 LED (발광 다이오드) 전구로 대체되고 있다.

11 유리는 절연체다. 즉 전기가 통하지 않는다. 유리의 전자들은 자기 원자에 꽉 끼워져 있어서 쉽게 움직일 수 없다. 그래서 전류가 통하지 않는다. **절연체는** 전선과 다른 부품들을 분리하여, **전류가 필요하지 않은 곳으로 흐르지 않도록 막는다.**

10 **유리구는 산소가 필라멘트로 들어오지 못하게 막는다.** 전구에 씌우는 유리는 아주 강한 산으로 처리하여, 부드러운 빛을 내도록 불투명하게 만든 것이다.

9 백열전구는 불활성 기체(반응하지 않는 성질의 기체)로 채워져 있다. 그렇지 않으면 공기에 든 산소가 필라멘트를 금세 태워 버릴 것이다. **가장 흔히 쓰이는 불활성 기체는 아르곤이다.** 아르곤이라는 이름은 '불활성'을 뜻하는 그리스어에서 유래했다.

무시무시한 범고래

바다에서 가장 장엄한 포유동물에 속하는 범고래는 사냥 실력이 아주 뛰어나기 때문에 킬러 고래 또는 살해자 고래라는 악명이 있다. 덩치 큰 몸으로 백상아리 등 다른 최상위 포식자들까지 공격할 수 있다.

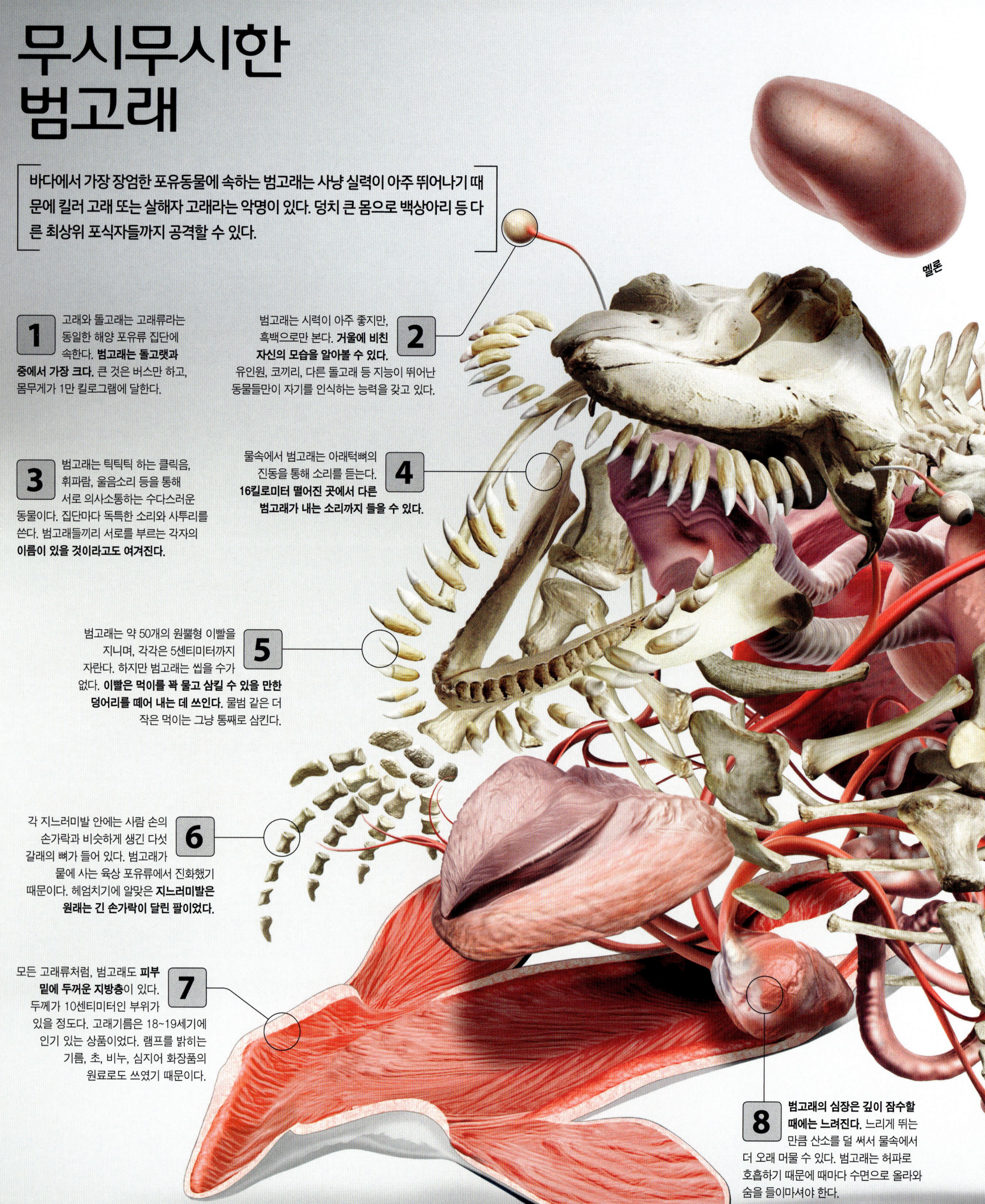

멜론

1 고래와 돌고래는 고래류라는 동일한 해양 포유류 집단에 속한다. **범고래는 돌고랫과 중에서 가장 크다.** 큰 것은 버스만 하고, 몸무게가 1만 킬로그램에 달한다.

2 범고래는 시력이 아주 좋지만, 흑백으로만 본다. 거울에 비친 자신의 모습을 알아볼 수 있다. 유인원, 코끼리, 다른 돌고래 등 지능이 뛰어난 동물들만이 자기를 인식하는 능력을 갖고 있다.

3 범고래는 틱틱틱 하는 클릭음, 휘파람, 울음소리 등을 통해 서로 의사소통하는 수다스러운 동물이다. 집단마다 독특한 소리와 사투리를 쓴다. 범고래들끼리 서로를 부르는 각자의 **이름이 있을 것이라고도 여겨진다.**

4 물속에서 범고래는 아래턱뼈의 진동을 통해 소리를 듣는다. **16킬로미터 떨어진 곳에서 다른 범고래가 내는 소리까지 들을 수 있다.**

5 범고래는 약 50개의 원뿔형 이빨을 지니며, 각각은 5센티미터까지 자란다. 하지만 범고래는 씹을 수가 없다. **이빨은 먹이를 꽉 물고 삼킬 수 있을 만한 덩어리를 떼어 내는 데 쓰인다.** 물범 같은 더 작은 먹이는 그냥 통째로 삼킨다.

6 각 지느러미발 안에는 사람 손의 손가락과 비슷하게 생긴 다섯 갈래의 뼈가 들어 있다. 범고래가 뭍에 사는 육상 포유류에서 진화했기 때문이다. 헤엄치기에 알맞은 지느러미발은 원래는 긴 손가락이 달린 팔이었다.

7 모든 고래류처럼, 범고래도 **피부 밑에 두꺼운 지방층이** 있다. 두께가 10센티미터인 부위가 있을 정도다. 고래기름은 18~19세기에 인기 있는 상품이었다. 램프를 밝히는 기름, 초, 비누, 심지어 화장품의 원료로도 쓰였기 때문이다.

8 범고래의 심장은 깊이 잠수할 때에는 느려진다. 느리게 뛰는 만큼 산소를 덜 써서 물속에서 더 오래 머물 수 있다. 범고래는 허파로 호흡하기 때문에 때마다 수면으로 올라와 숨을 들이마셔야 한다.

9 범고래는 어릴 때에는 가족과 함께 지내는 등, 평생 늘 친숙한 사회 집단을 이루어 살아간다. 집단은 나이 든 암컷이 이끌며, 먹이를 에워싸서 가두고 사냥하는 등의 협동 작업을 할 수 있다.

10 등지느러미는 헤엄칠 때 몸이 옆으로 넘어가 구르는 것을 막아 준다. 수생 포유류 중에서 범고래 수컷의 지느러미가 가장 길다. 거의 2미터에 달한다. 어른의 키보다도 더 길다.

11 범고래는 한쪽 눈을 뜬 채로 잠을 자곤 한다. 한번 잘 때 뇌가 반쪽씩 자기 때문이다. 뇌의 다른 절반은 깨어서 호흡을 유지한다. 고래의 뇌는 교대로 반쪽씩 쉰다.

12 범고래의 꼬리는 너비가 2.7미터에 달하기도 한다. 거대한 꼬리를 엄청난 소리를 내면서 탁 치면 몰려 있던 물고기를 한번에 16마리까지 기절시킬 수 있다. 꼬리를 쓰면 먹이를 잡아먹기가 더 쉽다.

13 사람은 범고래를 위협하는 유일한 동물이다. 바닷새, 문어, 오징어, 거북, 어류, 심지어 상어도 모두 범고래의 먹이가 된다. 범고래는 하루에 200킬로그램이 넘는 먹이를 먹는다.

13½ 고래와 돌고래는 숨구멍으로 물을 뿜어내는 것이 아니다. 머리에 난 숨구멍은 호흡하는 구멍이다. 가끔 고래가 물줄기를 뿜는 듯이 보이는 광경은 세차게 뿜어낸 따뜻한 숨이 차가운 바깥 공기와 만나서 순식간에 응축되어 나타나는 것이다.

▼ 소리 감지하기

범고래를 비롯한 돌고래들은 반향정위라는 방법을 써서 대화하고 사냥한다. 물속으로 클릭음이라고 하는 초음파를 내보내서 물체에 부딪혔다가 돌아오는 메아리를 감지하는 것이다. 범고래는 클릭음의 메아리를 듣고서 다른 범고래나 물체의 크기, 모양, 위치를 파악한다. 이런 방법으로 주변 환경을 삼차원으로 감지하여, 먹이를 찾고 장애물을 피할 수 있다.

1 클릭음이 머릿속에 있는 멜론이라는 지방질 기관에 모인다.

2 소리가 앞쪽으로 빛줄기처럼 발사된다.

3 소리는 물고기 같은 물체에 부딪혔다가 돌아온다.

4 이 메아리는 아래턱을 통해서 귀와 뇌로 전달된다.

뇌
귀

107

숫자 생각

수를 나타내는 숫자는 우리 삶에서 큰 부분을 차지한다. 어떤 수는 나뉘지만, 절대 나뉘지 않는 아주 기이한 수도 있다. 행운을 준다는 숫자도 있고, 불행을 가져온다는 숫자도 있다. 숫자 없는 삶은 상상하기가 불가능하다. 숫자가 없다면, 생일이 언제인지도 모르고 나이도 모를 것이다.

1 선사 시대 사람들은 숫자를 몰랐다. 하지만 **나무, 뼈, 돌에 금을 그어서 물건을 몇 개 지녔는지 표시를 했다.** 30,000년 전에 금을 새긴 뼈와 뿔이 발견되기도 했다.

2 수를 세기 시작했을 때, 인류는 손을 썼을 것이 거의 확실하다. **현대 십진법은 사람의 손가락이 10개라는 사실을 토대로 발전했다.** 우리 손가락이 8개였다면 8진법으로 수를 셌을 것이다.

3 **거의 마법 같은 성질을 지닌 듯한 숫자도 있다. 3이 그렇다.** 어떤 수의 각 자리수를 더한 값이 3이거나 3의 배수라면, 원래 값은 3으로 나뉜다. 5,394를 예로 들면, 5+3+9+4=21 이므로, 3의 배수다.

4 **고대 바빌로니아인들은 약 5,000년 전에 최초의 숫자 체계를 창안했다.** 그 뒤로 여러 숫자 체계들이 쓰여 왔다. 우리가 현재 쓰는 숫자들은 1,000여 년 전에 개발된 **힌두-아랍 숫자 체계에 토대를 둔 것이다.** 흔히 아라비아 숫자라고 한다.

5 숫자는 사물의 형태를 이해하는 데 도움이 된다. 원이 까다롭긴 해도 말이다. 고대 그리스의 아르키메데스는 **원의 비밀이 '파이(π)'에 있음을 알아냈다.** 파이는 3.14로 시작해 소수점 아래 자릿수가 끝없이 이어져서 결코 전체를 정확히 알아낼 수 없는 수다. 하지만 **파이를 이용하면, 원의 지름만 알아도 원의 둘레를 계산할 수 있다.**

13½ 0은 아무것도 없다는 말처럼 들리지만, 명확히 무언가를 가리키는 숫자다! **수학, 시간, 날짜, 온도, 득점에서 핵심 역할을 하는 수다.** 0은 인도에서 원형으로 창안되었고, 원래 산스크리트어로 '수냐(sunya)'를 상징했다. '비어 있음', 즉 공(空)이라는 의미였다.

6 무한은 숫자가 아니라, **수학 개념에 더 가깝다.** 수든 양이든 공간이든 무언가가 한없이 계속 이어지는 상태를 나타내는 방식이다. 따라서 어떤 일이 있어도 무한에 도달하는 것은 불가능하며, 무한 너머라는 것도 없다.

7 7이라는 수는 묘하게 **인기가 있다.** 7대 죄악, 세계 7대 불가사의, 무지개의 일곱 가지 색깔, 일곱 바다, 일주일의 7일, 일곱 난쟁이, 일곱 대륙을 예로 들 수 있다.

8 많은 문화권에서는 저마다 특정한 수에 특별한 의미를 부여한다. **중국에서 8은 부유함을 의미한다.** 8로만 이루어진 집 주소, 전화번호, 자동차 번호판은 엄청난 가격에 팔린다.

9 까다로운 합을 계산할 때는 전자계산기가 편하다. 하지만 몇몇 나라에서는 아직도 수판셈이라고 하는 주산을 선호한다. 수판을 놓고 수판알을 움직이면서 계산하는 수천 년 된 셈 체계다. 1957년 러시아가 **최초의 인공위성 스푸트니크를 발사했을 때, 몇 가지 문제는 주판을 써서 계산했다고** 알려져 있다.

10 **숫자를 알면, 여러 가지 측정을 할 수 있다.** 길이, 높이, 무게뿐 아니라 지진의 세기, 고추의 매운 정도도 측정할 수 있다. **매운 정도는 스코빌 지수로 나타낸다.** 최저 0에서 최고 2,200,000스코빌까지 측정된 바 있다. 가장 큰 값은 가장 매운 고추인 캐롤라이나 리퍼가 세운 기록이다!

11 **소수는 자기 자신과 1로만 나누어질 수 있는 수이다.** 2(소수 중에서 유일한 짝수), 3, 5, 7, 11 같은 수들이 있다. 나뉘지 않는 소수의 성질을 이용하면 깨기 힘든 암호를 만들 수 있다. 그래서 소수는 데이터 보안에 아주 중요하게 쓰인다.

12 숫자는 계속 커지고 있다. 1920년 미국 수학자 에드워드 캐스너는 조카에게 **1 다음에 0이 100개 붙는 수를 뭐라고** 부르면 좋을지 물었다. 조카는 '구골'이란 이름을 제안했다. 1 다음에 0이 구골만큼 붙은 수는 구골플렉스, 1 다음에 0이 구골플렉스만큼 붙은 수는 구골플렉시언이다. 지금까지 **이름이 붙여진 수 중에서 가장 큰 수**이다.

13 몇몇 나라 국가에서는 13이라는 수를 불길하게 여긴다. **13공포증**(triskaidekaphobia)이라는 단어도 만들어졌다. 이유는 여러 가지다. 로마인은 그 숫자가 파괴를 상징한다고 믿었고, 기독교에서는 그 수를 예수를 배신한 13번째 사도인 유다와 관련짓는다. 많은 대형 **호텔에는 13층이 없고, 일부 비행기에도 13번째 줄이 없다.**

109

벌 군체

군체를 이루는 벌들은 세 가지 중요한 역할을 나누어 맡고 있다. 일벌, 수벌, 여왕벌이다. 수벌이 주로 하는 일은 여왕벌과 짝짓기를 하는 것이다. 여왕벌은 하루에 2,000개까지 알을 낳는다. 일벌은 모두 암컷이며, 꽃가루와 꽃꿀을 모으고, 꿀을 만들고, 벌집 안을 청소하고, 알과 유충을 돌본다. 전형적인 군체에는 일벌 약 6만 마리, 수벌 300마리, 여왕 1마리, 유충과 번데기 최대 3만 마리가 살고 있을 것이다.

수벌 / 여왕벌 / 일벌

수벌은 일벌보다 크며 날개도 더 크지만, 침이 없다. 여왕벌은 배가 길고, 알을 낳는 특수한 기관이 있다. 일벌은 무게가 수벌의 절반이고, 주둥이는 길고, 미늘이 달린 침을 지닌다.

1 꽃은 벌에게 단백질이 풍부한 먹이인 꽃가루와 벌 군체를 먹일 꿀을 만드는 데 쓰이는 꽃꿀을 제공한다. 꿀벌은 꿀 500그램을 만들기 위해 **8만 킬로미터를 날면서 200만 송이의 꽃을 돌아다녀야 한다.**

2 사진의 꿀벌은 암컷인 일벌이다. 돌아다니면서 꽃꿀과 꽃가루를 모으는 벌은 다 일벌이다. 일벌의 평균 수명은 **5~6주**이며, 그 기간에 **찻숟가락 12분의 1 분량의 꿀을 만든다.**

3 벌의 윙윙거리는 소리는 날개를 빠르게 칠 때 나는 소리다. 벌은 날개를 1초에 200번 이상, 즉 1분에 1만 2,000번 이상 친다. 꿀벌은 날개갈고리를 통해 두 쌍의 날개가 서로 연결되어 있다.

바쁘디바쁜 벌

꿀벌은 거의 20,000종에 이르는 무수히 많은 벌 중에서 가장 잘 알려진 종류다. 뛰어난 감각과 날카로운 침을 갖춘 곤충이며 아주 부지런하다. 꿀벌은 이 꽃 저 꽃을 돌아다니면서 꽃가루를 옮기는 중요한 일을 한다.

4 벌의 아주 민감한 **더듬이에는 수천 개의 냄새 수용체가 들어 있다.** 벌은 몇 미터 떨어진 곳에서도 꽃의 종류를 구분하고, 꽃에 꽃가루나 꽃꿀이 있는지를 알아볼 수 있다.

5 벌은 빨대처럼 생긴 혀, 즉 주둥이로 꽃꿀을 빤다. **벌집으로 돌아와서 꽃꿀을 게워 낸다.** 다른 일벌들은 게워 낸 액체 꽃꿀에 날개로 **부채질을 하여** 수분을 날려서 진하고 끈적거리는 **꿀로 바꾼다.**

6 인류는 **기원전 1만 5000년경에도 야생 꿀을 모았다.** 고대 이집트인들은 벌을 키웠고, 현대에 발굴된 파라오의 무덤에서도 꿀이 발견되었다. 3,000년이 지났어도 그 꿀을 먹을 수 있었다. 꿀은 결코 상하지 않기 때문이다.

7 벌의 머리 양쪽에 있는 겹눈은 수백 개의 수정체로 이루어진다. 꿀벌은 300분의 1초 사이에 일어나는 움직임까지 알아볼 수 있다. 우리에게는 영화 화면이 매끄럽게 이어지는 것처럼 보이지만, 꿀벌은 영화의 각 프레임을 하나하나 볼 수 있을 것이다.

8 미국과 유럽의 과학자들은 폭발물과 당분의 냄새에 동시에 노출시킴으로써, **벌이 폭탄을 찾아내도록 훈련시켰다.** 곧 벌은 폭발물의 냄새를 맡고, 당분을 기대하면서 주둥이를 뻗었다. 실험실에서는 벌들이 폭발물을 잘 찾아냈지만, 실제로 쓸 수 있을지는 아직 검증이 되지 않았다.

9 꿀벌은 춤을 추어서 좋은 먹이가 있는 곳을 군체의 다른 벌들에게 알린다. **몸을 좌우로 꿈틀거리면서 8자를 그리는 춤을 춘다.** 춤추는 각도가 먹이가 있는 방향을 알리고, 꿈틀거리는 속도는 거리를 알려 준다.

10 벌은 몸에 꽃가루를 묻히고 이 꽃 저 꽃을 돌아다니면서 꽃가루받이를 해 준다. 꿀벌은 가장 중요한 꽃가루 매개자 중 하나다. 사람이 키우는 주요 작물 중 3분의 1에 해당하는 식물의 꽃가루받이를 담당한다. 벌이 없으면 우리가 좋아하는 과일과 채소 중 많은 수가 사라질 것이다.

11 벌의 뒷다리에 수북이 난 센털은 꽃가루 바구니 역할을 한다. 벌은 이곳에 꽃가루를 모아서 집으로 돌아간다. 벌 한 마리가 자기 몸무게의 절반에 해당하는 꽃가루를 옮길 수 있다.

12 꿀벌은 수천만 년 전부터 살아 왔지만, 최근 들어서 꿀벌의 수가 놀라울 만치 급감하고 있다. 유럽과 미국 전역에서, 일벌들이 모두 갑자기 벌집을 버리고 떠나는 수수께끼 같은 현상이 일어나 **벌의 수가 거의 절반으로 줄었다.** 이를 가리켜 **군집 붕괴 현상**이라고 한다.

13 로봇 벌떼라고 하면 과학소설에나 나올 법한 이야기 같지만, 미국에서 실제로 로보비(RoboBee)라는 로봇벌이 개발되고 있다. 몸집은 종이 클립의 절반만 하고, 인공 근육을 통해 날개를 움직이는 소형 기계이다. 언젠가 꽃가루받이에 쓰일 수 있을 것이다.

13½ 우리는 누구나 **벌이 침을 쏘고 나면 죽는다**고 알고 있다. 하지만 벌이 포유동물을 찌를 때에만 그렇다. 침이 포유동물의 살에 박혀서 벌이 날아오를 때 몸이 찢기기 때문이다. 하지만 벌이 **다른 곤충을 상대한다면** 침을 여러 번 쏘아도 죽지 않을 수 있다.

음식 소화관

우리가 먹은 음식이 소화계를 통과하는 데에는 하루 이상이 걸린다. 입에 들어온 음식은 씹혀서 잘게 나뉜 뒤, 위장과 장에서 소화액과 섞여서 더욱 분해된다. 분해된 음식이 장을 따라가는 동안 핵심 영양소들은 흡수되어 혈액으로 들어간다.

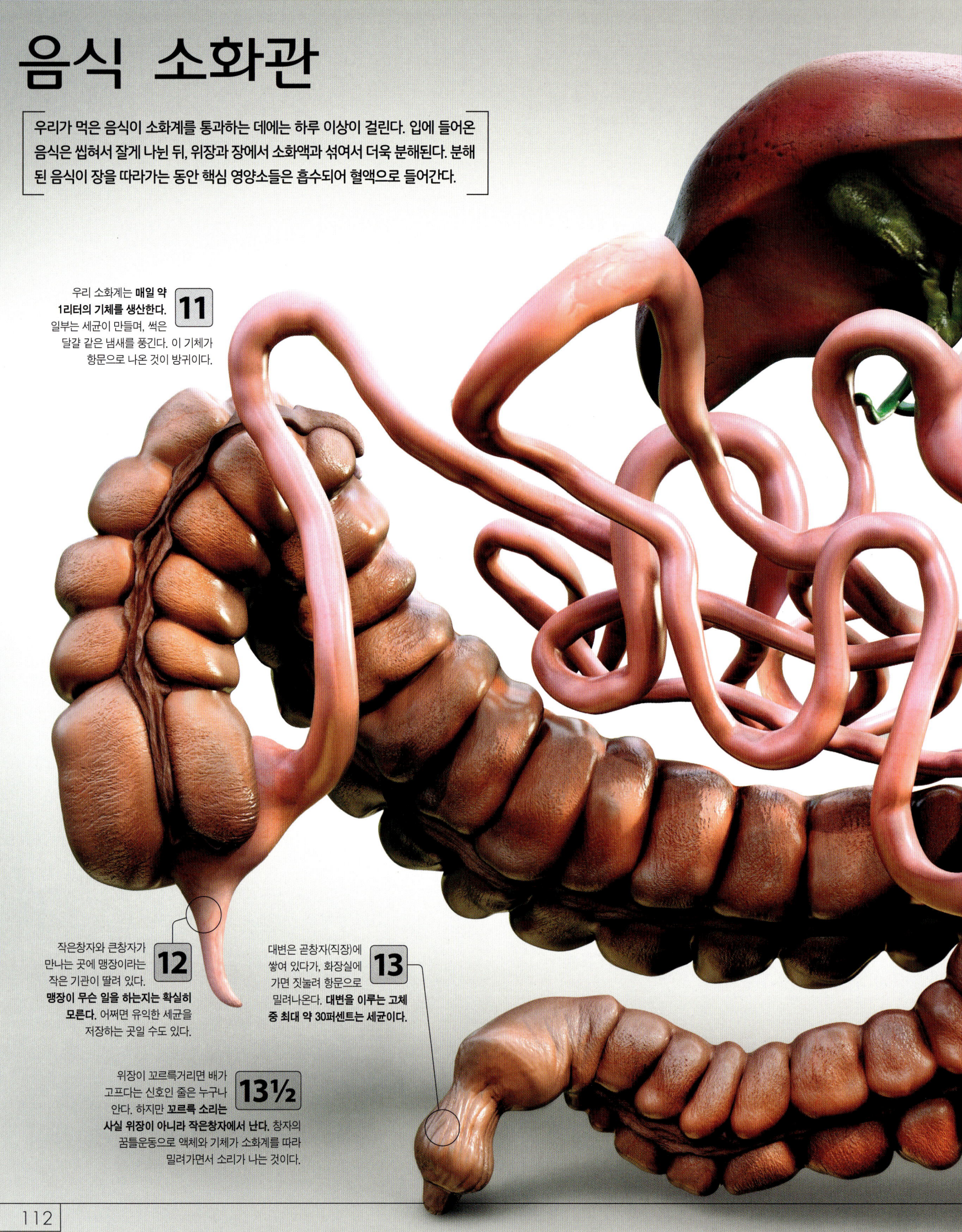

11 우리 소화계는 매일 약 **1리터의 기체를 생산한다**. 일부는 세균이 만들며, 썩은 달걀 같은 냄새를 풍긴다. 이 기체가 항문으로 나온 것이 방귀이다.

12 작은창자와 큰창자가 만나는 곳에 맹장이라는 작은 기관이 딸려 있다. **맹장이 무슨 일을 하는지는 확실히 모른다**. 어쩌면 유익한 세균을 저장하는 곳일 수도 있다.

13 대변은 곧창자(직장)에 쌓여 있다가, 화장실에 가면 짓눌려 항문으로 밀려나온다. **대변을 이루는 고체 중 최대 약 30퍼센트는 세균이다**.

13½ 위장이 꼬르륵거리면 배가 고프다는 신호인 줄은 누구나 안다. 하지만 **꼬르륵 소리는 사실 위장이 아니라 작은창자에서 난다**. 창자의 꿈틀운동에 액체와 기체가 소화계를 따라 밀려나면서 소리가 나는 것이다.

112

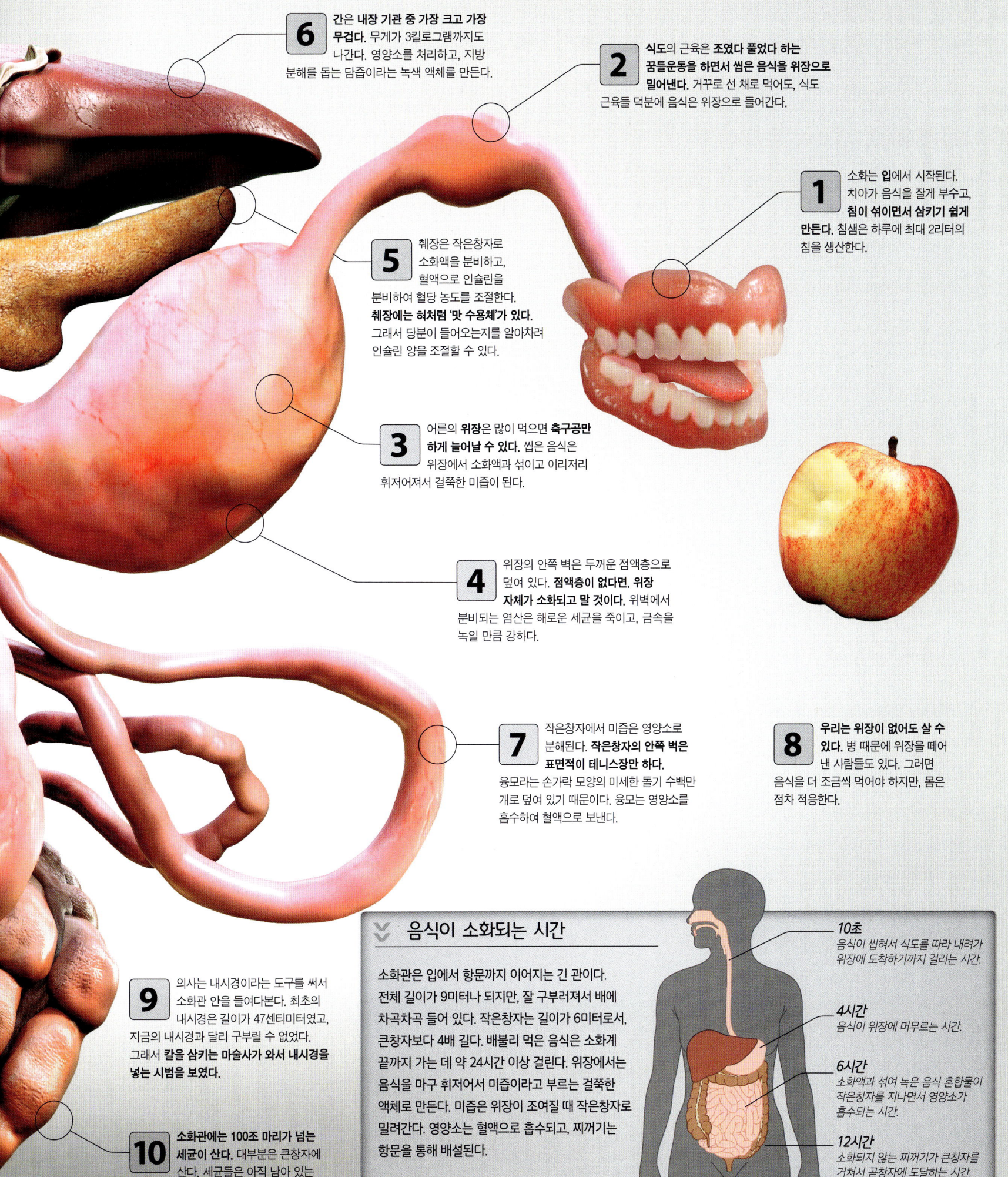

고리가 멋진 토성

기체로 이루어진 거대한 공인 토성은 태양계에서 여섯 번째 행성이자 두 번째로 큰 행성이다. 멋진 고리를 지닌 것으로 유명하다. 고리는 떠다니는 수십억 개의 얼음 알갱이들로 이루어져 있고, 멀리 태양으로부터 오는 빛에 반짝거린다.

1 토성은 거대한 행성이다. **태양계에서 목성 다음으로 크며, 지구 764개가 들어갈 정도다.** 지구에서 맨눈으로도 쉽게 보이는 행성 중 가장 멀리 있다.

2 토성은 수소와 헬륨으로 이루어져 있다. 폭풍이 부는 상층 대기에서는 **바람이 최대 시속 1,800킬로미터로 분다.** 모두 기체다. 안쪽 깊숙한 곳에서는 압력이 강해서 기체가 액체로 변한다.

3 **토성의 고리는 여러 겹이며, 얼음 덩어리로 이루어져 있다.** 건물만큼 큰 것부터 먼지 알갱이처럼 작은 것까지 얼음 덩어리의 크기는 다양하다. 큰 고리들은 토성과 마찬가지로 약 46억 년 전에 형성된 듯하다.

4 토성의 영어 이름 새턴(Saturn)은 고대 로마 신화 속 농업 신 사투르누스에게서 이름을 땄다. 로마인은 12월에 사투르누스를 기리는 축제를 열어 잔치하고 놀이하고 선물을 주고받았다. 기독교의 크리스마스 축제에 영향을 미쳤을 수도 있다.

5 **토성은 목성을 제외한 다른 모든 행성들보다 더 빨리 자전한다.** 하루가 지구 시간으로 겨우 10시간 42분에 불과하다. 너무 빨리 돌기 때문에 토성은 적도가 불룩하고 극지방이 편평한 모양이 되었다.

6 토성의 하루는 짧지만, 1년은 아주 길다. **태양에서 약 15억 킬로미터 떨어져** 있기 때문이다. 토성은 태양의 둘레를 한 번 도는 데 **지구 시간으로 29년 넘게 걸린다.**

7 토성이 **지구와 가장 가까워졌을 때의 거리는 12억 킬로미터다.** 고속도로 제한 속도인 시속 110킬로미터로 날아간다면 **1,245년 뒤에야 토성에 도착할 것이다.**

8 **토성에는 달이 적어도 62개 있다.** 가장 큰 타이탄은 행성처럼 구름과 짙은 대기를 지닌 유일한 달이다. 타이탄에는 호수와 바다도 있고, 액체 메탄과 에탄으로 된 비가 내린다.

9 이탈리아 천문학자 갈릴레오 갈릴레이는 1610년에 토성의 고리를 발견했지만, 그것이 **무엇인지 알지 못하고 그냥 '귀'라고 불렀다.** 1650년대에 네덜란드 천문학자 크리스티안 하위헌스가 갈릴레이가 발견한 귀가 사실은 고리임을 알아냈다.

10 토성의 고리는 눈에 잘 보이는 **큰 고리 2개와 희미한 고리 6개로** 이루어져 있고, 고리 사이에는 거의 아무것도 없다. 큰 고리들 내부도 주로 빈 공간으로 이루어져 있다. 고리 내부의 **3퍼센트만을 물질이 차지한다.**

11 토성 고리를 모두 합한 무게는 3000만 × 1조 톤으로 추정된다. 엄청나게 무거운 것 같지만, **지구 달 무게의 2500분의 1에 불과하다.**

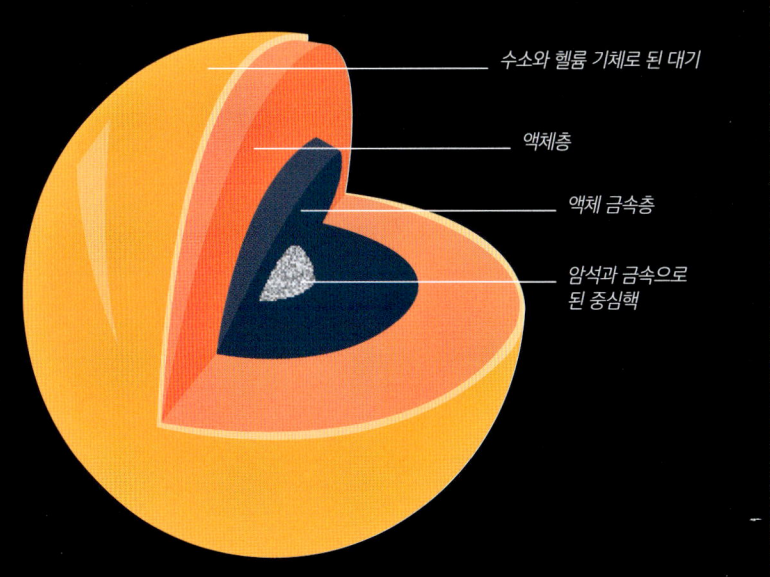

토성의 내부

토성은 주로 수소와 헬륨으로 이루어져 있고, 한가운데에 암석으로 된 작은 중심핵이 있다. 맨 바깥에는 폭풍이 부는 대기가 있다. 대기 안쪽에는 기체의 무게에 눌려서 액체로 변한 수소와 헬륨이 있다. 그보다 깊은 곳에서는 액체가 아주 강하게 눌려서 자성을 띠는 금속처럼 변한다.

- 수소와 헬륨 기체로 된 대기
- 액체층
- 액체 금속층
- 암석과 금속으로 된 중심핵

12 **고리는 적어도 토성에서부터 130억 킬로미터까지 뻗어 있다.** 지구에서 달까지 거리의 30배 이상으로 퍼져 있는 셈이다. 하지만 고리는 아주 얇다. 큰 고리라도 두께가 겨우 약 10미터에 불과하다.

13 큰 고리들은 얼음 덩어리들이 **빽빽하게 모여 있고 계속 변한다.** 알갱이들은 서로 부딪히면서 더 큰 덩어리를 이루었다가 다시 쪼개지곤 한다. 바깥쪽 고리들은 주로 먼지만 한 알갱이들로 이루어져 있다.

13½ 토성은 '고리를 지닌 행성'이라고 불리곤 하지만, 토성만 고리가 있다고 생각하면 틀렸다. **목성, 천왕성, 해왕성도 고리가 있다.** 토성의 고리보다 흐릿해서 잘 안 보일 뿐이다.

1. 남미수리로 알려진 하피수리는 아마존 우림에서 날아다니는 가장 큰 포식자이다. 길이가 10센티미터나 되는 큰 갈고리발톱으로 나무꼭대기에서 원숭이를 낚아챈다. 발톱은 회색곰의 발톱만큼 크다.

2. 타조는 두 다리로 달리는 동물 중 가장 빠르다. 시속 70킬로미터로 달아나서 포식자를 따돌린다. 키가 2.8미터까지 자라는 세계에서 가장 큰 새이며, 몸이 너무 커서 날지 못한다.

3. 북아메리카의 찌르레기는 유럽 원산으로서, 모두 1890년에 어떤 셰익스피어 애호가가 풀어놓은 유럽 찌르레기 60마리의 후손이다. 그는 영국 극작가 셰익스피어의 작품에 나오는 새들을 모두 미국에 들여오려고 시도했다.

4. 앵무새는 지능이 뛰어나다. 히아신스마코앵무는 나무를 쐐기로 삼아 견과 껍데기를 깬다. 세 살배기 아이 정도의 지능을 지닌 종도 있다. 아프리카회색앵무인 알렉스는 6까지 세고, 단어를 100개 이상 알았다.

5. 풀마갈매기의 이름은 아이슬란드어로 '악취 나는 갈매기'라는 말에서 왔다. 풀마갈매기가 위장에서 나온 역겨운 기름 냄새를 풍기기 때문이다. 침입자가 가까이 오면 **위장에 든 액체를 토해서 내뿜는다.**

6. 가장 큰 소리를 내는 새는 카카포 **수컷**일 것이다. 카카포 수컷의 울음소리는 5킬로미터 떨어진 곳에서도 들린다. 짝을 꾀기 위해 길면 5개월까지도 하룻밤에 8시간씩 쉬지 않고 울어댄다.

7. 공작의 1.6미터에 달하는 긴 꽁지깃은 꼬리 위쪽에서 자란다. 꽁지깃이 짝 펼쳐지면 낮게 바스락거리는 소리를 내어 암컷을 꾄다. 너무 낮아서 사람은 듣지 못한다.

8. 새 중에서 가장 부리가 긴 펠리컨은 한 번에 물고기를 수십 마리까지 뜰 수 있다. 갈매기나 오리까지 뜨기도 한다. 최대 14리터에 달하는 물을 쏟아 내고서, 걸러낸 먹이를 삼킨다.

깃털 가진 새들

지구에는 10,000종이 넘는 새가 있다. 공룡의 후손이지만 피가 따뜻한 이 정온 동물은 모든 대륙에 산다. 깃털이 달린 날개를 가진 새는 비행하는 다른 동물들이 거의 따라올 수 없는 수준으로 능숙하게 하늘을 난다.

13 베짜기새 수컷은 별난 둥지를 짓는다. 야자수 잎과 풀잎을 모아 길이 1미터에 이를 만큼 축 늘어진 주머니 모양으로 엮는데, 오로지 부리만을 써서 만든다. 둥지는 암컷이 들어와야만 완성할 것이다.

13½ 우둔한 사람을 모욕하는 '새대가리'라는 말이 있다. 하지만 새는 영장류만큼 많은 뇌세포를 지닌다. 그저 더 작은 공간에 촘촘히 들었을 뿐이다. 많은 새가 먹이를 얻기 위해 문제를 풀 수 있고, 도구를 쓰는 종도 있다. 일부 까마귀는 막대기로 곤충을 꿴다.

12 퍼핀은 새끼에게 먹일 물고기를 찾아서 100킬로미터까지 날기도 한다. 돌아다니는 횟수를 줄이기 위해, 한번 잠수할 때 최대한 많은 물고기를 잡아서 부리에 문다. 한번에 62마리까지 물고 온 기록도 있다.

10 새들은 몸속에 지구 자기장을 감지할 수 있는 나침반이 있다. 이 능력은 이주하는 새가 번식지와 월동 지역 사이를 오갈 때 방향을 잡는 데 도움이 된다. 북극제비갈매기는 무려 9만 6,000킬로미터를 이주한다.

11 벌새는 1초에 200번까지 날개를 친다. 몇 시간 만에 자신의 몸무게만큼 빨아먹은 꽃꿀에서 에너지를 얻는다. 몸집이 큰 우리가 벌새처럼 당분을 섭취하려면 콜라 캔 500개는 마셔야 할 것이다. 집에서 직접 실험에 도전하지는 말자!

훔볼트펭귄

임금펭귄(킹펭귄)

깃털의 구조

새는 깃털을 지닌 유일한 동물이다. 깃털은 비행, 단열, 위장, 구애 행동에 쓰는 다목적 덮개다. 깃털은 자루에 깃가지들이 죽 붙어 있는 형태다. 깃가지들은 서로 얽혀서 매끄러운 표면을 이룬다.

새는 깃가지들을 정돈하고 깨끗하게 유지하기 위해 몸단장을 한다. 또 꼬리샘에서 나오는 기름을 깃털에 발라서 물에 젖지 않게 한다.

깃판 · 깃가지 · 작은 깃가지 · 깃대

각 깃가지에는 작은 깃가지들이 붙어 있다. 작은 깃가지들은 서로 얽혀서 표면을 매끄럽게 만든다.

9 펭귄은 날지 못하며 육지에서는 뒤뚱거리면서 걷지만, 물속에서는 뻣뻣한 날개를 지느러미발처럼 써서 능숙하게 헤엄친다. 585미터 높이에서 다이빙하여 한 번에 20분까지 물속에 머무를 수 있는 종도 있다.

117

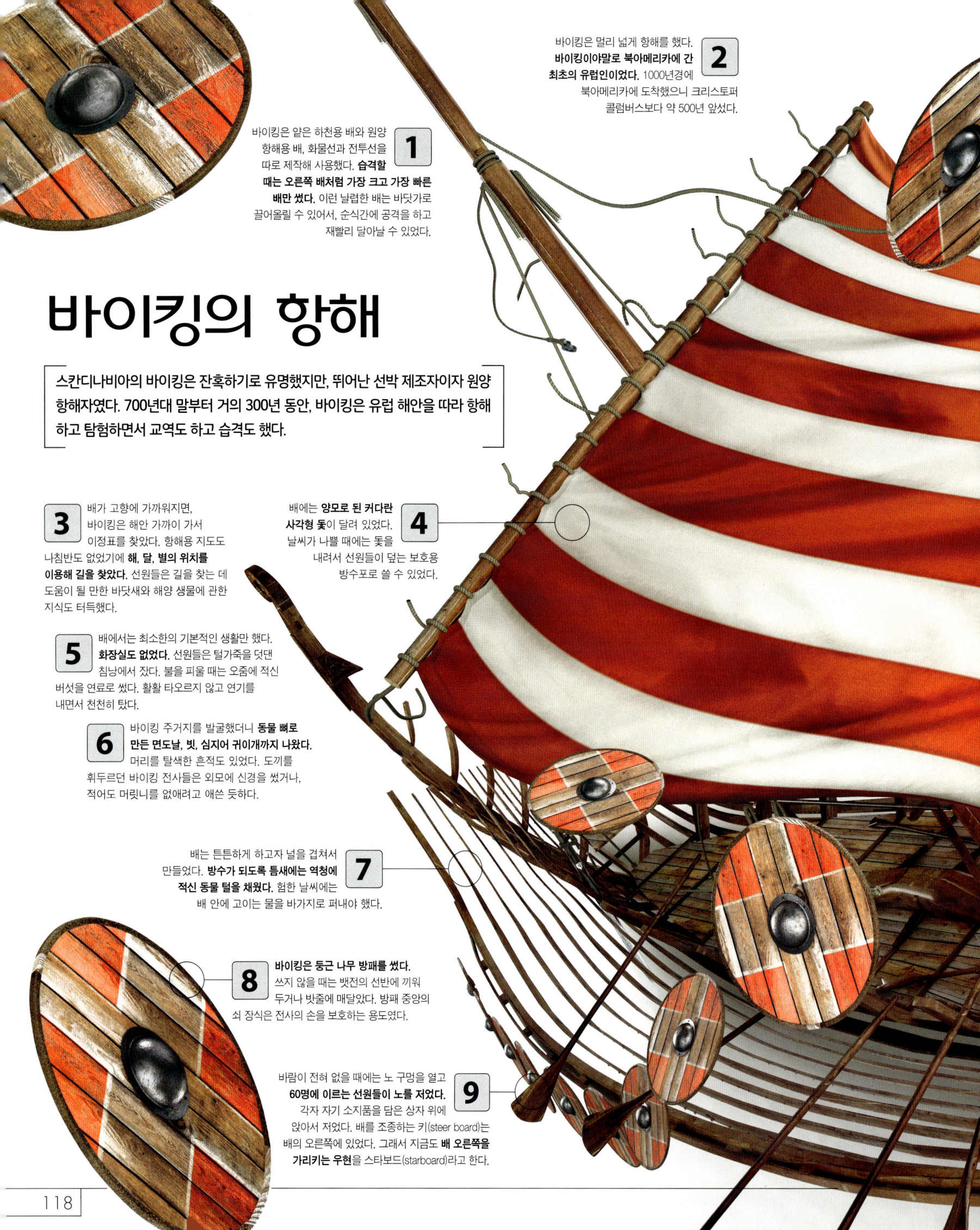

바이킹의 항해

스칸디나비아의 바이킹은 잔혹하기로 유명했지만, 뛰어난 선박 제조자이자 원양 항해자였다. 700년대 말부터 거의 300년 동안, 바이킹은 유럽 해안을 따라 항해하고 탐험하면서 교역도 하고 습격도 했다.

1 바이킹은 얕은 하천용 배와 원양 항해용 배, 화물선과 전투선을 따로 제작해 사용했다. **습격할 때는 오른쪽 배처럼 가장 크고 가장 빠른 배만 썼다.** 이런 날렵한 배는 바닷가로 끌어올릴 수 있어서, 순식간에 공격을 하고 재빨리 달아날 수 있었다.

2 바이킹은 멀리 넓게 항해를 했다. **바이킹이야말로 북아메리카에 간 최초의 유럽인이었다.** 1000년경에 북아메리카에 도착했으니 크리스토퍼 콜럼버스보다 약 500년 앞섰다.

3 배가 고향에 가까워지면, 바이킹은 해안 가까이 가서 이정표를 찾았다. 항해용 지도도 나침반도 없었기에 **해, 달, 별의 위치를 이용해 길을 찾았다.** 선원들은 길을 찾는 데 도움이 될 만한 바닷새와 해양 생물에 관한 지식도 터득했다.

4 배에는 **양모로 된 커다란 사각형 돛**이 달려 있었다. 날씨가 나쁠 때에는 돛을 내려서 선원들이 덮는 보호용 방수포로 쓸 수 있었다.

5 배에서는 최소한의 기본적인 생활만 했다. **화장실도 없었다.** 선원들은 털가죽을 덧댄 침낭에서 잤다. 불을 피울 때는 오줌에 적신 버섯을 연료로 썼다. 활활 타오르지 않고 연기를 내면서 천천히 탔다.

6 바이킹 주거지를 발굴했더니 **동물 뼈로 만든 면도날, 빗, 심지어 귀이개까지 나왔다.** 머리를 탈색한 흔적도 있었다. 도끼를 휘두르던 바이킹 전사들은 외모에 신경을 썼거나, 적어도 머릿니를 없애려고 애쓴 듯하다.

7 배는 튼튼하게 하고자 널을 겹쳐서 만들었다. **방수가 되도록 틈새에는 역청에 적신 동물 털을 채웠다.** 험한 날씨에는 배 안에 고이는 물을 바가지로 퍼내야 했다.

8 **바이킹은 둥근 나무 방패를 썼다.** 쓰지 않을 때는 뱃전의 선반에 끼워 두거나 밧줄에 매달았다. 방패 중앙의 쇠 장식은 전사의 손을 보호하는 용도였다.

9 바람이 전혀 없을 때에는 노 구멍을 열고 **60명에 이르는 선원들이 노를 저었다.** 각자 자기 소지품을 담은 상자 위에 앉아서 저었다. 배를 조종하는 키(steer board)는 배의 오른쪽에 있었다. 그래서 지금도 **배 오른쪽을 가리키는 우현**을 스타보드(starboard)라고 한다.

10 바이킹은 **약탈에 나서지 않을 때에는 대부분 농사를 지었다.** 먼 북쪽에 살던 이들은 순록을 키워서 젖, 고기, 가죽을 얻었다. 돌아다닐 때는 '얼음 다리'라고 불렀던 스키, 썰매, 스케이트를 타곤 했다.

11 배의 앞쪽에는 위협적으로 보이는 **용이나 뱀의 머리를 달곤 했다.** 적을 겁주고, 바다 괴물이나 악령을 물리치려는 의도도 담겨 있었다. 가장 용맹한 바이킹도 특히 신화 속의 **요르문간드**라는 바다뱀을 두려워했다.

12 항해는 남자들만 한 것이 아니었다. 바이킹 여자들도 상당한 수가 함께 탐험에 **나섰고** 아일랜드, 스코틀랜드, 아이슬란드, 그린란드 등지에 정착했다.

13 바이킹의 배는 대부분 썩어서 사라졌다. 소수의 남아 있는 배를 보면, 바닥을 받치는 **용골**이 통짜로 되어 있다. 적어도 **25미터가 넘는 참나무를 통째로 깎아서 만들었다.** 길이가 대왕고래만 하다.

13½ 바이킹이 뿔 달린 투구를 썼다는 **전설**이 널리 퍼져 있다. 19세기 이래로 바이킹은 으레 뿔 투구를 씌운 모습으로 그려지곤 했다. 하지만 뿔을 달았다면 **투구가 너무 무거워서 싸우기가 어려웠을 것이다.**

밀려오는 폭풍

폭풍 구름이 비, 바람, 천둥, 번개를 쏟아낼 때면 엄청난 광경이 펼쳐진다. 가장 위험한 유형의 뇌우는 슈퍼셀이다. 슈퍼셀은 거대한 우박, 강풍, 태풍을 불러오는 초대형 폭풍이다.

1 뇌우는 높이 솟아오르는 **적란운(쌘비구름)에서 생겨난다.** 무더운 날씨에 지표면에서 따뜻한 공기가 솟아오를 때 빠르게 커진다. 습하고 더운 공기가 위로 올라가면서 식으면, 물방울과 얼음 결정이 생긴다.

2 **적란운은 해발 12킬로미터까지 높게 뻗어 올라갈 수 있다.** 구름 속에서 강한 기류가 최대 시속 160킬로미터의 속도로 위아래로 움직이면서 구름이 점점 더 커진다.

3 이런 폭풍을 슈퍼셀이라고 한다. 미국 중남부의 회오리바람이 지나는 토네이도 길목에 자리한 네브래스카의 웨스트포인트에서 생긴 뇌우이다. 따뜻한 공기가 솟아오르면서 높이마다 서로 다른 방향으로 불어오는 강한 바람에 회전하면서 생긴다. 엄청난 양의 물을 머금고 있으며 몇 시간 동안 그대로 있을 수 있다.

4 언제 어느 때이든 간에 지구에는 천둥 번개를 동반하는 **뇌우가 약 2,000개쯤 발달하고 있다.** 1년이면 약 1600만 개에 달한다.

5 슈퍼셀은 가장 희귀한 유형의 뇌우이며, 거대한 우박을 떨어뜨리며 그 밖에 가장 험악한 날씨를 만들어 낸다. **기록상 가장 무거운 우박**은 2010년 미국 사우스다코타에 떨어진 것이다. 무게가 무려 1킬로그램이었고, 크기는 테니스공의 3배만 했다.

6 토네이도는 깔때기 모양의 구름 속에서 형성된 극도로 강한 상승 기류다. 슈퍼셀이 밑의 지상까지 뻗은 채로 회전하면서 생긴다. 상승 기류는 속도가 시속 240킬로미터에 달하기도 하며, 거대한 진공청소기처럼 작용한다. 집의 지붕을 뜯어내고 심지어 닭의 깃털까지 뽑기도 한다.

7 1999년 미국 오클라호마에서 발생한 토네이도는 **지구에서 기록된 풍속 중 가장 빠른 속도를** 기록했다. 시속 484킬로미터나 됐다. 미국 역사상 가장 치명적인 토네이도는 1925년에 미주리, 일리노이, 인디애나를 휩쓸어 거의 **700명이 넘는 목숨을 앗아갔다.**

13½ 번개는 같은 곳을 두 번 치지 않는다는 **속설**이 있는데, 틀렸다. 번개는 홀로 높이 솟아 있는 물체를 계속 칠 수 있다. 미국 뉴욕 시에 있는 **자유의 여신상**은 1886년 세워진 이래로 **600번** 넘게 번개에 맞았다.

13 **우박을 동반한 폭풍**은 프랑스 혁명이 일어날 분위기를 **조성했**다. 전쟁 때문에 1788년에 프랑스는 경제가 몹시 안 좋았다. 게다가 봄 가뭄으로 식료품 가격이 까마득히 치솟았다. 거기에 우박이 쏟아지면서 작물과 농가가 파괴되자, 굶주린 사람들이 들고 일어났다.

12 남성이 여성보다 번개에 5배 더 많이 맞는다. 남성이 여성보다 바깥에서 더 많이 일하기 때문일 것이다. 미국 공원 관리인이었던 로이 설리번은 매우 운 나쁘게도 번개에 7번이나 맞았다. 그래도 살아남았다.

11 폭풍이 밀려올 때 머리카락이 쭈뼛 선다면, 좋지 않은 징조다. 우리 몸에 있는 양전하가 머리 위의 음전하와 만나서 솟아오르는 것이다. 재빨리 실내로 들어가도록 하자.

10 번개는 공기를 약 3만 도까지 가열할 수 있다. **태양 표면의 온도보다 5배 더 뜨겁다.** 번개가 가열한 공기는 초음속으로 팽창하면서, 천둥소리를 낸다.

9 번개는 구름의 바닥에서 땅으로 칠 수도 있지만, 구름 내에서 치거나 한 구름에서 다른 구름으로 칠 수도 있다. 일부 슈퍼셀은 시간당 1만 5,000번 번개를 만들어 낼 수도 있다.

8 구름 속에서 **물방울과 얼음 결정**은 서로 부딪히면서 **정전기를 발생시킨다.** 그러면 구름은 거대한 충전지처럼 된다. 구름 위쪽은 양전하, 아래쪽은 음전하를 띤다. 이윽고 전하가 1억 볼트를 넘어서면, 불꽃이 번쩍이면서 번개가 친다.

1 알려진 연체동물 100,000종에서 4분의 3 이상은 복족류다. 고둥, 달팽이, 민달팽이가 속한다. 분홍거미고둥은 하나의 커다란 근육질 '발'인 위족으로 해저를 미끄러져 다니는 수생 달팽이다.

2 문어는 3미터까지 자란다. 사람 키의 1.5배다. 문어류는 모습을 자유자재로 바꾼다. **몸을 움츠려서 동전만 한 구멍을 빠져나갈 수도 있다.**

3 문어, 오징어, 뼈오징어가 속한 두족류는 가장 지능이 뛰어난 **무척추동물**이다. 뉴질랜드의 한 수족관에서 머리 좋은 문어가 수조를 기어 나와 배수관을 타고 탈출을 감행하기도 했다.

캘리포니아화살꼴뚜기

대단한 연체동물들

동네 풀밭 밑에 사는 달팽이는 뼈가 없는 연체동물에 속한다. 연체동물은 작은 조개와 대왕오징어도 속하는 아주 다양한 집단이다. 대부분의 종이 물에 산다. 몸이 부드러운 이 무척추동물들은 때로 단단한 껍데기 속에 몸을 숨기곤 한다.

4 달팽이 점액은 아플 때 가장 먹고 싶지 않은 것 중 아닐까? 하지만 **고대 그리스인은 달팽이 점액을 기침 감기약으로 썼다**. 또 피부를 부드럽게 하는 화장품 재료로도 썼다. 지금도 화장품을 만드는 용도로 쓰인다.

5 이 화려한 색깔의 스페인숄갯민숭달팽이는 기어 다니는 한편으로 헤엄도 칠 수 있는 몇 안 되는 갯민숭달팽이에 속한다. 몸을 좌우로 굽히는 동작으로 해저에서 위로 떠오를 수 있다.

6 트리톤나팔고둥은 예쁜 껍데기만 지닌 것이 아니다. 강력한 포식자로서, **악마불가사리를 먹어치우는 극소수의 동물 중 하나다**. 악마불가사리는 폭발적으로 불어나면서 산호초를 파괴하는 종이다.

7 삿갓조개는 바위 같은 표면에 단단히 들러붙는 고둥이다. 작지만 놀라운 존재다. **삿갓조개의 작은 이빨은 지금까지 검사한 생체 물질 중 가장 강하다.**

8 대부분의 두족류는 위협을 느끼면 **먹물을 뿜어서 적을 혼란에 빠뜨린다**. 효과가 아주 강력해서, 문어는 제 시간 안에 자신의 먹물 구름에서 빠져나오지 못하면 죽을 수도 있다.

9 뼈오징어는 색맹이지만, 눈 깜박할 사이에 **주변 환경에 맞게 자기 몸 색깔을 바꿀 수 있다**. 뼈오징어의 피부에는 약 1000만 개의 색깔 세포가 있어서 현란한 무늬를 무수히 만들어 낸다.

10 작살 같은 주둥이를 통해 주입되는 **청자고둥의 독은 고둥류 중에서 가장 강력하다**. 사람도 죽을 수 있다.

11 느리게 자라는 대양백합은 **세계에서 가장 오래 산 연체동물**이라는 기록을 세웠다. 507년을 산 것도 있다. 불행히도 최고 기록을 지닌 표본은 더 이상 살아 있지 않다. 과학자들이 나이를 조사하다가 그만 실수로 죽이고 말았기 때문이다.

12 인도양과 태평양에 사는 대왕조개는 세계에서 가장 **무거운 연체동물**이다. 아기 코끼리 두 마리만큼 무겁다.

13½ 많은 사람들이 문어 다리 8개를 촉수라고 하지만, 사실은 팔이다. 팔은 끝까지 죽 빨판이 달려 있지만, 촉수는 맨 끝에만 빨판이 달려 있는 것을 말하기 때문이다.

13 가리비는 이매패류에 속한다. 즉 인대로 연결된 두 껍데기를 지닌 연체동물이다. **다른 이매패류와 달리, 가리비는 특이하게도 껍데기를 탁탁 치면서 빠르게 물속을 나아간다.**

지구의 중요한 문제

우리는 우리 행성을 잘 알아야 한다. 더 중요한 점은 행동을 해야 한다는 것이다. 우리의 소중한 세계에는 많은 변화가 일어나 왔다. 우리는 지구가 계속 잘 돌아가고 생명이 이어질 수 있도록 알맞은 조치를 취해야 한다.

1 인류는 지구를 정복해 왔다. **겨우 90년 전만 해도 세계 인구는 20억 명에 불과했다. 하지만 지금은 70억 명을 넘어섰다.** 1960년 이래로 2배 넘게 증가했다. 인구 중 절반은 도시에 살며, 모두 식량, 물, 에너지를 필요로 한다.

2 인구가 증가하면서 인류는 점점 더 많은 땅을 차지해 왔다. **현재 인류는 세계 육지의 30퍼센트 이상을 거주하고, 작물과 동물을 기르고, 다른 자원을 구하는 데 쓰고 있다.**

3 **지구에는 적어도 800만 종의 동식물이 산다.** 하지만 그중에는 개체수가 아주 적은 종들이 많고, 일부는 곧 멸종할지도 모른다. 판다는 서식지인 대나무 숲이 파괴되는 바람에 전 세계에 약 1,800마리밖에 남지 않았다. 사람들이 판다의 서식지를 보호하려고 노력함에 따라, 수가 조금씩 늘고 있긴 하다.

4 지구의 생명은 태양 에너지에 의존한다. **이산화탄소를 비롯한 기체들은 온실의 유리처럼 태양의 열기를 대기에 가두는 역할을 한다.** 그것을 온실 효과라고 한다. 우리가 대기로 이산화탄소를 더 많이 뿜어낼수록, 대기에 갇히는 열이 더 많아지고, 지구는 점점 뜨거워진다.

5 **지구 기온은 1970년 이래로 0.5도 넘게 상승해 왔다.** 별 것 아닌 양 들릴지 모르지만, 북극권과 남극권에서 엄청난 양의 얼음을 녹일 수 있는 변화다. 기온 상승은 온실 효과가 커진 탓에 일어났다. 석탄, 석유, 천연가스를 태울 때 생기는 이산화탄소가 큰 기여를 했다. 2016년 194개국과 유럽연합은 온실가스 배출량을 줄이자는 조약에 서명했다.

6 기후 변화는 지구의 모든 생물에게 위험이 되며, 대량 멸종을 일으킬 수도 있다. 재생 에너지로 이 문제에 대처할 수 있다. 탄소가 많이 든 연료를 태우는 **대신에, 태양이나 바람의 에너지로 전기를 만들면 된다.** 스웨덴은 이미 전력의 절반을 재생 에너지원에서 얻고 있으며, 2050년까지 완전히 재생 에너지만 쓸 수 있게 한다는 목표를 세웠다.

7 **우리는 탄소 발자국을 줄임으로써 기후 변화를 막는 데 기여할 수 있다.** 탄소 발자국은 우리가 일상생활을 하면서 대기로 뿜어내는 이산화탄소의 양을 말한다. **평균적으로 한 사람이 연간 약 10톤을 배출한다.** 절전형 전구를 쓰는 것 같은 간단한 노력을 통해서도 탄소 발자국을 줄일 수 있다.

8 세계에서 가장 큰 문제 중 하나는 숲을 파괴하는 데서 발생한다. 지구에서 종 다양성이 풍부한 야생 서식지들이 파괴되고 있다. 또 나무를 비롯한 식물은 이산화탄소를 빨아들이므로, 숲이 파괴되면 온실 효과는 더 커질 것이다. 코스타리카 같은 몇몇 나라는 우림을 흥미진진한 생태 관광지로 알리는 식으로 보호할 방안을 찾아내 왔다.

9 바다는 심한 고통을 겪고 있다. 무분별한 남획으로 어류의 수가 계속 줄어들어 왔다. 고래, 거북, 바닷새 같은 동물들은 물에 떠도는 엄청난 양의 플라스틱과 쓰레기 때문에 죽어 가고 있다. 그런 쓰레기들은 분해되는 데 수백 년이 걸릴 수도 있다. 2050년에는 바다에 물고기보다 플라스틱 쓰레기가 더 많아질 것으로 추정된다.

10 화학 물질, 하수, 쓰레기는 바다뿐 아니라 육지에서도 큰 오염 문제를 일으킨다. 플라스틱과 유리를 비롯한 많은 물질은 재활용할 수 있다. 오염도 줄이고 에너지도 절약할 수 있는 방법이다. **재생 종이를 만드는 데에는 나무를 베어 종이를 만들 때보다 에너지가 70퍼센트 덜 든다.**

11 숲을 베어서 비운 땅 중 상당수는 소에게 풀을 뜯기는 데 쓰인다. **우리가 고기를 덜 먹으면, 숲을 더 많이 보존할 수 있다.** 소는 기후 변화에 큰 몫을 하는 동물이기도 하다. 소가 내뿜는 엄청난 양의 메탄(메테인)도 온실 효과에 중요한 역할을 하는 기체다.

12 낭비를 하지 않으면, 육지에서 식량을 생산해야 하는 필요성이 그만큼 줄어들 것이다. **전 세계에서 생산되는 식품의 약 3분의 1은 먹지 않고 쓰레기로 버려진다.** 그 음식의 4분의 1만이라도 아낀다면, 8억 7000만 명의 굶주린 사람에게 식량을 제공할 수 있다.

13 살아가는 데 반드시 필요한 자원은 물인데, 전 세계에서 물이 거의 없는 곳에 사는 사람이 **10억 명이 넘는다.** 기후 변화는 살던 곳을 사막으로 바꾸어서 사람들을 이주할 수밖에 없게 만듦으로써, 문제를 더 악화시킨다. 하지만 물을 절약하는 방법은 쉬울 수도 있다. 씻을 때 빠른 샤워로 끝내면 욕조에 몸을 담글 때보다 물을 3분의 1가량 덜 쓴다.

13½ 실제로는 기후 변화가 일어나지 않는다고 믿는 이들도 있다. 하지만 **과학자들의 97퍼센트는 지구 온난화가 지금 일어나고 있다고 본다.** 어느 쪽이 옳든 간에 지구의 오염을 막을 수 있는 방법은 많이 있다.

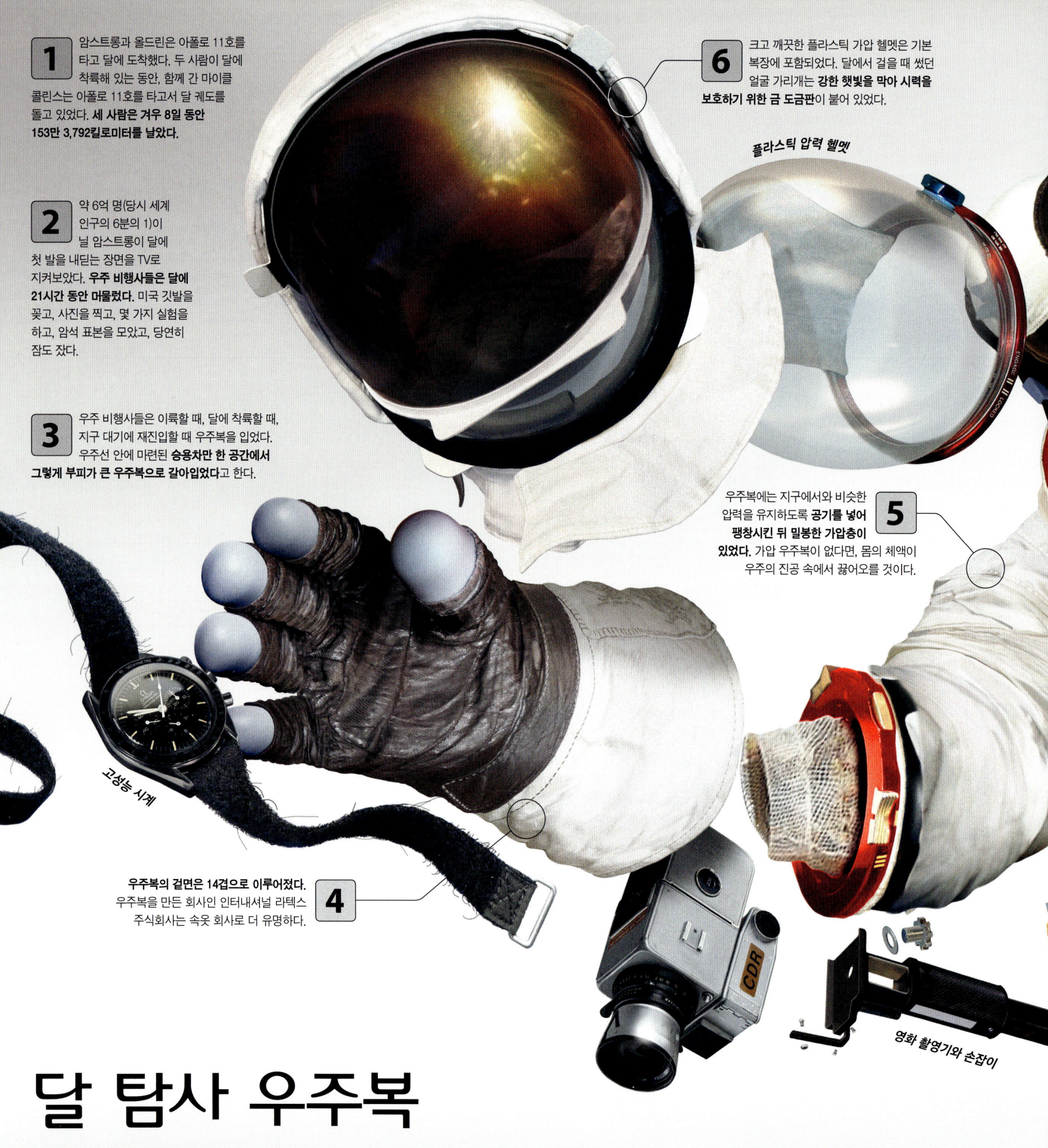

1 암스트롱과 올드린은 아폴로 11호를 타고 달에 도착했다. 두 사람이 달에 착륙해 있는 동안, 함께 간 마이클 콜린스는 아폴로 11호를 타고서 달 궤도를 돌고 있었다. 세 사람은 겨우 8일 동안 153만 3,792킬로미터를 날았다.

2 약 6억 명(당시 세계 인구의 6분의 1)이 닐 암스트롱이 달에 첫 발을 내딛는 장면을 TV로 지켜보았다. 우주 비행사들은 달에 21시간 동안 머물렀다. 미국 깃발을 꽂고, 사진을 찍고, 몇 가지 실험을 하고, 암석 표본을 모았고, 당연히 잠도 잤다.

3 우주 비행사들은 이륙할 때, 달에 착륙할 때, 지구 대기에 재진입할 때 우주복을 입었다. 우주선 안에 마련된 승용차만 한 공간에서 그렇게 부피가 큰 우주복으로 갈아입었다고 한다.

6 크고 깨끗한 플라스틱 가압 헬멧은 기본 복장에 포함되었다. 달에서 걸을 때 썼던 얼굴 가리개는 강한 햇빛을 막아 시력을 보호하기 위한 금 도금판이 붙어 있었다.

플라스틱 압력 헬멧

5 우주복에는 지구에서와 비슷한 압력을 유지하도록 공기를 넣어 팽창시킨 뒤 밀봉한 가압층이 있었다. 가압 우주복이 없다면, 몸의 체액이 우주의 진공 속에서 끓어오를 것이다.

고성능 시계

4 우주복의 겉면은 14겹으로 이루어졌다. 우주복을 만든 회사인 인터내셔널 라텍스 주식회사는 속옷 회사로 더 유명하다.

영화 촬영기와 손잡이

달 탐사 우주복

1969년 7월 20일, 미국 우주 비행사 닐 암스트롱과 에드윈 '버즈' 올드린은 달에 첫발을 내딛음으로써 인류 역사를 새로 썼다. 우주복은 생명 유지 장치이자 낯선 세계에서 우주 비행사들을 보호해 줄 유일한 수단이었다.

13½ 미국 항공 우주국(NASA)에서 아폴로 계획을 위해 재료를 개발하면서 테플론과 벨크로를 발명했다는 신화가 있다. 실제로 우주 비행 계획은 아기가 먹는 분유, 충격을 줄여 주는 에어쿠션, 디지털카메라에 쓰는 칩과 같은 파생 상품이 만들어지는 계기가 되었다.

중력을 느끼는 스포츠

스노보드는 위험을 즐기는 전 세계의 모험가 수천 명이 즐기는 짜릿한 산악 스포츠이다. 스노보더가 발에 보드를 붙인 뒤, 눈이 쌓인 가파른 비탈을 빠른 속도로 미끄러져 내려간다. 이때 스노보더의 몸에는 다른 유형의 힘들이 가하는 충격이 전해진다.

4 힘은 물체를 밀거나 당김으로써 속도를 높이거나 낮추고, 방향을 바꾸는 작용이다. **중력은 만물을 지구 중심으로 잡아당긴다.** 비탈의 꼭대기와 바닥 사이의 거리가 멀수록, 스노보더는 바닥에 다가갈수록 속도가 더 빨라진다.

3 눈이 쌓인 미끄러운 비탈에서는 속도를 늦추는 마찰력이 거의 없다. 그래서 선수는 중력을 받아서 점점 빠른 속도로 내려간다.

1 **스노보드는 스키, 스케이트보드, 파도타기 같은 앞서 있던 격렬한 익스트림 스포츠들로부터 나왔다.** 1960년대에 미국의 셔먼 포펜은 딸을 위한 장난감으로 스노보드를 만들고, 스누퍼(Snurfer)라는 이름을 붙였다. 눈을 파도처럼 타는 사람(snow+surfer)이라는 뜻이었다.

2 스노보더는 경기에서 이기기 위해 **놀라운 묘기를 펼친다.** 이 사진은 스노보더가 램프의 점프 지점(맨 오른쪽)에서 뛰어오른 뒤, 공중에서 3회전을 하는 복잡한 묘기 장면을 보여 준다.

12 마지막 회전을 끝내면서, 스노보더는 **몸을 쭉 펴고 팔을 밖으로 뻗어서 속도를 늦춘다.** 보드가 바닥에 닿는 순간에는 몸을 기울여 뒤쪽 비탈에 가까이 붙인다. 몸을 더 뒤쪽으로 붙일수록 더 빨리 멈춘다.

13 공중에 떠 있던 스노보더가 다시 땅에 닿는 순간, **하향 속도는 땅과 보드 사이의 힘 때문에 거의 0으로 줄어든다.** 하지만 수평 운동을 하는 힘은 아직 높고, 마찰력이 낮기 때문에, 계속 아래로 나아간다.

13½ 스노보드가 대부분의 스포츠보다 위험하다고 생각할지 모른다. 하지만 사실은 **축구, 농구, 럭비를 하다가 다치는 사람이 훨씬 더 많다.**

1 5만여 년 전, 네안데르탈인은 서양톱풀과 캐모마일 같은 약초를 써서 이와 위장의 통증을 치료했다. 오늘날 의약품의 약 23퍼센트는 **식물에서 얻은 재료로 만들어진다**.

2 가장 오래된 수술은 약 1만 년 전에 유럽과 남아메리카에서 이루어졌다. **머리뼈에 구멍을 내는 피가 흥건한 수술**이었다. 천공술이라는 이 수술은 뇌에 피떡이 생겼을 때 압력을 낮추기 위해 지금도 쓰이고 있다.

3 기원전 5세기부터 19세기 말까지, **거머리는 사람의 피를 빨아내는 데 흔히 쓰였다.** 피를 빼면 몸의 균형을 회복시킬 수 있다고 믿었기 때문이다. 하지만 이미 쇠약해진 환자를 더욱 힘들게 할 때가 많았다. 적어도 고통은 없었으니 다행이다. 이제 우리는 **거머리가 피를 빨 때 통증을 줄이는 물질을 분비한다**는 사실을 안다.

4 현대 의학이 등장하기 전에는 감염이 되면 팔다리를 자르는 수밖에 없을 때가 많았다. **제1차 세계 대전이 벌어졌던 기간 동안에만 약 4만 2,000건의 절단 수술이 이루어졌다.** 깨끗하게 잘라지지 않는 끔찍한 톱이나 절단기를 쓰기도 했다.

5 왠지 오싹한 이 가면은 17세기 유럽에 흑사병이 돌 때 의사들이 쓰던 것이다. 흑사병은 전염력이 아주 강해서 빠르게 전체 인구로 퍼졌다. **가면에는 약초, 향신료, 꽃을 채워 넣었다.** 마치 질병이 나쁜 냄새를 통해 전파될 수 있다고 생각한 듯했다.

의학의 경이

약초에서 피가 낭자한 수술에 이르기까지, 인류는 다양한 방법으로 질병을 치료하려 애써 왔다. 오늘날 우리는 의학이 경이롭게 발전한 세계를 살고 있다. 작은 알약 하나로 목숨을 구하고, 잃은 팔다리를 대신할 첨단 보철 기구도 나왔다.

10 마취제가 발명되기 전에는 수술을 받다가 쇼크를 받아서 죽기도 했다. 마취제는 수술 때 환자가 통증을 느끼지 못하게 막는 약이다. 최초로 쓰인 마취제 중 한 가지는 액체 에테르였는데, 스펀지에 적셔서 코로 들이마시게 했다.

8 의사의 상징과 같은 청진기는 1816년 프랑스 의사 르네 라에네크가 환자의 심장 소리를 듣기 위해 종이를 말면서 발명되었다. 곧 나무로 만든 관에 깔때기를 붙인 청진기가 개발되었고, 의사들은 심장과 허파의 소리를 자세히 들을 수 있었다.

9 1895년 물리학자 윌리엄 뢴트겐은 수술 없이 사람의 몸속을 들여다보는 방법을 찾아냈다. 방사선의 일종인 엑스선을 쓰는 것이었다. 그 덕분에 의사들은 질병을 더 쉽게 찾아낼 수 있었다. 엑스선은 일부 상점에서도 잠시 쓰였다. 신발이 발에 잘 맞는지 알아보는 데에도 썼다고 한다.

11 항생제는 1928년에 발견되자마자, 질병을 옮기는 작은 병균인 세균에 맞서는 중요한 무기가 되었다. 그 뒤로 150가지가 넘는 항생제가 개발되었다. 하지만 지금은 이런 약물들에 내성을 갖춘 새로운 '슈퍼 박테리아'가 등장했다.

7 1796년 에드워드 제너가 창안한 백신은 몸이 나중에 침입할지 모를 병균과 맞서 싸우는 법을 배울 수 있도록, 치명적인 병균을 아주 약하게 만들어서 주사하는 것이다. 200여 년 뒤, 백신은 천연두 같은 질병을 아예 완전히 없앴다.

12 1899년에 처음 나온 진통제인 아스피린은 1950년에 세계에서 가장 많이 팔린 약이 되었다. 주된 성분은 버드나무 껍질에서 얻었다. 버드나무껍질에서 얻은 천연 진통제는 기원전 3000년경에 이집트인들도 썼다.

13 미래에는 로봇이 의학에 쓰일 가능성이 높다. 지금은 환자를 들고 옮기는 커다란 인간형 로봇, 몸속 깊숙이 들어가서 약물을 전달하는 나노로봇이 개발되고 있다.

6 가장 큰 의학적 발전 중 하나는 위생이었다. 즉 좋은 비누와 물을 써서 씻는 것이었다. 19세기 말, 영국의 조지프 리스터라는 의사가 세균을 죽이는 살균 분사제를 창안했다. 그리하여 감염 때문에 사망하는 환자의 수가 한 병원에서 절반 이상으로 줄었다.

13½ 누군가의 심장이 멈춘다면 어떻게 해야 할까? 의학 드라마에 많이 나온 장면이긴 하지만, 사실 **멈춘 심장을 다시 뛰게 하겠다고 전류 충격을 가해서는 안 된다.** 전류 충격은 심장이 불규칙하게 뛸 때에만 도움이 된다. 완전히 멈춘 심장을 다시 뛰게 하는 데에는 소용이 없다.

아름다운 밤하늘

칠레 안데스 산맥의 추운 사막에서 찍은 이 놀라운 사진은 밤하늘의 아름다운 모습을 고스란히 담고 있다. 무수한 별들이 좌우로 죽 펼쳐져 흐릿하게 빛나는 띠는 은하수, 즉 우리가 속한 우리은하다.

1 고대인들은 **밤하늘에 매료되어서**, 달과 별들의 움직임을 추적했다. 17세기에 망원경이 발명되자, 전보다 더 상세히 보게 되면서 전에는 보이지 않던 새로운 광경이 드러났다.

2 별을 잘 보려면, 달이 없는 맑은 밤에 도시의 불빛이 없는 곳으로 가야 한다. 천문대는 대개 산꼭대기에 자리한다. 공기가 맑고 건조하고 구름이 잘 끼지 않는 곳이 관측하기에 알맞다.

3 이 사진에 찍힌 천문대는 칠레 아타카마 사막에 있는 **아타카마 대형 밀리미터 집합체(ALMA)라는 전파 망원경 시설**이다. 아타카마 사막은 **지구에서 가장 건조한 곳**에 속한다. 지금까지 비가 내린 기록이 전혀 없다.

4 알마(ALMA)에는 보이지 않는 전파를 모으는 안테나가 66대 있다. 눈에 보이는 빛에 상대적으로 어두운 **천체들은 많은 전파를 방출하고 있을 수 있다.** 그래서 알마 전파 망원경으로는 우주에서 가장 멀고, 가장 추운 곳의 사진도 찍을 수 있다.

5 우리 곁에 가장 가까이 있는 큰 은하는 안드로메다은하다. 250만 광년 떨어져 있다. 서로 잡아당기는 힘 때문에 **안드로메다은하는 결국 은하수와 충돌할 것이다.** 40억 년은 지나야 일어날 일이다.

6 우리는 은하수 안에 있으므로, 은하수 전체 모습을 다 볼 수가 없다. 하지만 **은하수가 나선 은하라는 사실은 안다.** 우리 태양계는 나선 팔 중 하나에 있으며, 중심에서 약 2만 6,000광년 떨어져 있다.

7 우리는 시속 82만 8,000킬로미터의 속도로 은하 중심을 돌고 있다. **한 번 도는 데 약 2억 2500만 년이 걸린다.** 지금은 공룡이 지구를 지배하던 시대가 지난 뒤 처음으로 다시 은하수의 같은 자리에 와 있는 셈이다.

8 **우리가 망원경 없이 볼 수 있는 별들은 모두 은하수에 속해 있다.** 아주 컴컴한 하늘에서 맨눈으로 볼 수 있는 별은 약 9,000개다. 많은 것 같지만 은하수에 있는 별은 수십억 개나 된다.

9 은하수의 중심, 궁수자리에는 **사기타리우스 A라는 초거대 블랙홀이 있다.** 우주의 이 영역은 중력이 너무 강해서 빛조차 빠져나올 수 없으며, 질량이 태양의 약 400만 배에 달한다고 여겨진다.

10 은하 중심에 블랙홀이 있긴 하지만, 우리은하 중심부는 밝게 빛나는 듯하다. 이 거대한 **블랙홀 주위에 수십억 개의 별들이 몰려 있기 때문이다.**

11 천문학자들은 **우주에 수십억 개의 은하가 있다**는 것을 알아냈다. 예전에는 은하수밖에 없다고 생각했다. 1920년대에 이르러서야 안드로메다가 사실은 별개의 은하임을 알아차렸다. 그때까지는 안드로메다대성운이라 부르며 은하수 안에 있는 기체와 먼지의 구름이라고 생각했다.

12 밤하늘에서 달 다음으로 가장 밝은 천체는 금성이다. 지구 옆에 있는 행성이다. 행성들은 꾸준히 빛나는 **반면, 별은 깜박거리는 듯이 보인다.** 별이 훨씬 더 멀리 있기 때문이다.

13½ '우주의 진공'이라는 말을 들어 봤을 것이다. 그 말을 들으면 마치 우주가 텅 비어 있는 양 여겨진다. 하지만 **우주는 완전히 비어 있지 않다.** 은하의 별들 사이에는 먼지와 가스가 있고, 은하 사이에도 원자가 1세제곱미터에 몇 개씩 들어 있다.

13 이 빛 무리는 **소마젤란성운**으로, 약 20만 광년 떨어진 작은 은하다. 우주에서 은하수에 가장 가까운 이웃 중 하나다.

알록달록 색깔들

장미는 붉은색, 제비꽃은 파란색을 띤다. 하지만 사실 색깔이란 없다. 색깔은 착시 현상이기 때문이다. 사물은 실제로 색깔을 띠고 있는 것이 아니라, 저마다 반사되는 빛의 양이 달라서 색깔을 띠는 듯해 보이는 것이다. 그 빛을 색깔로 보는 것은 우리의 눈과 뇌다.

1 **색소**는 동식물에 들어 있는 천연 물감이다. 홍학은 처음에 태어날 때는 깃털이 회색이다. 하지만 홍학이 먹는 조류에 카로티노이드라는 색소가 가득하다. 먹이 때문에 깃털이 분홍색이나 주황색을 띠게 된다.

2 식물의 잎은 엽록소가 들어 있어서 초록색을 띤다. 햇빛을 흡수하여 양분을 만드는 데 쓰이는 색소가 엽록소다. 엽록소는 빨간빛과 파란빛을 흡수하고 초록빛은 반사하기 때문에, 잎이 초록색으로 보인다.

3 식물이 색깔을 띠게 하는 색소 중 상당수는 비타민 같은 중요한 영양소다. 따라서 **다양한 색깔의 과일과 채소를 먹으면 건강에 좋다.**

4 색깔은 자연의 경고 표지판이 될 수도 있다. **황금독화살개구리**는 세계에서 가장 강한 독을 지닌 동물 중 하나다. 몸길이가 5센티미터에 불과하지만, 어른 10명을 죽일 만큼의 독액을 지니고 있다.

5 색깔은 **식품의 맛**에 영향을 미칠 수 있다. 사람들은 노란색과 초록색 식품을 실제보다 더 신맛이 난다고 생각한다. **빨간색과 주황색 식품은 더 달게 느낀다.** 한편 커피를 흰색 잔보다 주황색 잔에 담아서 마시면, 덜 쓰다고 느꼈다.

6 갓 태어난 아기는 옅고 진한 회색만 볼 수 있을 뿐이다. 약 2주가 되면 빨간색과 초록색같이 선명하게 대비되는 색깔을 구별하기 시작한다.

7 어떤 이들은 **색깔을 듣고**, 글자와 숫자를 색깔로 보고, 심지어 색깔의 **맛까지 느낄 수 있다.** 이런 현상을 공감각이라고 한다. 감각들이 서로 뒤섞여 함께 느끼는 증상을 말한다.

8 많은 **동물은 사람의 시각 범위를 넘어서는 색깔도 볼 수 있다.** 금붕어는 자외선을 볼 수 있다. 자외선을 이용하여 먹이를 찾고, 암수를 구별하곤 한다.

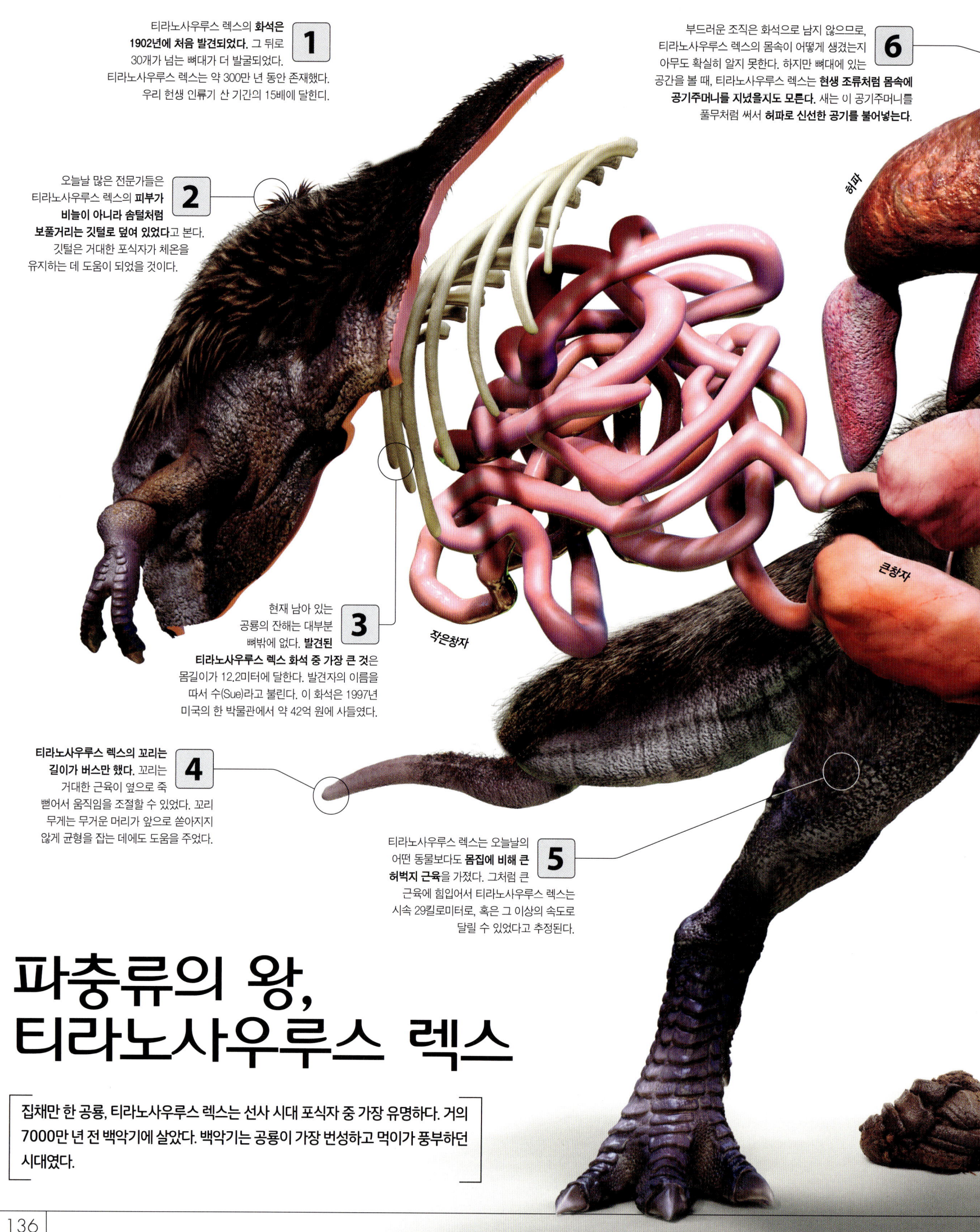

1. 티라노사우루스 렉스의 화석은 **1902년에 처음 발견되었다**. 그 뒤로 30개가 넘는 뼈대가 더 발굴되었다. 티라노사우루스 렉스는 약 300만 년 동안 존재했다. 우리 현생 인류가 산 기간의 15배에 달한다.

2. 오늘날 많은 전문가들은 티라노사우루스 렉스의 **피부가 비늘이 아니라 솜털처럼 보풀거리는 깃털로 덮여 있었다**고 본다. 깃털은 거대한 포식자가 체온을 유지하는 데 도움이 되었을 것이다.

3. 현재 남아 있는 공룡의 잔해는 대부분 뼈밖에 없다. **발견된 티라노사우루스 렉스 화석 중 가장 큰 것은** 몸길이가 12.2미터에 달한다. 발견자의 이름을 따서 수(Sue)라고 불린다. 이 화석은 1997년 미국의 한 박물관에서 약 42억 원에 사들였다.

4. **티라노사우루스 렉스의 꼬리는** 길이가 버스만 했다. 꼬리는 거대한 근육이 옆으로 죽 뻗어서 움직임을 조절할 수 있었다. 꼬리 무게는 무거운 머리가 앞으로 쏟아지지 않게 균형을 잡는 데에도 도움을 주었다.

5. 티라노사우루스 렉스는 오늘날의 어떤 동물보다도 **몸집에 비해 큰 허벅지 근육**을 가졌다. 그처럼 큰 근육에 힘입어서 티라노사우루스 렉스는 시속 29킬로미터, 혹은 그 이상의 속도로 달릴 수 있었다고 추정된다.

6. 부드러운 조직은 화석으로 남지 않으므로, 티라노사우루스 렉스의 몸속이 어떻게 생겼는지 아무도 확실히 알지 못한다. 하지만 뼈대에 있는 공간을 볼 때, 티라노사우루스 렉스는 현생 조류처럼 몸속에 **공기주머니를 지녔을지도 모른다**. 새는 이 공기주머니를 풀무처럼 써서 **허파로 신선한 공기를 불어넣는다**.

파충류의 왕, 티라노사우루스 렉스

집채만 한 공룡, 티라노사우루스 렉스는 선사 시대 포식자 중 가장 유명하다. 거의 7000만 년 전 백악기에 살았다. 백악기는 공룡이 가장 번성하고 먹이가 풍부하던 시대였다.

공기주머니

7 티라노사우루스 렉스는 뇌가 그리 커 보이지 않지만, **모든 공룡 중에서 몸집에 비해 가장 큰 뇌를 지녔다.** 많은 거대한 초식 공룡들은 티라노사우루스 렉스보다 뇌가 작았다. 대개 테니스공만 했다.

10 티라노사우루스 렉스는 아마 **육상 동물 중 가장 강력한 턱을** 지녔을 것이다. 트리케라톱스처럼 갑옷으로 뒤덮인 거대한 초식 동물까지 물어 죽일 수 있었다. 지금 살고 있는 현생 동물 중 가장 턱이 강한 **바다악어보다 3.5배 더 강했다.**

심장

11 이빨은 길이가 최대 30미터나 될 만큼 길었고, 질긴 피부와 살을 꿰뚫을 만큼 단단했다. 고기 칼처럼 톱니가 나 있었다. **육식 공룡 중에서 가장 큰 이빨을** 지니고 있었을 것이다.

8 티라노사우루스 렉스는 아마 현생 맹금류처럼, 먹은 고기의 대부분을 **위장에서** 소화했을 것이다. 위벽에서는 **고기의 근육 섬유를 분해하는 데 도움이 되는 산성 위액이** 분비됐을 것이다.

12 티라노사우루스 렉스의 팔은 작아 보이지만, 사실 매우 근육질이었다. **위팔두갈래근은 사람의 것보다 3배 이상 강했다.** 팔이 입에 닿지 않아서 기이해 보일지 모르지만, 아마 꿈틀거리는 **먹이를 움켜쥐는 데 쓰였을** 가능성이 높다.

13 티라노사우루스 렉스는 **발가락이 3개였다.** 지금의 조류와 같다. 땅위에서 빨리 움직이기 좋게 발가락이 길었다. 20센티미터까지 자라는 크고 무시무시한 발톱도 무기이자 땅을 굳게 디디는 데 도움을 주었다.

13½ 티라노사우루스 렉스를 정말로 복제할 수 있을까? 공룡은 너무 오래전에 살았기에, DNA를 추출하기가 불가능하다. '쥐라기 공원'이나 '쥐라기 월드'는 실현 불가능하지만, 신생대 공원은 가능할 수도 있다. 매머드의 DNA 조각은 남아 있기 때문이다. 언젠가는 매머드를 복제하는 일이 가능해질 수도 있다는 뜻이다.

9 공룡 똥 화석을 분석이라고 한다. 지금까지 발견된 선사 시대 똥 화석 중에서 가장 큰 것은 티라노사우루스 렉스의 분석이며, 절반가량이 뼈 조각들로 이루어져 있었다. 티라노사우루스 렉스가 먹이를 통째로 삼켰음을 알 수 있다.

모든 것을 읽는 책

책은 멋지다! 재미있고, 놀랍고, 많은 것을 알려 주고, 기발한 상상의 모험을 떠나게 해 준다. 책은 우리 선조들의 세계를 들여다보는 유리창이기도 하며, 우리 세계를 이해할 새로운 방법을 소개해 줄 수 있다.

1 세상에는 아직 책이 부족한 듯하다! **지금까지 나온 책은 1억 3400만 권에 달한다고** 추정되는데, 해마다 수백만 권씩 늘고 있다. 미국에서만 해마다 100만 권씩 새로운 책이 나오고 있다.

2 여러 쪽으로 된 책 중에서 가장 오래된 것은 현재의 불가리아에서 발견된, **기원전 660년경에 나온 것**이다. 24캐럿 금판 6장으로 이루어져 있는 이 호화스러운 책은 지금은 잊힌 고대 에트루리아어로 쓰여 있다. 현대 역사학자들이 아직 해독하지 못한 언어다.

3 로마인은 파피루스나 양피지(가공한 동물 가죽)에 글을 써서, 낱장을 죽 엮어 긴 두루마리로 만들었다. 하지만 다루기가 불편했기에, **나무판 사이에 차곡차곡 겹쳐 넣기 시작했다**. 아주 딱딱하긴 했지만 최초의 양장본이었다.

4 더 값싸고 쉽게 책을 만들 수 있게 된 것은 독일의 요하네스 구텐베르크가 발명한 인쇄술 덕분이었다. **1455년에 나온 구텐베르크 성서는 유럽에서 최초로 대량 생산된 책**이었고, 48권이 아직 남아 있다. 책을 더 쉽게 구할 수 있게 되면서 독서용 안경의 판매량도 급증했다.

5 **지금까지 팔린 책 중에서 가장 비싼 것은 이탈리아 화가 레오나르도 다빈치의 작업 노트인 코덱스 레스터였다**. 16세기 초에 손으로 쓴 것이며, 다빈치의 과학 이론들과 스케치 및 주석이 담겨 있다. 1994년 경매에서 미국의 억만장자 빌 게이츠가 무려 3080만 달러에 구입했다. 지금 평가액은 580억 원을 넘는다.

6 세계 최대의 도서관은 미국 수도 워싱턴에 있는 의회 도서관이다. 책, 기록, 사진, 지도, 음반 등을 포함하여 소장품이 1억 6400만 점을 넘는다. 서가 길이를 다 **합하면 무려 1,349킬로미터에 이른다**. 소장품의 절반은 영어가 아니라, 470가지 언어 중 하나로 되어 있다.

7 **세계에서 가장 큰 책**은 책장에 들어가지 않을 것이다. 불교의 가르침을 담은 트리피타카 또는 대장경이라는 이 '책'은 미얀마 쿠도도 파고다에 보관된 730개의 **거대한 대리석 판에 새겨져 있다**. 1860년대에 만들어졌으며, 석판 한 개의 높이가 1.5미터에 이른다.

8 1100년까지, 서양에서 책은 희귀했고, 대개 수도원 도서관에서만 볼 수 있었다. 모든 **책은 거위 깃펜을 써서 손으로 적은 것**이었다. 성서 같은 긴 책은 수도사 한 명이 베껴 쓰는 데 1년이 걸리기도 했다. 이렇게 공들여 쓴 책은 금박이나 은박으로 꾸며서 반들거리곤 했기 때문에, 칠해서 꾸민 책이라 하여 채식 필사본이라고 했다.

9 비록 우리는 지식을 얻기 위해 더 이상 두꺼운 책에 의존하지 않지만, **즐기기 위해 읽는 책은 점점 두꺼워지고 있다.** 2015년 조사에 따르면, 베스트셀러 책의 두께는 1999년 평균 320쪽에서 2014년에는 407쪽으로 늘었다고 한다.

10 인도는 책을 가장 많이 읽는 나라에 속한다. 일주일에 10시간씩 책을 읽는 인도인 한 사람이 평균이다. **현재 세계 인구의 약 85퍼센트는 책을 읽을 수 있다.** 100년 전에는 글을 읽을 수 있는 인구가 32퍼센트에 불과했다.

11 책을 아무리 읽어도 지치지 않는 이들을 가리켜 몇몇 언어에서는 **책벌레**라고 일컫는다. **도서관 쥐**라고 부르는 언어도 있다. 이런 별명들은 원래 퀴퀴한 냄새가 풍기는 도서관 책들에 해충이 들끓었다는 점에서 유래했다. 곤충과 설치류가 말 그대로 우리 인류보다도 더 책을 탐닉하였던 것이다.

12 곧 우리는 책을 펼치지 않은 채 읽을 수 있을지도 모른다. 저주파 방사선을 써서 **책장을 차례로 훑으면 적힌 글자를 읽어 내는 카메라가 개발되고 있다.** 이 기술은 펼치면 부서져 내릴 수 있어서 펼치지 못하는 고서의 내용을 파악하는 데 도움이 될 것이다.

13 **새 책을 사고 싶어서 견딜 수 없는 사람들이 있다.** 읽지 않은 채 책장에 꽂아 놓으면서 말이다. 일본에서는 책을 읽지 않고 쌓아놓는다는 것을 가리키는 츤도쿠라는 말까지 나와 있으니까. 많은 이들이 그냥 책을 소유하기만 해도 좋아하는 듯하다!

13½ J. K. 롤링의 「해리 포터」 시리즈는 세계적인 인기 현상을 일으켰다. 무려 4억 5000만 권 넘게 팔렸다. 하지만 그 책이 **가장 많이 팔린 소설은 아니다.** 시리즈 전부를 다 합쳐도 마찬가지다. 가장 많이 팔린 소설의 영예는 1612년에 나온 스페인 고전 소설 『돈키호테』에 돌아간다. 미겔 데 세르반테스 사아베드라가 쓴 소설이며, 약 5억 권이 팔렸다.

2 사무라이만이 칼을 지니고 다닐 수 있었다. 카타나라는 이 칼은 강철 날의 길이만 80센티미터에 달했다. 두 손으로 쥐고서 휘두를 수 있을 만큼 긴 자루가 달려 있었다. 자루는 미끄러지지 않게 상어나 가오리 가죽으로 감쌌다.

3 1,300도의 고온에서 버린 **칼날은 아주 날카로우면서 아주 튼튼했으며**, 싸울 때 치명적인 상처를 입힐 수 있었다. 날이 얼마나 날카로운지는 시신을 베어서 검사했다. 이런 칼을 벼리려면 아주 숙련된 솜씨가 필요했다.

4 사무라이의 갑옷은 장식용처럼 보이지만, **광을 낸 금속을 비단실로 층층이 엮은 것**으로 대단히 실용적이었다. 유럽의 갑옷과 달리, 입어도 움직임이 굼뜨지 않았다. 제2차 세계 대전 때 미국 군대의 방탄조끼가 사무라이 갑옷을 토대로 만들어졌다는 설이 있다.

1 **사무라이는 원래 일본 왕의 경호원이었다.** 12세기에는 일본 사회를 통치하는 지배 계급이 되었다. 1600년부터 평화로운 시대가 이어지자 무사들은 할 일이 없어졌다. 결국 정부가 무사를 위한 일자리를 마련했다. 1870년대 말 무렵에는 무사 계급이 이미 없어진 것이나 다름없었다.

무사의 길

중세 일본의 사무라이는 평범한 기사가 아니었다. 사무라이는 강력한 무사 계급이었다. 군주를 위해 싸우던 사무라이 씨족들은 나중에 쇼군(장군)이 되었다. 왕보다 더 강력한 힘을 휘두르는 전국적인 군사 지도자였다.

5 사무라이는 무사도라는 규범을 따르도록 교육을 받았다. **무사도란 무사의 길이라는 뜻이다.** 용맹하게 싸우고, 진실을 말하고, 명예롭게 행동하고, 약자를 동정하고, 모든 생명을 존중하라는 가르침이었다. 하지만 이 모든 규범을 반드시 따르려고 모두가 애쓴 것은 아니었다.

6 사무라이도 싸우지 않을 때에는 시를 짓는 등 일본 전통 생활을 즐겼다. 그 밖에 그림, 목판화, 서예, 정원 가꾸기, 원예, 다도 같은 것을 했다.

7 현대 일본 무술인 검도는 대나무로 만든 죽도를 써서 대련한다. 검도는 사무라이가 검술을 훈련하던 학교에서 유래했다. 사무라이는 **활쏘기와 말타기도 잘했다.**

8 사무라이에서 평민에 이르기까지 **모두가 짚으로 엮은 짚신을 신었다.** 신발이 엄지발가락과 둘째발가락 사이에 끈을 끼우게 되어 있었기에, 버선도 발가락이 나뉘는 모양으로 만들어졌다.

9 투구 앞에 붙인 **금속 뿔**은 동물의 뿔을 상징했다. 적에게 위협적으로 보이게 과시하는 용도였다. 투구를 쓸 때 더 편하도록 사무라이는 머리를 위쪽에서 묶고 이마 쪽의 면도를 했다. 나중에는 머리 모양이 지위의 상징이 되었다.

10 노려보는 눈이 그려진 험상궂은 가면은 적을 겁주기 위한 것이었다. 얼굴 가리개는 땀이 빠져나갈 수 있도록 대개 턱 밑에 구멍을 냈고, 투구를 고정시키는 역할도 했다.

11 와키자시는 **실내에서 싸우거나 달라붙어 싸울 때 쓰는 무사의 '작은 칼'**이었다. 적에게 사로잡혀서 할복할 때에도 썼다. 할복은 치욕을 당한 무사가 자신의 배를 가르면 동료 무사가 카타나로 머리를 베는 의식이었다.

12 카타나의 칼집은 나무로 만들어서 옻칠을 한 것으로, 허리띠에 매어 왼쪽에 찼다. 대개 더 강한 오른손으로 빨리 칼을 뽑을 수 있기 위해서였다.

13 닌자는 무사 계급 출신이 아닌 병사였다. 종종 첩자나 암살자로 일했다. 사무라이는 불명예스럽다고 여기는 역할을 했다. 닌자가 모습을 보이지 않게 하는 술법 등을 썼다는 소문도 퍼졌다.

13½ 일본 무사가 모두 남자였다고 생각지 모르지만, 여자도 있었다. **온나부게이샤**는 무사 계급 출신의 여성들이었다. 무거운 칼을 차는 대신에, 장대에 달린 끝이 굽은 칼인 나기나타를 썼다.

피아노를 이루는 부품들

그랜드피아노는 겉에서 보면 멋지지만, 안을 들여다보면 놀라울 만치 복잡하다. 오케스트라의 다른 모든 악기보다 음역이 더 넓다. 수천 개의 움직이는 부품들이 협력하여 피아노는 알맞은 느낌과 음색이 담긴 음을 전달한다.

1 피아노는 오케스트라에서 현악기부와 타악기부 사이에 독립된 자리를 차지한다. 피아노는 줄(현)을 쓰지만, 그 줄을 해머로 두드려서 소리를 내는 악기이다.

2 최초의 진정한 피아노는 1700년경 이탈리아에서 바르톨로메오 크리스토포리가 만들었다. 피아노가 나오기 전에는 하프시코드가 건반 악기로 쓰였는데, 하프시코드는 음량이 일정했다. 대조적으로 피아노는 음을 더 크게 내거나 더 부드럽게 낼 수 있다.

3 표준 그랜드피아노는 흑백 건반이 88개이며, 각 건반은 해머라고 부르는 작은 망치와 연결되어 있다. 건반을 누르면, 해머가 위로 올라오면서 줄을 친다. 이 장치를 '액션'이라고 한다.

4 '피아노를 친다'는 말을 대신해 '상아를 가볍게 두드린다(Tickling the ivories)'라고 하기도 한다. 하얀 건반을 코끼리의 엄니인 상아로 만들던 시절에 나온 표현이다. 상아는 1980년대 후반부터 금지되었고, **지금은 건반을 플라스틱으로 만든다.**

5 연주회에 쓰이는 그랜드피아노는 길이 3미터에 무게가 450킬로그램을 넘는 것도 있다. 전형적인 **피아노는 건반을 움직이는 액션 부분에 수백 개의 움직이는 부품이 들어 있다.**

6 해머는 나무를 펠트로 단단히 감싼 것이다. 줄의 떨림을 방해하지 않도록 해머는 줄을 친 뒤 즉시 떨어진다.

7 피아노를 연주하면 머리가 더 **좋아진다.** 최근 연구에 따르면, 규칙적인 피아노 연습은 뇌의 정보 처리, 문제 해결, 기억 저장 능력을 향상시킬 수 있다고 한다. 심지어 IQ까지 높일 수도 있다.

8 몇몇 뛰어난 피아노 연주자들은 **귀가 들을 수 있는 것보다 더 빨리 연주를 할 수 있다.** 도밍고스안토니오 고메스는 손가락 움직임이 가장 빠른 사람으로 세계 기록에 올라 있다. 고메스는 1분에 무려 824개의 건반을 두드려 연주했다.

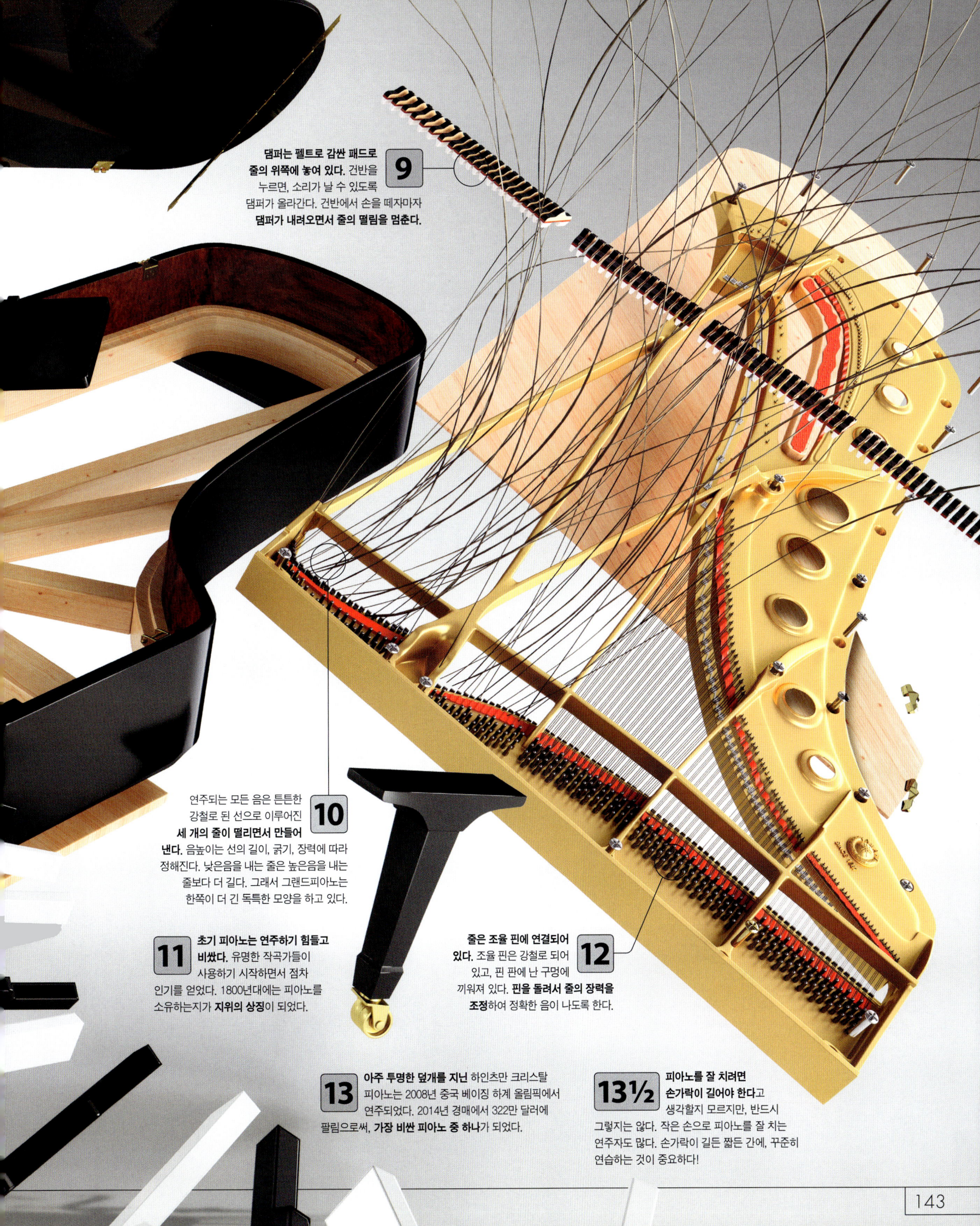

9 댐퍼는 펠트로 감싼 패드로 줄의 위쪽에 놓여 있다. 건반을 누르면, 소리가 날 수 있도록 댐퍼가 올라간다. 건반에서 손을 떼자마자 댐퍼가 내려오면서 줄의 떨림을 멈춘다.

10 연주되는 모든 음은 튼튼한 강철로 된 선으로 이루어진 **세 개의 줄**이 떨리면서 만들어 낸다. 음높이는 선의 길이, 굵기, 장력에 따라 정해진다. 낮은음을 내는 줄은 높은음을 내는 줄보다 더 길다. 그래서 그랜드피아노는 한쪽이 더 긴 독특한 모양을 하고 있다.

11 초기 피아노는 연주하기 힘들고 비쌌다. 유명한 작곡가들이 사용하기 시작하면서 점차 인기를 얻었다. 1800년대에는 피아노를 소유하는지가 **지위의 상징**이 되었다.

12 줄은 조율 핀에 연결되어 있다. 조율 핀은 강철로 되어 있고, 핀 판에 난 구멍에 끼워져 있다. 핀을 돌려서 줄의 장력을 **조정**하여 정확한 음이 나오도록 한다.

13 아주 투명한 덮개를 지닌 하인츠만 크리스탈 피아노는 2008년 중국 베이징 하계 올림픽에서 연주되었다. 2014년 경매에서 322만 달러에 팔림으로써, **가장 비싼 피아노 중 하나**가 되었다.

13½ 피아노를 잘 치려면 **손가락이 길어야 한다**고 생각할지 모르지만, 반드시 그렇지는 않다. 작은 손으로 피아노를 잘 치는 연주자도 많다. 손가락이 길든 짧든 간에, 꾸준히 연습하는 것이 중요하다!

은밀하게 침을 쏘는 고깔해파리

가까이하기 어려운 빛을 발하지만, 긴 촉수를 끌고 다니는 고깔해파리는 산호나 해파리처럼 자포동물에 속한다. 해파리, 산호, 말미잘이 속한 오래된 집단에 속한 종을 일으키는 침을 갖고 있다. 해파리, 산호, 말미잘이 속한 오래된 집단에 속한 이 별난 동물은 겉보기와 다른 면이 많다.

1 고깔해파리는 사람을 수백 마리의 개체들이 모여서 서로 협력하고 있는 군체다. 먹이를 잡는 개체, 침을 쏘는 개체, 번식을 하는 개체 등 임을 분담한다.

2 잔잔한 개체에게, 물 위로 보인다. 스스로 움직이지는 못하고, 바람을 받아 45도 기울어져 떠다닌다. 갓이 오른쪽으로 기울어진 것도 있고 왼쪽으로 기울어진 것도 있다. 즉 절반은 이쪽 방향으로, 다른 절반은 저쪽 방향으로 바람을 타고서 전 세계의 따뜻한 바다를 떠다닌다.

3 갓은 기체로 채워져 있고, 위험을 느끼면 기체를 내보내서 물에 가라앉을 수 있다. 고깔해파리의 학명 피살리아 피살리스(Physalia physalis)는 "부레"라는 뜻이다, 부풀어 오른 것이 부레 같기 때문이다.

4 군체의 성식을 담당한 부분은 매달린 채 먹이를 기다리는 작은 입들이다. 촉수에 붙들린 먹이를 삼킨다. 작은 새우를 소화시키는 데에는 2시간이면 되지만, 큰 물고기를 분해하는 데에는 18시간까지 걸린다.

자세포

자세포로 건드리면 수천 분의 1초 안에 침을 쏘아서 몇몇 뱀독과 비슷한 해로운 물질들이 섞인 액체를 주입한다. 이 독들은 신경과 근육의 활동을 방해하여 먹이를 곧 마비시킨다.

발사 전
각 자세포에 돌돌 말린 작살이 들어 있다.

발사 후
자세포가 비어 있다.

독이 든 작살이 발사된다.

작살에 달린 날카로운 미늘들 때문에 작살은 박히면 빠지지 않는다.

5 침을 쏘는 개체들은 줄에 꿰인 구슬들처럼 줄줄이 늘어져 있다. 각 개체는 **독이 든 자포를 지니며, 건드리는 것은 무엇이든 마비시킨다**. 또한 결합지만 고등어와 낚치만 한 동물들까지 가두는 치명적인 그물을 형성할 수 있다. 군체 전체는 하루에 작은 고기 120마리까지 가둘 수 있다.

6 고깔해파리의 영어 이름은 포르투갈 전함이다. **포르투갈 전함의 삼각형 돛과 비슷해서** 붙여진 이름이다. 포르투갈 전함은 무장한 범선들을 싣어 나르는 배였다.

7 해파리처럼, 고깔해파리도 95퍼센트는 **물로 이루어져 있다**. 뇌, 피, 뼈, 이빨, 심장, 지느러미도 없다. 고대 그리스인들은 체기둥과 돛이라고 해서 바다벼기풀이라고 했다.

8 몇몇 어류는 이 군체 안에서 살아간다. **고깔해파리고기는 독에 얼마간 내성을 지니기도** 하지만, 몸이 날래서 촉수를 피할 수 있다. 군체가 남긴 먹이 찌꺼기를 먹으며, 군체를 갉아먹기도 한다. 한편으로 다른 물고기를 고깔해파리가 팔친 치명적인 그물 안으로 유혹하는 역할도 한다.

9 고깔해파리의 몇몇 심해 천적들은 빛을 내어 먹이를 짝는다. 고깔해파리는 능력을 지닌다. 고깔해파리는 수면에 떠다니는 동물이어서 생물 발광이 필요 없지만, 사진 속 모습처럼 생물 발광의 **반으면 남색으로 빛난다**. 이 색소는 일종의 자외선 차단제 역할을 할지도 모른다.

10 침을 쏘는 촉수는 근육질로, 먹이를 낚으며, **500미터까지 자랄 수 있다**. 버스 5대 길이와 비슷하다. 그래서 고깔해파리가 지구에서 가장 긴 종에 속한다. 헤엄치다가 고깔해파리를 보았다면, 이미 촉수에 쓰인 상태일 수 있다.

11 바다거북과 갯민숭달팽이를 제외하고, 고깔해파리를 먹는 동물은 거의 없다. 하지만 천적 해파리 중에는 사람들에게 별로 여겨지는 종들도 **있다**. 말레이시아인들은 해파리를 젓어에 음악이라고 하며, 아시아의 식당에는 해파리 요리가 종종 나오곤 한다.

12 고깔해파리의 침은 치명적이지는 않지만, 쏘이면 몹시 고통스러우며, 통증이 며칠 동안 지속될 수도 있다. **고깔해파리의 일부 천척 중은 인간에게 치명적이다**. 상자해파리는 가장 독성이 강하다. 상자해파리의 침에 쏘이면 죽을 수도 있고, 또 통증이 너무 강해서 해변에 도착하기도 전에 쇼크로 죽곤 한다고 알려져 있다.

13 여름이면 오스트레일리아의 해안에서만 많으면 10,000명에 달하는 사람들이 **고깔해파리에 쏘인다**. 고깔해파리는 수백 마리씩 모여서 해류에 밀려다니거나 대규모로 적짓고 번식하기 때문에, 이렇게 쏘이는 사람이 많다.

13½ 해파리나 고깔해파리에 쏘였을 때 **오줌을 바르면 덜 아프다는 속설이** 있는데, 틀렸다. 오줌, 삼지어 민물도 자세포를 더 축산시켜 상황을 더 악화시킬 수 있다는 연구 결과가 나왔다. 소금물로 씻는 것이 최선이다. 그러면 자세포의 활성이 약해진다.

석유로 만든 세상

석유는 땅속에서 발견되는 진한 액체다. 땅속에서 뽑아낸 그대로의 석유를 원유라고 한다. 석유가 없었다면, 현대 생활은 전혀 달랐을 것이다. 석유는 기계를 작동시킬 연료를 제공할 뿐 아니라, 아래에 실린 모든 물건을 만드는 원료가 된다. 여러분이 읽고 있는 글자들을 찍은 잉크도 석유에서 나왔다.

1 석유는 화석 연료다. **땅속 깊숙이 묻힌 고대 생물의 잔해로부터 생겼다.** 우리가 쓰는 석유의 4분의 3은 연료(휘발유, 디젤, 등유, 항공유)로 쓰인다. 나머지는 온갖 제품을 만드는 원료가 된다.

2 현재 채굴되고 있는 유전들에는 약 **1.3조 배럴의 석유가 매장되어 있다.** 1배럴은 159리터다. 전 세계에서 1년에 적어도 300억 배럴의 석유가 쓰인다.

3 석유 5리터가 생기려면 고대에 적어도 **해양생물 90톤이 묻혀야 했다.** 무게로 따졌을 때, 석유는 나무보다 3배, 일반 건전지보다 100배나 많은 에너지를 지니고 있다.

4 석유에서 플라스틱을 만드는 데 쓰이는 석유는 비행기를 움직이는 데 쓰이는 것만큼 많다. **우리가 쓰는 석유의 약 8퍼센트를 차지한다.** 플라스틱은 거의 어떤 모양으로든 만들 수 있기에 대단히 유용하다.

5 자동차가 발명되기 전까지, 석유는 **거의 쓸모가 없었다.** 석유는 처음에 주로 등유(램프 연료)를 만드는 데 쓰였다. 휘발유는 그때 나오는 부산물이었다. 휘발유는 기생충인 이를 없애고 옷에 묻은 기름얼룩을 없애는 데 쓰이기도 했지만, 대개는 그냥 버렸다.

6 타이어를 만드는 데에는 석유 약 **27리터가 든다.** 타이어의 재료인 합성 고무를 만드는 데 약 19리터가 들고, 나머지는 제조 과정에서 연료로 쓰인다.

7 석유를 가공하면, 플라스틱에서 진통제에 이르기까지 온갖 제품을 만드는 데 쓰일 석유 화학 물질이 나온다. **스테로이드와 아스피린 같은 많은 현대 의약품은 원유에서 추출해 얻은 재료로 만든다.**

146

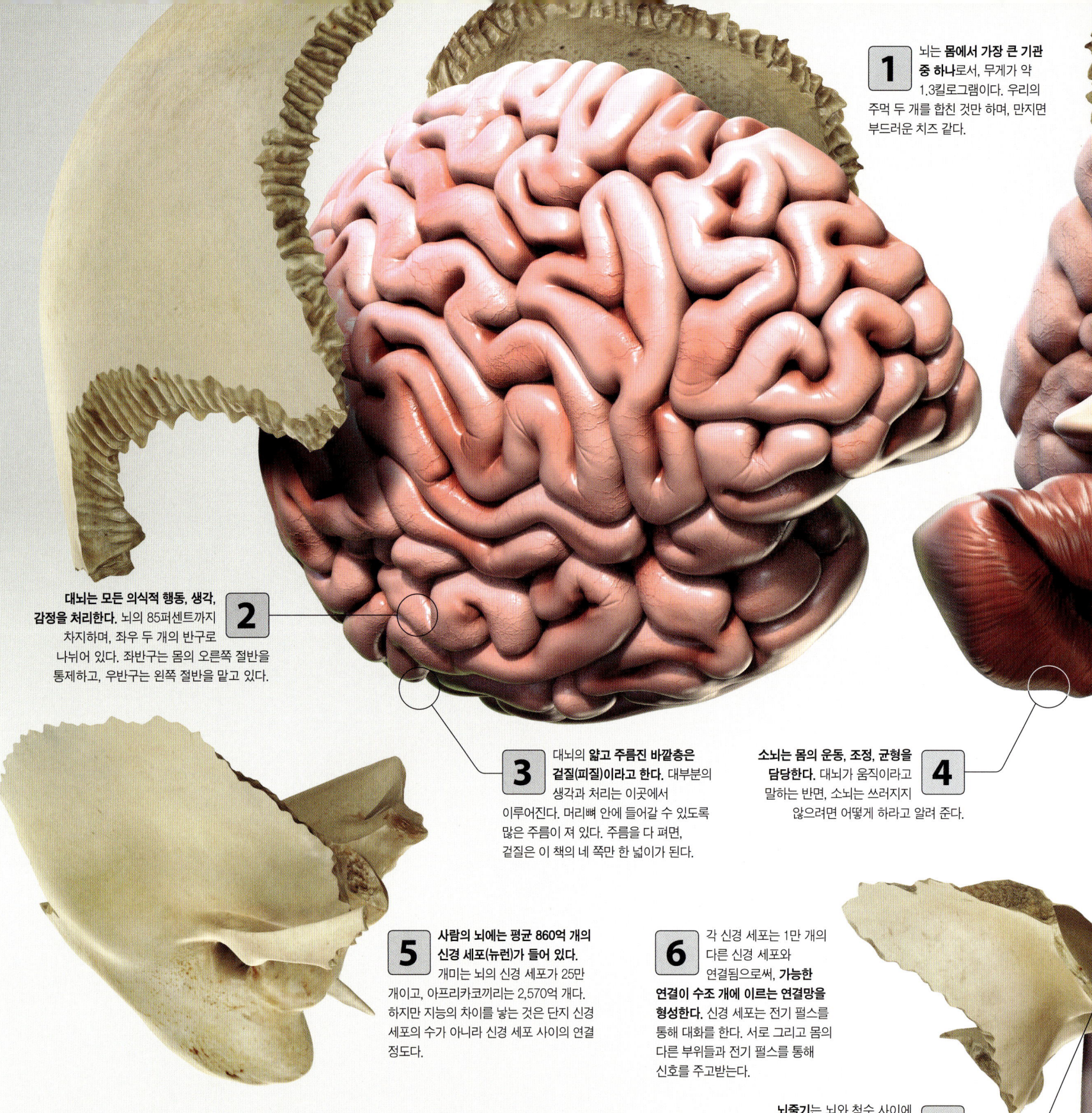

1 뇌는 **몸에서 가장 큰 기관 중 하나**로서, 무게가 약 1.3킬로그램이다. 우리의 주먹 두 개를 합친 것만 하며, 만지면 부드러운 치즈 같다.

2 대뇌는 모든 의식적 행동, 생각, 감정을 처리한다. 뇌의 85퍼센트까지 차지하며, 좌우 두 개의 반구로 나뉘어 있다. 좌반구는 몸의 오른쪽 절반을 통제하고, 우반구는 왼쪽 절반을 맡고 있다.

3 대뇌의 얇고 주름진 바깥층은 겉질(피질)이라고 한다. 대부분의 생각과 처리는 이곳에서 이루어진다. 머리뼈 안에 들어갈 수 있도록 많은 주름이 져 있다. 주름을 다 펴면, 겉질은 이 책의 네 쪽만 한 넓이가 된다.

4 소뇌는 몸의 운동, 조정, 균형을 담당한다. 대뇌가 움직이라고 말하는 반면, 소뇌는 쓰러지지 않으려면 어떻게 하라고 알려 준다.

5 사람의 뇌에는 평균 860억 개의 신경 세포(뉴런)가 들어 있다. 개미는 뇌의 신경 세포가 25만 개이고, 아프리카코끼리는 2,570억 개다. 하지만 지능의 차이를 낳는 것은 단지 신경 세포의 수가 아니라 신경 세포 사이의 연결 정도다.

6 각 신경 세포는 1만 개의 다른 신경 세포와 연결됨으로써, **가능한 연결이 수조 개에 이르는 연결망을 형성한다.** 신경 세포는 전기 펄스를 통해 대화를 한다. 서로 그리고 몸의 다른 부위들과 전기 펄스를 통해 신호를 주고받는다.

7 뇌줄기는 뇌와 척수 사이에 있다. 몸의 중요한 자율 기능 중 상당수를 조절한다. 심장 박동, 호흡, 소화 등이 그렇다.

8 척수는 뇌에서 뻗어 나와 등을 따라 죽 내려간다. 빽빽하게 들어찬 신경 세포들이 뇌와 몸 사이에 신호를 전달한다. 가장 빠른 신호는 시속 400킬로미터로 전달된다.

사람의 뇌

우리 뇌는 우리가 보고 느끼고 생각하는 모든 것을 처리하고, 몸속에서 일어나는 거의 모든 활동을 제어한다. 세상에서 가장 강력한 장치라 할 수 있다. 이 놀라운 기관은 우리가 아는 한 우주에서 가장 복잡한 구조라고도 흔히 말하곤 한다.

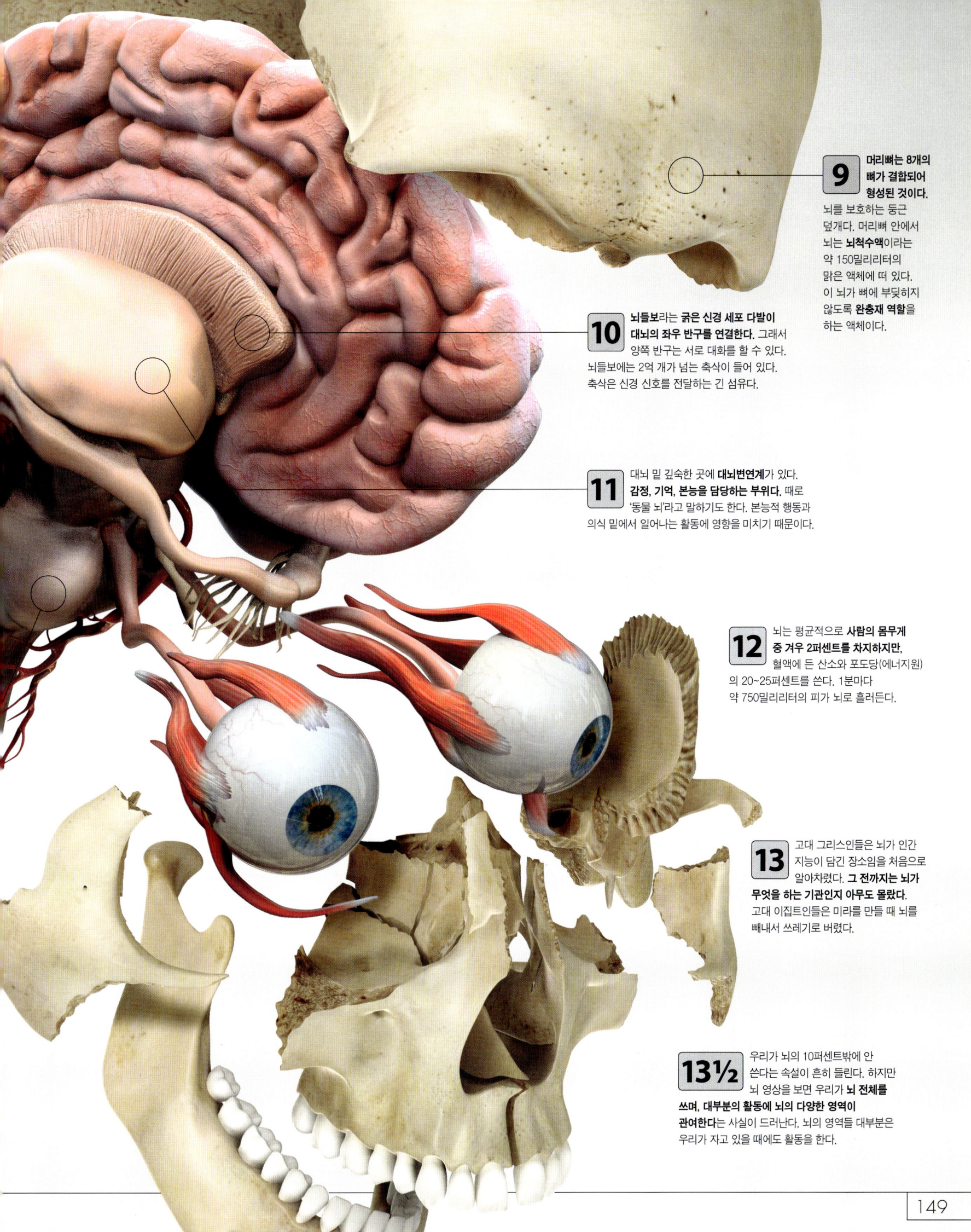

9 머리뼈는 8개의 뼈가 결합되어 형성된 것이다. 뇌를 보호하는 둥근 덮개다. 머리뼈 안에서 뇌는 **뇌척수액**이라는 약 150밀리리터의 맑은 액체에 떠 있다. 이 뇌가 뼈에 부딪히지 않도록 **완충재 역할**을 하는 액체이다.

10 **뇌들보**라는 굵은 신경 세포 다발이 대뇌의 좌우 반구를 연결한다. 그래서 양쪽 반구는 서로 대화를 할 수 있다. 뇌들보에는 2억 개가 넘는 축삭이 들어 있다. 축삭은 신경 신호를 전달하는 긴 섬유다.

11 대뇌 밑 깊숙한 곳에 **대뇌변연계**가 있다. 감정, 기억, 본능을 담당하는 부위다. 때로 '동물 뇌'라고 말하기도 한다. 본능적 행동과 의식 밑에서 일어나는 활동에 영향을 미치기 때문이다.

12 뇌는 평균적으로 **사람의 몸무게 중 겨우 2퍼센트를 차지하지만**, 혈액에 든 산소와 포도당(에너지원)의 20~25퍼센트를 쓴다. 1분마다 약 750밀리리터의 피가 뇌로 흘러든다.

13 고대 그리스인들은 뇌가 인간 지능이 담긴 장소임을 처음으로 알아차렸다. 그 전까지는 뇌가 **무엇을 하는 기관인지 아무도 몰랐다**. 고대 이집트인들은 미라를 만들 때 뇌를 빼내서 쓰레기로 버렸다.

13½ 우리가 뇌의 10퍼센트밖에 안 쓴다는 속설이 흔히 들린다. 하지만 뇌 영상을 보면 우리가 **뇌 전체를 쓰며, 대부분의 활동에 뇌의 다양한 영역이 관여한다**는 사실이 드러난다. 뇌의 영역들 대부분은 우리가 자고 있을 때에도 활동을 한다.

149

1 신화라는 영어 단어(myth)는 그리스어 뮈토스(mythos)에서 유래했다. '단어' 또는 '이야기'라는 뜻이다. 신화는 **사람들이 주변 세계를 이해하도록 돕는 이야기**이자 삶의 수수께끼를 설명해 주는 이야기다.

2 **용은 전 세계의 거의 모든 신화에 등장한다.** 지역마다 독자적으로 출현했다고 여겨지지만, 놀라운 유사점들을 지닌다. 다리가 4개에, 도마뱀이나 뱀처럼 생겼고, 때로 불을 뿜는 능력도 지닌다.

3 **중국에서 용은** 권력과 위엄을 나타내는 **국가적 상징**이다. 중국 황제들은 용의 후손이라고 주장했고, 지금도 중국에서는 용 축제를 열고 용춤을 춘다.

4 원숭이 왕인 **손오공**의 이야기는 1,000년 전 송나라 때에 나왔다. 이 장난기 많은 원숭이는 72가지 모습으로 변신할 수 있었고, 많은 모험을 했다. 싱가포르에는 손오공을 기리면서 해마다 손오공 생일을 기념하는 사원들도 있다.

5 공룡을 알기 전까지, **사람들은 공룡 화석을 용의 뼈라고 믿었다.** 살아 있는 용이 없는 이유는 전설적인 용 사냥꾼들의 활약 때문이라고 설명되었다.

6 고대 이집트의 **스핑크스**는 사자의 몸에 사람의 머리를 지녔다. 스핑크스 상은 사원과 무덤을 지키기 위해 세워졌다. **이집트 기자에 있는 대스핑크스는 세계에서 가장 크면서 가장 오래된 석상** 중 하나다. 세워진 지 4,500년이 넘었다.

7 **갓파**는 중세 일본 전설에 나오는 물의 요괴다. 등딱지가 있고, 손발에 물갈퀴가 있으며, 입이 부리처럼 생겼다. 호수나 강 옆에서 기다리다가 물가에 오는 사람을 끌어당겨서 익사시킨다고 한다.

8 **메두사**는 고대 그리스 신화에 나오는 머리카락이 뱀인 여성이다. 그녀의 무시무시한 얼굴을 보면 돌로 변한다. 지금은 침을 쏘는 긴 촉수들을 늘어뜨린 해파리 성체를 메두사라고 한다.

신화 속 동물들

지난 수천 년 동안 전 세계의 다양한 문화들은 신화적인 동물들이 나오는 이야기들을 대대로 전해 왔다. 죽음과 파괴를 가져오는 괴물도 있었지만, 삶 자체를 대변하는 신비로운 존재도 있었다.

9 외눈 거인 **키클롭스**는 그리스와 로마의 신화에 등장한다. 사람을 잡아먹는 식인 거인이었으며, 거대한 이로 희생자를 찢곤 했다.

10 인어는 아름다운 여성의 몸과 머리에 물고기의 꼬리를 갖고 있다. 1493년에 아이티 연안을 탐험하던 **크리스토퍼 콜럼버스**는 (바다소라고도 하는) **매너티 3마리를 인어로 착각했다.**

11 아메리카 원주민들은 뇌신조를 숭배했다. **뇌신조**가 거대한 날개를 펄럭거려서 천둥을 일으키고, 커다란 눈을 깜박여서 번개를 일으킴으로써 폭풍우를 불러온다고 믿었기 때문이다. 뇌신조는 아마 독수리였을 것이다.

12 기원전 3300년으로 거슬러 올라가는 인더스 계곡 문명에서 **유니콘**은 처음에는 염소의 모습이었다가 시간이 흐르면서 말의 모습으로 변했다. 모습은 바뀌어도 치료 능력이 있는 뿔은 계속 달려 있었다.

13 **깃털 달린 뱀인 케찰코아틀**은 새의 가면을 쓴 사람의 모습으로 변신할 수 있었다. 아즈텍과 마야 문명에서 비, 다산성, 바람, 학습의 신이었기에, 생명의 신으로서 숭배되었다.

13½ 신화 속 짐승들이 그저 신화일 뿐이라고 생각할지 모르지만, 예외가 하나 있다. **크라켄은 북구 신화에 나오는 촉수 달린 거대한 바다 괴물**이었다. 많은 이들이 이제는 크라켄 신화가 대왕오징어를 보고서 나왔다고 생각한다. 대왕오징어는 1853년에야 과학계에 알려졌다.

1. 라이(rai)는 주머니에 들어가지 않을 것이다. 이 둥근 돌 라이는 미크로네시아의 야프 섬에서 수세기 동안 화폐로 쓰였다. 큰 것은 지름 3미터에, 무게가 3톤이 넘기도 했다. 동전이 나오기 전에는 조개껍데기와 박쥐 똥처럼 가치 있다고 여겨지는 여러 물품들이 '돈'으로 쓰이곤 했다.

2. 지폐 같은 '종이' 돈은 사실 종이가 아니라, 목화로 만든다. 1800년대에 사람들은 찢어진 달러 지폐를 바늘과 실로 꿰매곤 했다. 최초의 지폐는 약 1,400년 전 중국에서 쓰였다.

3. 은행권은 빨리 닳는다. 액면가가 작은 지폐일수록, 수명이 더 짧다. 2015~2016년에 영국은행은 약 135억 파운드의 지폐를 새로 찍고, 100억 파운드의 지폐를 폐기했다. 폐기된 오래된 지폐는 퇴비로 만들어서 밭에 뿌린다.

4. 지금은 많은 나라가 플라스틱 중합체로 지폐를 만들고 있다. 플라스틱 지폐는 종이돈보다 더 깨끗하고 더 오래가며 위조하기가 더 어렵다. 오래되어 낡은 지폐는 다른 플라스틱 제품을 만드는 데 재활용할 수 있다.

5. 오늘날 대부분의 돈은 현금으로 존재하지 않는다. 많은 사람들이 동전이나 지폐를 주고받는 대신에, 컴퓨터에 숫자를 입력하거나 직불 카드나 신용 카드로 물건을 사거나 금융 거래를 한다.

6. 영국 남부에서 발견된 기원전 1세기에 나온 이 철기 시대 금화에는 말이 새겨져 있다. 초기 동전은 **귀한 금속인 금뿐 아니라 은과 청동으로도 제작**했기에, 진짜 가치가 있었다.

7. 현재 전 세계에서 180가지 화폐가 쓰인다. 그중에 미국 달러가 무역에서 가장 흔히 쓰이고 가장 많은 나라에서 통용된다. 가장 오래된 것은 영국 파운드로서, 8세기부터 있었다.

돈의 비밀

사람들은 수천 년 동안 상품과 서비스를 돈과 교환해 왔다. 조개껍데기와 돌에서 귀금속과 플라스틱에 이르기까지, 많은 종류의 현금이 쓰여 왔다. 오늘날에는 돈이 그저 컴퓨터 화면에 나오는 숫자에 불과할 때가 흔하다.

8 예전에는 사람들이 지폐를 같은 가격의 금으로 교환할 수 있었다. 지금은 금이 부족해서 그렇게 할 수 없다. 우리가 지닌 돈이 정말로 가치가 있다고 그냥 믿는 수밖에 없다.

9 동전 한 줌을 손에 꼭 쥘 때, 맡을 수 있는 금속 냄새는 사실 돈에서 나는 것이 아니다. 우리의 피부 기름 냄새다. 피부에서 있는 기름이 동전에 든 철이나 구리 성분과 반응하여 나는 냄새다.

11 바나나에 적은 자기앞수표는 오래가지 않을지 모르지만, 몇몇 국가에서는 종이 수표만큼 합법적으로 은행에 제출할 수 있다. 석판에 쓰이고 살아 있는 소에 쓴 자기앞수표도 있었다.

10 돈은 더럽다. 집안 변기 깔개보다 지폐에 더 많은 세균이 살고 있다. 독감바이러스가 지폐에서 10일 넘게 살 수 있다는 검사 결과도 나왔다.

12 영어의 돈(Money)은 로마 여신 유노 모네타(Juno Moneta)의 이름을 땄다고 한다. 부와 금융의 수호자로 여겨지는 여신이다. 로마인들은 기원전 269년 유노 모네타의 신전에서 최초의 동전을 제작했다.

13 한 큰 자선단체는 지구에서 가장 부유한 사람 8명이 나머지 인구의 절반을 합친 것만큼의 부를 소유한다고 추정한다.

13½ 돈으로 행복을 살 수는 없다. 아니, 그렇게 말한다. 하지만 가능하다. 어느 정도까지는 그렇다. 연구자들은 연간 약 8600만 원까지는 돈을 많이 지닐수록 더 행복해진다는 것을 알았다. 그 이상이라면 돈이 더 많아져도 행복이 늘지 않는다.

153

1 1969년 인터넷은 겨우 4개 대학교를 연결하는 컴퓨터 연결망인 아르파넷(ARPANET)으로 시작되었다. 문자 5개로 된 메시지를 보내는 데 1시간이 걸렸다. 그 뒤로 오랫동안 인터넷은 대학교와 과학자들이 주로 문자를 보내는 시스템으로 남아 있었다.

2 1971년 두 컴퓨터 사이에 **최초의 전자 우편이 발송되었다**. 발송자는 프로그래머인 레이 톰린슨이었다. 톰린슨은 그냥 아무 자판이나 죽 눌러서 'QWERTYUIOP!'와 비슷한 메시지를 보냈다. 지금은 1초마다 300만 통이 넘는 전자 우편이 오간다.

3 웃는 이모티콘 :-)은 1982년 미국 컴퓨터 과학자 스콧 팰먼이 만들었다. 자신이 언제 농담을 하는지를, 사람들이 확실히 알게 하고 싶었기 때문이다. 지금은 하루에 약 60억 개의 이모티콘(자판 문자로 만든 그림 문자)이 쓰이고 있으며, 이모지(그림)로도 발전해 왔다.

4 1990~1991년 영국의 팀 버너스리가 HTML 컴퓨터 언어를 써서 문서의 서식을 정하여 인터넷을 통해 누구나 볼 수 있도록 함으로써 모든 것이 바뀌었다. 또 버너스리는 **문서를 보는 최초의 브라우저와 세계 최초의 웹사이트도 개발했다**. 그리하여 월드 와이드 웹이 탄생했다!

5 1991년 영국 케임브리지 대학교의 컴퓨터 연구실에 **최초로 웹캠이 설치되었다**. 카메라는 커피메이커를 향해 있었다. 연구자들이 책상 앞에서 일어날 필요 없이 커피가 남았는지 비었는지 볼 수 있도록 하기 위해서였다. 그 웹캠은 2001년까지 꺼진 적이 없다.

6 인터넷 이용자는 1982년에 200명에서 지금은 200여 개국의 32억 명으로 급격히 늘어 왔다. **온라인 활동이 가장 많은 나라는 중국으로**, 2016년 말에는 7억 3100만 명이 사용했다. 중국 인구의 절반이 넘는 수가 인터넷 이용자이다.

7 인터넷은 **88만 5,000킬로미터가 넘는 수중 케이블로 연결된 방대한 서버망**이다. 달까지 왕복할 수 있는 길이다. 케이블은 배의 닻, 그물, 지진, 심지어 상어의 공격에도 손상을 입을 수 있으므로, 손상을 입지 않도록 가능한 곳마다 묻어 놓는다.

인터넷이 연결되었습니다

인터넷은 정보 혁명을 가져왔다. 인터넷이라는 방대한 연결망은 수많은 컴퓨터를 동시에 연결했다. 사람들은 월드 와이드 웹(Wolrd Wide Web, 약칭 WWW)이라는 시스템을 통해서 인터넷에 접속하고 정보를 공유할 수 있다.

8 위키(wiki)는 하와이어로 '빠른'을 뜻하며, 사람들이 기여하도록 열려 있는 한 웹사이트의 이름에도 들어 있다. 가장 유명한 위키는 온라인 백과사전인 위키피디아다. **295개가 넘는 언어로 된 위키 사이트들의 집합이다.** 기여자들은 대부분 무료로 일하며, 적힌 내용을 두고 의견이 갈릴 때도 있다. 그러면 편집 전쟁이 벌어질 수 있다. 대부분은 사소한 논쟁으로 끝나지만, 아주 역겨운 다툼이 벌어질 때도 있다!

9 웹에 새 **웹사이트**들이 너무나 많이 추가되고 있기 때문에, 웹의 정확한 규모를 확인하기는 불가능하다. 하지만 이미 **2014년 9월에 10억 개를 넘어섰다.**

11 사회 관계망 웹사이트인 **페이스북은 하루 이용자가 20억 명을 넘는다.** 영국의 엘리자베스 여왕도 2010년에 페이스북 페이지를 개설했지만, 여왕에게 친구 맺기 요청을 보내기는 불가능하다! 페이스북에서 처음으로 '좋아요'를 1억 번 받은 사람은 콜롬비아 가수 샤키라였다. 2014년이었다.

10 1997년까지 세계에서 가장 인기 있는 검색 엔진은 백럽(BackRub)이었다. 백럽은 그 뒤에 구글로 이름을 바꾸었다. 오늘날의 **구글은 1초에 4만 건이 넘는 질문을 처리한다.** 하루에 35억 번, 1년에 12조 번 검색을 한다는 의미다.

12 인터넷 이용자는 웹사이트에 사진, 음악, 동영상을 올려서 공유한다. 가장 인기 있는 동영상 공유 사이트는 유튜브다. **2009년 8월에 한 달 동안 시청 횟수가 처음으로 100억 건을 넘었다.** 유튜브 최초의 동영상은 2005년에 야코프 라피츠키가 친구이자 유튜브 설립자인 자베드 카림이 샌디에이고 동물원의 코끼리 옆에 서 있는 모습을 찍은 것이었다.

13 스팸은 쓰레기 전자 우편을 말한다. 스팸 발송자는 수백만 통씩 전자 우편을 보내며, 대개 무언가를 팔기 위한 광고가 많다. 어떤 **달에는 전자 우편의 97퍼센트가 스팸일 때도 있다.** 1년 동안 스팸에 쓰이는 전기는 대형 발전소 4곳의 연간 발전량에 맞먹는다.

13½ 인터넷에서 읽는 것을 다 믿지는 말라! **누구나 웹사이트에 무엇이든 올릴 수 있고, 그 정보가 정확한지 모를 때가 많다.** 웹사이트 주소가 .gov 또는 .edu로 끝나는지 살펴보는 것도 좋은 방법이다. 정부나 교육 기관의 웹사이트라는 뜻이기 때문이다. 작성자의 약력을 읽어 보는 것도 웹사이트가 믿을 만한지 판단하는 데 도움을 준다.

귀한 식물들

식물은 인류의 생명줄이다. 우리가 호흡할 산소를 대기로 뿜어내고, 우리가 먹을 식량을 제공하고, 우리를 치료할 약물도 준다. 대부분의 먹이 사슬에서 가장 바닥에 놓인 식물은 지구의 거의 모든 동물을 지탱한다.

1 가을에 땅에서 바스락거리는 **갈색 잎은 낙엽수에서 떨어진다**. 추운 계절이 오면 잎을 떨구는 나무다. 잎은 양분을 만들려면 빛이 필요하다. 그래서 더 어두워지는 겨울에는 잎을 떨구고, 봄에 새 잎을 피운다.

2 다육 식물은 두툼한 잎에 물을 저장함으로써 놀라울 만치 건조한 조건에서도 살아남을 수 있다. **사막에서 가장 큰 선인장은 비가 온 뒤에 많으면 욕조 5개를 채울 만큼의 물을 빨아들일 수 있다**. 가뭄이 4개월 동안 이어져도 버틸 수 있다.

3 고대 이집트인들도 재배했던 양귀비는 **인류가 의학에 쓰는 7만 종이 넘는 식물** 중 하나다. 현대에는 이 식물로부터 강력한 진통제인 모르핀을 추출한다.

4 대나무는 빽빽한 숲을 이루는 거대한 풀이다. **대나무의 새싹인 죽순은 24시간 사이에 1미터까지 자란다**. 식물 중에서 가장 빠른 성장 속도다.

5 서양에서는 크리스마스에 **겨우살이** 밑에서 입맞춤을 하는 전통이 있다. 그런데 겨우살이 자체는 심술궂은 기생식물이다. **숙주인 식물로부터 양분을 훔친다**. 대개 나무를 숙주로 삼는다. 가지를 감싸면서 나무 깊숙이 뿌리를 뻗어서 달라붙는다.

6 **난초**는 25만 종이 훨씬 넘게 있다. 꽃식물 중에서 가장 규모가 큰 과를 이룬다. 많은 난초는 기발한 묘책을 써서 꽃가루를 옮겨 줄 곤충을 꾄다. 망치난초는 말벌 암컷의 모습과 냄새를 똑같이 흉내 냄으로써 말벌 수컷을 꾄다.

7 덩굴식물은 생존하기 위해 기어간다. 햇빛과 공기를 얻기 위해 다른 식물을 감고 기어오른다. 촉감이 예민한 가느다란 덩굴손은 빨리 자라면서 지지가 될 만한 것은 무엇이든 감싼다.

8 분재는 일부러 작은 화분에서 키워서 뿌리가 제대로 뻗지 못하게 하여 성장을 억제시킨 나무다. 크기가 작아도, 800년 넘게 살고 있는 것도 있다.

10 나무는 살아 있는 조직이 평균 1퍼센트에 불과하다. 나머지 99퍼센트는 죽은 세포들이다. 나무의 줄기 속은 죽은 세포이며, 바깥쪽에 있는 살아 있는 세포들을 지탱하는 구조물을 형성한다.

9 많은 커다란 나무들은 구과 안에 씨를 맺는다. 미국삼나무 (세쿼이아)는 구과를 맺는 나무 중 가장 키가 크다. 가장 큰 것은 115.5미터였다. 30층 건물보다도 높다.

11 이끼는 많은 양의 물을 빨아들일 수 있는 천연 스펀지다. 물이끼는 제1차 세계 대전 때 붕대를 만드는 데 쓰였다. 물을 흡수하는 성질이 있기 때문이다.

12 고사리는 지구 최초의 몇몇 육상 식물의 후손이다. 거의 4억 년 전에 출현했다. 이 원시적인 식물은 독소를 흡수함으로써 공기와 토양의 오염 물질을 제거하는 많은 식물 중 하나다.

13½ 바닷말은 식물처럼 보이지만, 사실 식물이 아니라 조류라는 다른 생물 집단에 속한다. 단세포 조류는 **모든 식물의 조상**이다.

13 파리지옥은 가장 유명한 벌레잡이 식물이다. 멋모르고 앉은 곤충을 가두어서 소화시켜 양분을 흡수하는 능력자다. 가장자리에 톱니 같은 가시가 돋은 잎을 1초 이내에 탁 닫을 수 있다.

157

영광의 그리스인

고대 그리스 문명은 황금시대였다고 여겨진다. 기원전 5세기에 정점에 도달하여, 많은 위대한 사상가들과 지도자들, 많은 장엄한 건축물들을 남겼다. 그중에서도 기원전 432년에 완공된 아테네의 파르테논 신전이 대표적이다.

1 고대 그리스는 단일 국가가 아니라, 언어와 종교가 같은 많은 도시 국가의 집합이었다. 도시 국가는 자체 법률을 지닌 자치 도시였다. 아테네는 그리스에서 가장 강력한 도시 국가이자, 세계 최초의 민주 국가였다. 즉 시민들이 다스리는 나라였다.

2 고대 그리스인은 여러 신들이 세상을 통치한다고 믿었다. 그래서 여러 신들을 떠받들고, 신들에게 기도하고, 신들을 두려워했다. 제우스는 신들의 왕이었다. 파르테논 정면의 박공벽(지붕 밑 삼각형 부분)에 제우스의 조각상이 서 있었다.

제우스

3 파르테논은 아테네의 수호 여신인 아테나를 모시는 신전이었다. 도시가 내려다보이는 바위산에 있으며, 면적은 테니스장 9개를 합친 것과 같았다.

4 경배하는 마음이 들도록 설계된 이 신전은 순백색 대리석 약 2만 2,000톤을 써서 지었다. 하지만 하얗게 빛나게 놔둔 것은 아니었다. **신전 곳곳을 화사한 빨강, 파랑, 초록으로 칠했다.**

5 신전 외벽을 따라 메토프라는 작은 패널화 92개가 붙어 있었다. 바닥에 놓고 새긴 뒤에 기둥 위로 들어 올려서 붙였다. 건물의 각 면에는 신화 속 전투 장면들이 새겨져 있었다. 이쪽 면에는 신들과 거인족이 싸우는 장면들이 놓였다.

6 파르테논은 수천 년 동안 숭배 장소가 되어 왔다. 파르테논 이전에는 아테나를 섬기는 다른 신전이 있었다. 파르테논은 6세기에는 교회로 바뀌었고, 1460년에는 모스크로 바뀌었다.

7 파르테논의 기둥들은 계속 위로 뻗어 올라가면 언젠가는 서로 만나게 될 것이다. 기둥들이 똑바로 서 있으면 바깥으로 휘어져 보이는 착시 현상이 일어나기 때문에, 일부러 안쪽으로 조금 기울여서 세웠기 때문이다.

8 철학은 고대 그리스인에게 매우 중요했으며, 플라톤 같은 당시의 유명한 철학자들 중 상당수는 지금까지도 유명하다. 철학자들의 가르침 중에는 매우 극단적인 것도 있었다. 피타고라스는 콩을 먹어서는 안 된다고 했다. 죽은 이의 영혼이 들어 있기 때문이라고 했다.

9 기록상 최초의 올림픽 경기는 기원전 776년 올림피아에서 열렸다. 선수들은 완전히 벌거벗은 채 전차 경주를 비롯한 여러 경기를 치렀다. 경기가 열리기 전달에는 도시 국가 사이의 전쟁이 금지되었기에, 관중들은 안전하게 경기를 보러 갈 수 있었다.

10 길이 160미터의 대리석 프리즈에는 아테나의 탄생일을 축하하는 아테네 축제의 대규모 행렬이 묘사되어 있다. 프리즈는 지붕 아래쪽 벽을 따라 둘러진 띠 장식이다.

11 파르테논은 신을 모시는 신전이지만, 보물 창고이기도 했다. **다락방에는** 그리스의 다른 도시 국가들이 군사적으로 보호해 주는 대가로 아테네에 보낸 **돈이 산더미처럼 보관되어** 있었다고 여겨진다.

12 파르테논은 오랜 세월 꽤 잘 보존되다가 아테네를 점령한 오스만 제국 군대의 탄약고로 쓰이던 **1687년**, 보관된 탄약 위로 포탄이 떨어지면서 **폭발이 일어나 지붕이 날아갔다.**

13 파르테논에서 가장 중요한 조각은 높이 12미터의 아테네 상이다. 아테네 상은 **상아와 나무로 조각했고, 금, 은, 보석으로 치장했다.** 신전 전체를 짓는 것보다 더 많은 비용이 들었다.

아테나

13½ 고대 그리스인이 고대 로마인처럼 토가를 입은 모습으로 그려진 그림이 가끔 보인다. 하지만 사실 **고대 그리스인은 토가를 입지 않았다.** 남성은 키톤이라는 일종의 긴 옷을 입었고, 여성들은 페플로스라는 드레스를 입었다.

악어의 웃음

악어의 조상은 2억 4000만 년 전에 지구에 처음 출현했고, 그 뒤로 악어는 점점 더 무시무시한 포식자로 진화해 왔다. 은밀한 사냥꾼 악어는 열대의 여러 지역에 살며, 언제든 공격할 준비를 갖춘 채 강과 호수에 숨어 있다.

1 이 아메리카의 크로커다일은 악어 23종 중 하나다. 악어류는 크로커다일과 그 가까운 친척인 **앨리게이터와 가비알**로 이루어진다. 이 종을 비롯하여 몇몇 악어는 현재 불법 사냥 때문에 수가 크게 줄어들었다.

2 지금까지 재어 본 바에 따르면, 악어가 무는 힘이 가장 강한 동물이다. 과학자들은 **커다란 악어가 티라노사우루스 렉스 다음으로 무는 힘이 강할 것**이라고 생각한다.

3 악어는 **엄청난 힘으로 턱을 탁 닫을 수 있지만**, 입을 벌리는 근육은 아주 약하다. 주둥이에 고무줄 하나만 끼워도 악어가 입을 못 벌리게 할 수 있다.

4 악어의 눈은 머리 위쪽에 달려 있다. 그래서 악어는 **몸을 물속에 담근 채 먹이를 지켜볼 수 있다**. 공격을 받으면 눈을 눈구멍 속으로 집어넣어 보호할 수도 있다.

5 악어는 대개 매복하고 있다가 강력한 뒷다리와 꼬리로 물을 박차고 뛰어나오는 식으로 **사냥한다.** 물에서는 약 시속 17킬로미터로 달릴 수 있다.

6 악어는 헤엄칠 때 시속 **32킬로미터까지 낼 수** 있다. 다리를 모은 채 강력한 근육질 꼬리를 휘둘러서 물속에서 나아간다.

7 공룡이 등장하기 전에는 거대한 악어의 **조상들이 지구를 지배했다.** 몸길이 2.7미터에 달하는 캐롤라이나도살자는 2억 3000만 년 전에 땅 위를 기어 다녔다. 칼날 같은 무시무시한 이빨 때문에 도살자라는 이름이 붙었다. 많은 공룡들처럼 뒷다리로 걸었을 것이다.

8 **고대 이집트인들은** 종종 악어도 미라로 만들곤 했고, 소베크라는 **악어 머리의 신을 섬겼다.** 당시 크로코딜로폴리스라는 도시의 주민들은 살아 있는 악어 한 마리를 금과 보석으로 치장하고서 숭배했다.

9 갑옷을 입은 듯한 악어의 피부에는 예민한 촉감을 지닌 **혹들이 수천 개 나 있다.** 이 혹들은 거대한 신경망에 연결되어 있으며, **사람의 손가락 끝보다 더 예민하다.**

10 악어는 공기 호흡을 하지만, 물속에서 **한 시간 넘게 숨을 참을 수 있다.** 심장 박동을 느리게 할 수 있기 때문이다. 기관의 판막을 닫아서 물이 들어가지 않게 하면, 물속에서도 입을 벌리고 있을 수 있다.

11 바다악어는 **악어 중에서 가장 큰 종이다.** 몸길이가 6.2미터에 달한 것도 있었다. **승용차 길이의 약 1.5배다.** 바다악어는 해류에 올라타서 빠르게 움직일 수 있다.

12 크로커다일은 주둥이가 **뾰족하다.** 앨리게이터와 다른 주요 특징 중 하나다. 또 크로커다일은 **입을 닫았을 때 위아래 이빨이 다 보인다.** 하지만 앨리게이터는 위쪽 이빨만 보인다.

13 이빨은 빠지면, 새 이빨이 금방 자란다. **평생 동안 적어도 3,000개의 이빨이 자란다.**

13½ 누군가가 슬픈 척하면, '악어의 눈물'을 보인다고 말한다. **악어가 먹이를 먹으면서 눈물을 흘린다는 속설** 때문이다. 먹을 때 악어의 눈에는 물기가 맺히지만, 슬퍼서 그런 것이 아니다. 큰 고기 덩어리를 삼킬 때 눈물샘이 눌려서 눈물이 나오는 것이다.

지구를 향해 다이빙!

중력이 없다면 우리가 아는 우주 자체도 없었을 것이다. 중력은 별과 행성을 유지하고, 지구의 우리와 공기를 비롯한 모든 것들을 유지한다. 여기 절벽에서 뛰어내리는 다이버처럼, 모든 것을 떨어지게 하는 힘이다.

1 우주에는 보이지 않는 힘들이 작용한다. 우리 눈에는 안 보이지만, 여러 힘들이 물체를 당기고 민다. 중력은 오직 끌어당기기만 한다(인력). 중력은 밀지 않는다(척력).

2 행성, 별, 은하 등 아주 큰 규모에서는 중력이 엄청나게 강하다. 하지만 일상생활 규모에서는 아주 약하다. 냉장고 자석이 냉장고에 그대로 붙어 있을 만큼, 전자기력은 중력을 이길 수 있다.

3 지구 어디에 있든 간에, 중력은 사람들을 지구 중심으로 잡아당긴다. 중력은 다이버를 물을 향해 가속시킨다.

4 달의 인력과 그보다 약한 태양의 인력 때문에 지구 대양은 불룩해진다. 지구가 자전하기 때문에 인력을 크게 받는 지역이 달라진다. 그 결과, 세계의 각 지역에서는 대양이 불룩해졌다가 낮아짐에 따르는 밀물과 썰물이 생긴다.

5 우주에는 중력이 엄청나게 커서 빛조차 빠져나오지 못하는 곳이 있다. 바로 블랙홀이다. 블랙홀은 청소처럼 검지만, 사실은 구멍이 아니라, 엄청난 물질이 꽉 차 있어서 엄청난 중력을 일으킨다. 블랙홀에 빨려든다면, 중력을 잡아당기듯이 몸이 쭉 늘어날 것이다.

6 공중에서 다이버에게는 두 가지 힘이 작용한다. 중력과 공기 저항(항력)이다. 공기 저항은 속도가 증가함에 따라서 커진다. 이 다이버는 공기 저항이 아래지만, 스카이다이버가 다른 저항이 중력과 평형을 이루는 속도까지 도달할 수 있다. 그때 스카이다이버는 더 이상 속도가 빨라지지 않는 종단 속도에 도달한다.

뉴턴 법칙

올바른 중력 이론을 최초로 내놓은 사람은 영국 과학자 아이작 뉴턴이었다. 뉴턴은 1687년 중력이 보편 이론을 발표했다. 누런의 모든 물체가 다른 모든 물체를 끌어당기고, 그 인력은 두 물체의 질량에 비례하고 거리에 반비례한다고 했다. 이것이 '만유인력'이다.

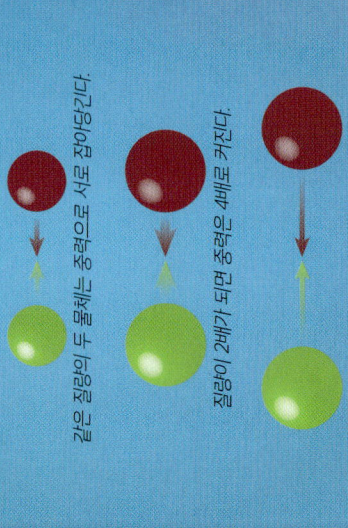

같은 질량의 두 물체는 중력으로 서로 잡아당긴다.

질량이 2배가 되면 중력도 4배로 커진다.

거리가 2배가 되면 중력은 4분의 1로 줄어든다.

7 지구 중력은 g(지)로 표시한다. 서 있는 사람에게 작용하는 중력은 1g 이다. 빨리 움직일수록 느끼는 g는 더 커진다. 거대한 롤러코스터를 타고 맨 밑으로 떨어질 때, g힘은 몸무게의 3배가 된다(3g).

8 다이버는 일단 물에 들어가면 1~2초 사이에 속도가 느려지면서 거의 멈춘다. 물이 공기보다 밀도가 훨씬 높아서, 공기 저항보다 물의 저항이 훨씬 세기 때문이다.

9 물체가 물보다 가벼우면, 부력이 중력을 이기고, 물체는 물에 뜬다. 밀도가 높아질수록 다이버를 밑으로 잡아당기지만, 수압은 위로 밀어 올려서 뜨게 한다. 그래서 다이버가 수면으로 떠오른다.

10 우리 몸의 질량은 우리 몸이 얼마나 많은 물질로 이루어졌는지를 나타내는 척도다. 무게는 중력이 우리 질량을 얼마나 많이 끌어당기는가를 나타내므로, 달 표면에서 받는 중력이 6배 강하므로, 달 표면에 서 있는 우주 비행사는 지구에 있을 때보다 무게가 6분의 1로 줄어든다. 하지만 질량은 변하지 않는다.

11 보름달이 뜨는 한밤중에 당신 머리 위에 와 있을 때에는 몸무게가 아주 조금 줄어든다. 달의 중력이 지구 중력과 반대 방향으로 끌어당기면서 몸무게를 줄이기 때문이다.

12 중력은 행성의 중심으로 갈수록 더 세진다. 즉 낭떠러지 꼭대기에 서 있을 때보다 물에 있을 때 다이버가 좀 더 중력을 느낀다는 뜻이다.

13 샤베는 어두워서 사방이 똑같이 보이기 때문에 어디가 위이고 아래인지 헷갈린다. 일부 아르는 머리 속에 있는 작은 뜬선알을 중력에 끌려 아래를 향하므로, 어디가 위에인지 일러 준다.

13½ 우주 공간에서는 중력이 없기 때문에 국제 우주 정거장이 우주 비행사들이 등등 떠다닌다고 생각할겠다. 과학적으로 말해서, 우주 정거장은 지구 쪽으로 끌리고, 정거장과 그 안의 비행사들이 무게를 느끼지 못하는 것은 우주 정거장이 지구 중력에 끌린 상태로 날기 때문이다.

근육의 힘, 근력

가장 미세한 섬유로 이루어진 근육은 놀랍도록 강하다. 우리 몸은 근육의 힘으로 팔다리를 들어올리고, 장기를 움직이고, 몸 전체로 혈액을 순환시킨다. 질기고 강한, 이 부드러운 조직은 우리 체중의 40퍼센트까지 차지한다.

1 **뼈대근은 뼈를 잡아당겨서 움직인다.** 우리 몸에 약 650개가 있으며, 뼈대 위에 이리저리 겹쳐서 배열되어 있다. 우리가 마음대로 움직일 수 있는 유일한 근육이다.

2 **수구는 가장 많은 체력을 요하는 스포츠** 중 하나다. 선수는 수영장 바닥을 건드리지 않고 헤엄치면서 공을 보내고 막아야 한다. 물속에서는 육지에서보다 움직이기가 훨씬 어렵다. 근육이 물의 저항에 맞서서 움직여야 하기 때문이다.

3 우리 손가락에는 근육이 전혀 없다. 손에 있는 뼈대근으로 움직이는 힘줄만 있다. 힘줄은 근육을 뼈와 연결하는 밧줄 같은 질긴 조직이다.

4 심장은 **심장근**으로 이루어진다. 심장근은 뼈대근과 비슷하지만, 결코 쉴 필요가 없다. 이 지칠 줄 모르는 기관은 **1분에 평균 60~100번 뛴다**. 평생 하루도 빠짐없이 뛴다.

5 세 번째 종류의 근육인 **민무늬근**은 내장 기관의 벽에 있다. 위장에 든 음식을 뒤섞는 것에서 창자의 음식을 밀어내고 방광을 짜서 오줌을 내보내는 것에 이르기까지, 많은 중요한 생명 활동들을 자동적으로 수행한다.

6 눈알 뒤쪽에 있는 6개의 근육은 몸에서 가장 빨리 움직이는 근육이다. 0.01초 만에 수축할 수 있다. 1시간 동안 책을 읽을 때, 1만 번까지도 미세하게 움직일 수 있다.

7 근육은 놀라울 만치 엄청난 무게를 들어 올리는 데 도움을 줄 수 있다. 역도 선수는 팔로 400킬로그램 넘게 들어 올릴 수 있다. 어른 남자 5명 이상을 드는 셈이다.

8 인체에는 수십억 개의 미세한 근육이 있다. 각 털집에는 미세한 근육이 들어 있다. 그 근육이 수축하면 털이 바짝 선다. 소름이 돋을 때가 그렇다.

9 근육은 수축할 때 미세한 소리를 낸다. 대부분은 사람이 들을 수 없는 20헤르츠 미만의 아주 낮은 진동수의 소리다. 하지만 몇몇 동물들은 **근육이 수축하는 소리를 충분히 들을 수 있다.**

10 몸에서 가장 큰 근육은 **큰볼기근**이며, 엉덩이에 있다. 많은 일을 하지 않는 양 여겨지겠지만, 이 근육은 사실 골반을 조절하여 서거나 걸을 때 쓰러지지 않도록 막아 주는 역할을 한다.

11 몸을 물 위로 밀어 올리는 데 익숙해지도록, 수구 선수는 다리 근육을 심하게 훈련한다. 우리는 태어날 때 지닌 근섬유들을 평생 지니고 있기 때문에, 연습을 한다고 해서 새 근육이 생기는 것은 아니다. 하지만 있는 근육이 더 굵어져서 더 커지고 더 강해진다.

12 다리를 움직여서 한 걸음 내딛을 때마다 우리는 200개의 근육을 쓴다. 다리 근육만이 아니라, 배근육 등 상체의 근육들도 쓴다. 많은 근육이 일할 수 있도록 하루에 1만 걸음씩 걷도록 하자.

▼ 근육은 어떻게 움직일까

근육은 당기기만 할 뿐, 밀어내지는 못한다. 모든 근육은 수축하여(더 짧아져서) 몸의 일부를 잡아당기는 미세한 섬유들로 이루어진다. 뼈대근은 서로 반대 방향에서 잡아당기는 근육들이 짝을 지어 작용할 때가 많다. 팔에는 위팔두갈래근과 위팔세갈래근이 짝을 짓고 있다. 두갈래근이 수축하면 팔이 굽고, 세갈래근이 수축하면 펴진다.

13 과학자들은 낚싯줄과 재봉실에서 얻은 섬유를 써서 **첨단 인공 근육을 만들어 왔다.** 이런 인공 근육은 인간의 근육보다 100배 더 무거운 것을 들어 올릴 수 있고, 아주 힘센 로봇을 만드는 데 쓰일 수 있다.

13½ 얼굴을 찌푸릴 때보다 웃을 때 더 많은 근육을 쓴다는 말이 사실일까? 얼굴에는 43개의 근육들이 서로 연결되어 복잡한 체계를 이룬다. 그래서 7,000가지가 넘는 미묘하게 차이가 나는 조합을 만들어 낼 수 있다. 웃을 때나 찌푸릴 때의 근육 조합이 너무나 많기 때문에, 어느 표정이 더 많은 근육을 쓰는지 알기가 불가능하다.

호기심 많은 고양이

으르렁대는 사자에서 가르랑거리는 고양이에 이르기까지, 모든 고양이들은 같은 고양잇과에 속한다. 야생 고양이는 거의 다 홀로 살아가지만, 집고양이는 아주 잘 놀고 친근하기에, 세계에서 가장 인기 있는 반려동물 중 하나가 되어 있다.

1 집고양이는 아프리카 야생 고양이의 후손이다. 모습이 거의 똑같을 뿐 아니라, 둘 다 세반과 자색에 예민한 눈을 써서 사냥을 한다. 하지만 아프리카 야생 고양이는 크고 공격적이며, 사람과 접촉하려 하지 않는다.

2 고양이는 수천 년 동안 사람 곁에서 지내 왔다. 고양이가 길들여진 최초의 증거는 사이프러스에서 9,500년 된 한 사람 무덤에서 발굴된 고양이 뼈대다. 고양이는 원래 곡물 창고의 쥐와 생쥐를 잡아먹으면서 사람 곁에서 살기 시작했다.

3 이 고양이는 브리티시쇼트헤어 종이다. 가장 오래된 혈통 중 하나다. 둥근 얼굴, 고운 털, 짧은 다리가 특징인 근육질의 커다란 고양이다. 품종은 같은 종이면서 서로 다른 특징을 지닌 동물 집단을 가리킨다. 고양이 품종은 약 50가지다.

4 고양이의 큰 귀도 음파를 모아서 속귀로 보낸다. 그래서 고양이는 소리의 방향을 알 수 있다. 개별 소리의 방향을 알아내기 위해 양쪽 귀를 따로따로 몇 도씩 움직일 수 있다.

5 고양이는 지금 나둘거리는 나에게 운동 관심이 쏠려 있다. 야생에서 고양이는 생쥐와 새 같은 등물을 사냥하고 물고 잡아 죽일 수 있다. 이 사진 부분은 집고양이가 놀 때 무엇이 드러내는지, 움직이는 표적에 집중하면서 앞발로 잡으려고 애쓴다. 개와 달리, 고양이는 발톱처럼 붙잡이 먹이를 자유롭게 움직여 먹을 물어 죽일 수 있다.

6 고양이의 수염은 빳빳한 털로서 부리에 아주 민감한 신경이 이어져 있다. 고양이는 틈새로 들어갈 수 있을지 죽을 가늠하는 데 수염을 쓴다. 수염을 꽉 열릴 공간이 있으면, 몸이 비집고 들어갈 만한 공간이 충분하다는 뜻이다.

7 고양이 어깨도 놀랍도록 만지 유연하다. 사람처럼 넓적뼈가 어깨뼈를 통해 가슴뼈와 연결되어 있진 하지만, 고양이의 넓적뼈는 아주 작다. 그래서 어깨를 훨씬 더 자유자재로 움직일 수 있다. 즉 머리가 들어갈 만한 공간이라면 어깨를 좁혀서 어디든지 들어갈 수 있다.

8 현재 애완용 고양이는 전 세계에 약 6억 마리나 있다. 미국은 고양이를 가장 사랑하는 나라로서, 8500만 마리가 넘는다. 그 다음이 중국, 러시아, 브라질 순이다.

9 길고 유연한 꼬리는 균형을 잡는 데 도움을 준다. 집고양이는 꼬리를 수직으로 세우나 다니지만, 야생 고양이는 수평으로 둔다. 꼬리 사이에 접어넣는다. **꼬리가 없는 고양이**도 있다. 꼬리 없는 맹크스고양이는 뒷다리가 길고 엉덩이가 높아서 오랫동안 고양이와 토끼의 잡종이라는 오해를 받아 왔다.

10 꼬리 이갭트인들은 고양이를 신성하게 여기고 숭배했다. 신성한 고양이가 죽으면 미라로 만들어서 무덤에 안치했고, 사람들은 애도하는 차원에서 눈썹을 밀곤 했다.

13½ **고양이가 가르랑거리는 소리**는 만족해 한다고 표시로 알려져 있지만, 사실 그 소리는 어미를 찾을 때, 베이, 죽을 때 등 다양한 이유로 가르랑거린다.

13 긴 다리로 바닥을 딛어내면서, 고양이는 자기 키보다 6배까지 높이 뛸 수 있다. 벽을 오르면서 내 발을 모아 돌린 스프링처럼 몸을 때는 내 발을 떼어오른 준비를 한다. 몸을 펴고 벽 때로 내달리던 최대한으로 발목할 수 있다.

고양이 발톱

고양이 발톱은 사람의 손톱과 마찬가지로 케라틴이라는 단백질로 이루어져 있다. 고양이는 발톱을 써서 기어오르고, 먹이를 잡고, 고기를 찢고, 스스로를 보호한다. 다른 대부분의 육식 동물들과 달리, 고양이는 발톱을 완전히 돌랴 수 있다. 고양이 발 안에 있는 두 개의 힘줄로 써서 발톱을 뻗고 움츠린다. 힘줄 하나는 움츠리고 다른 하나는 뻗는 데 쓰인다. 각 발톱의 바깥층은 몇 달마다 벗겨지고 새 층이 자란다.

움츠린 발톱 / 펼친 발톱 / 살아 있는 발톱이 힘줄을 보호하여, 날카로운 상태를 유지한다. / 다리를 뻗을 때 발톱이 튀어나온다.

---

11 고양이 목숨은 9개라는 속담이 있다. 높은 곳에서 떨어져도 거의 언제나 바로 착지하기 때문이다. 직립 반사 덕분인데, 떨어지는 동안에 몸을 비틀어서 바로 세우는 본능적인 능력이다. 고양이는 2층보다 10층에서 떨어질 때 살아남을 가능성이 더 높다. 몸을 바로 세울 시간이 더 많기 때문이다.(그렇다고 고양이를 실험하지는 말라.)

12 중세 유럽에서는 고양이를 마녀와 연관 지었다. 벨기에의 이프로 사이에서는 해마다 높은 탑에서 고양이를 떨어뜨렸다. 축제가 열렸다. 이 축제는 지금도 열리지만, 이제는 진짜 고양이가 아니라 장난감 고양이를 던진다.

낱말 풀이

감미료
단맛을 내는 재료.

갑각류
가재처럼 단단한 겉뼈대와 쌍쌍이 붙은 관절 다리를 지닌 동물.

강철
주로 철과 탄소로 이루어진 합금으로서, 철만 있을 때보다 더 강하고 더 가공하기 쉽다.

거미류
거미, 전갈, 진드기처럼 다리가 8개인 무척추동물 집단 중 하나.

검투사
로마 시대에 사람들이 관람하는 거대한 경기장에서 다른 사람이나 동물과 싸우던 사람. 검투사는 대부분 노예나 죄수였다.

겉뼈대(외골격)
갑각류와 곤충의 부드러운 몸을 감싸고 있는 바깥의 딱딱한 뼈대.

결승 문자
줄이나 띠에 매듭을 지어 기호로 삼은 문자.

결정
원자들이 규칙적인 삼차원 배열을 이룬 천연 고체 물질.

겹눈
미세한 수정체를 지닌 많은 작은 홑눈이 모여 이루어진 눈. 파리와 거미 같은 동물에게서 볼 수 있다.

계몽운동
18세기 유럽에서 사람들이 스스로 이성으로 추론하고 세상을 새롭게 이해하고자 한 운동.

고고학
인류 조상들이 어떻게 살았는지를 알기 위해 고대 유물이나 유적을 연구하는 학문.

고도
해수면에서부터 잰 높이.

고래류
고래와 돌고래로 이루어진 해양 포유류 집단.

고무
고무나무 껍질에서 나오는 액체를 굳혀 얻는 물질.

고체
원자나 분자가 서로 단단히 결합되어 있는 물질 상태.

공기 저항
공중에서 움직이는 물체의 속도를 늦추는 힘. 항력이라고도 한다.

과육
열매에서 씨를 둘러싼 부분. 열매살이라고도 한다.

과일
식물의 열매로, 사람이 먹을 수 있는 것.

관절염
관절에 생기는 병으로서, 관절을 아프거나 붓거나 뻣뻣하게 만든다.

광년
빛이 1년 동안 가는 거리. 약 9.5조 킬로미터.

광물
특정한 화학적 조성과 결정 형태 등 독특한 성질을 지닌 자연적으로 생기는 고체 물질.

광석
금속처럼 추출할 수 있는 원소를 함유한 암석이나 광물.

광합성
식물이 양분을 만드는 화학 반응의 집합. 햇빛의 에너지를 이용하여 물과 이산화탄소를 당(포도당)과 산소로 바꾼다.

구골
1 뒤에 0이 100개 붙는 수. 1^{100}

구기
무척추동물의 입을 이루고 있는 여러 기관들. 턱도 있고 부속지도 있는 등 다양한 모양이다. 부속지는 대개 쌍을 이루며, 먹이를 움켜쥐거나 무기로 쓰이기도 한다.

궤도
지구를 도는 달의 경로처럼, 한 천체가 다른 천체의 주위를 도는 경로.

기관
사람, 동물, 식물의 동물의 뇌처럼 특정한 일을 도맡아서 하는 특정한 부위.

기관차
증기, 전기, 디젤유를 써서 열차를 끄는 추진 기관.

기체
입자(원자 또는 분자)들이 서로 얽매이지 않고 자유롭게 움직이는 물질 상태.

꿈틀운동
식도나 창자에서 내용물을 내보내기 위해 민무늬근이 연속적으로 수축하여 일어나는 움직임.

나노 입자
지름이 약 0.0000001센티미터인 아주 작은 입자.

나선 은하
공 모양의 중심부와 중심에서 뻗어 나온 팔이 나선 모양으로 감겨진 듯한 은하.

나트륨(소듐)
희고 부드러운 금속.

네안데르탈인
20만 년 전에 유럽과 중동에 출현하여 4만 년 전에 사라진 초기 인류 종.

나일론
화학 과정을 통해 만드는 튼튼하면서 가벼운 합성 물질.

네온
진공(공기가 없는 공간) 속에서 전기를 통하면 붉게 빛나는 무색의 희귀한 기체. 네온사인에 쓰인다.

노래방
기계가 연주하는 미리 녹음한 음악에 맞추어서 사람들이 노래를 하는 시설.

다육 식물
선인장처럼 물을 저장하는 즙이 많은 두꺼운 입이나 줄기를 지닌 식물.

대기
지구 같은 행성을 감싸고 있는 기체 층.

대륙
아주 커다란 땅덩어리. 지구에는 아프리카, 유럽, 아시아, 북아메리카, 남아메리카, 오스트레일리아, 남극 대륙 등 7개의 대륙이 있다.

대양
넓은 바다.

도시 국가
자치 정부를 지닌 도시. 고대 이집트에서 처음 출현했다. 스파르타 시는 자체 왕이 다스렸고, 아테네 시는 선출된 정치인이 다스렸다.

동맥
산소가 많은 피를 심장에서 몸으로 나르는 혈관.

두족류
문어, 오징어, 뼈오징어를 포함하는 해양 연체동물 집단.

디지털
정보를 이진법으로 나타내는 방식. 0과 1로만 나타낸다. 컴퓨터와 휴대 전화 같은 전자 기기는 디지털 형식으로 정보를 저장하고 처리하고 전송한다.

레이저
관 안에 든 원자들에 에너지를 주입하여 강한 광선을 만드는 장치.

레이저 감지기
레이저 광선을 이용하여 물체의 위치나 거리를 정확히 파악하는 기기.

렌즈
빛을 구부리도록 가공한 유리나 플라스틱. 멀리 있는 대상을 더 선명하고 더 크게 보는 망원경에 쓰인다. 눈에서 상이 맺히도록 빛을 모으는 투명한 부위도 렌즈(수정체)라고 한다.

로봇
자동적으로 일련의 행동을 수행하도록 설계된 기계로서, 때로 컴퓨터로 조종된다.

로켓
연료를 태워 고속으로 날아가는 원통 모양의 발사체.

르네상스
14세기 말에서 16세기까지 유럽에서 예술, 철학, 과학에 새롭게 관심을 가지기 시작한 시기. '부흥'이나 '부활'이라는 의미다.

마그마
지구의 뜨거운 내부에 있는 녹은 암석. 지각이 갈라진 곳이나 화산 분출 때 용암으로 흘러나올 수 있다.

마그마굄
땅속에 마그마가 괴어 있는 것.
만유인력 질량을 가진 모든 물체가 서로 잡아당기는 힘.

마야 문명
약 250~900년에 중앙아메리카에서 번성했던 고대 문명.

마찰
서로 접촉하는 두 물체 사이에 생기는 힘. 서로 미끄러지는 것을 멈추는 경향이 있다. 또 물체가 떨어지는 속도를 늦추고 열을 만든다.

망막
눈 안쪽에 있는 빛을 감지하는 층.

망원경
멀리 있는 물체를 보는 기구. 광학 망원경은 거울과 렌즈를 이용하여 빛을 모으는 반면, 전파 망원경은 우주의 천체가 내뿜는 전파를 포착한다.

맨틀
지구 내부의 핵과 지표면인 지각 사이에 있는 부분.

먹이 사슬
생물들 간에 먹고 먹히는 관계.

모세혈관
동맥과 정맥을 이어 주는 가느다란 혈관.

메탄(메테인)
연료로 쓸 수 있는 가연성 기체의 하나.

모스 부호
점과 선을 이용하여 문자와 숫자로 된 메시지를 보내는 전자 통신 체계.

무게
물체에 가해지는 중력의 세기. 질량이 더 클수록, 무게도 더 나아간다.

무족영원류
진흙에 판 굴이나 물에 살아가는 다리가 없고 지렁이처럼 생긴 양서류 집단 중 하나.

무척추동물
등뼈가 없는 동물 집단. 곤충과 갑각류도 무척추동물이다.

미늘
거스러미나 작은 갈고리처럼 걸리는 모양.

미생물
현미경을 들이대야 보이는 아주 작은 단세포 생물. 세균과 바이러스가 포함된다.

민주주의
시민들이 나라를 통치하기를 원하는 지도자나 정당을 스스로 뽑을 수 있는 정치 체제. 민주주의를 뜻하는 영어 단어(democracy)는 '시민들에 의한 통치'라는 고대 그리스어에서 나왔다.

밀도
한 물체에 물질이 얼마나 빽빽하게 들어 있는지를 가리키는 척도. 벽돌이 깃털보다 밀도가 높다. 밀도는 물체의 질량을 부피로 나눈 값이다.

바이러스
살아 있는 세포에 침입하여 질병을 일으킬 수 있는 미세한 입자.

반구
구의 절반. 지구의 절반을 가리키기도 하고(남반구와 북반구), 뇌의 절반을 가리키기도 한다(좌뇌와 우뇌).

발아
씨가 자라기 시작하여 싹이 트는 과정.

방귀
음식물이 소화되면서 만들어져 항문으로 나오는 기체.

방사성
불안정한 원자의 핵이 붕괴하면서 방사선이라고 하는 에너지 입자를 방출하는 과정.

배아
발생 초기 단계에 있는 동물이나 사람의 세포 덩어리.

백반
태양 표면에서 특히 밝은 영역.

백부장
고대 로마에서 병사 80명으로 이루어진 부대의 지휘관.

번데기
곤충의 발달 단계에서 활동도 먹지도 않는 단계. 애벌레에서 성체가 되는 중간 단계다.

번식지
이주하는 동물이 새끼를 키우는 곳.

벨크로
한쪽에 작은 갈고리, 다른 쪽에 작은 걸림고리들이 있어서 붙였다 뗄 수 있는 것.

보일러
물을 가열해서 증기나 온수를 만드는 장치.

부력
물에 뜨는 힘.

북극권
북극점을 중심으로 북극 지방을 에워싸고 있는 위도 66° 32'N에 그린 가상의 선.

분자
둘 이상의 원자가 화학적으로 결합한 것.

블랙홀
우주에서 커다란 별이 다 불타서 자체 붕괴하여 생긴 공간. 블랙홀은 빛조차 빠져나오지 못할 강한 중력으로 모든 것을 끌어당긴다.

빅뱅
우주가 만들어진 계기로 여겨지는 대폭발.

빙하
오랜 기간에 걸쳐 형성되어 아주 느리게 움직이는 거대한 얼음의 강. 극지방 같은 추운 곳이나, 알프스 산맥과 히말라야 산맥 같은 높은 산맥 꼭대기에서 생긴다.

산소
지구 대기의 5분의 1을 이루며, 호흡하는 데 필요한 기체.

산업 혁명
18세기 말에서 19세기 초에 걸쳐서 신기술들이 개발되면서 기계화와 사회 변화가 급속히 일어난 시기.

상아
코끼리와 바다코끼리 같은 동물의 엄니를 이루는 단단한 물질.

상형 문자
고대 이집트인이 창안한 문자 체계로서, 그림 기호를 이용하여 단어, 소리, 생각을 표현했다.

색소
식물이 녹색을 띠게 하는 엽록소처럼, 세포에 들어 있으면서 생물에게 색깔을 띠게 하는 천연 물질. 기름이나 다른 물질과 섞어서 물감을 만드는 데 쓰는 물질도 색소라고 한다.

생물
하나 이상의 세포로 이루어진 살아 있는 존재.

생태계
한 지역의 모든 생물(식물과 동물 같은 것)과 무생물(흙과 물 같은 것)로 이루어진 공동체. 모두 서로에게 의존한다.

서예
붓을 써서 멋진 글씨를 쓰는 예술 형식.

석관
시신을 담는 돌로 만든 거대한 관으로서, 고대에 주로 쓰였다.

석유 화학 물질
원유로부터 생산하는 화학 물질로서 플라스틱, 의약품, 세제 등 여러 제품을 만드는 데 쓰인다.

선사 시대
문자로 역사를 기록하기 이전의 시대.

섬유
가느다란 실 같은 물질. 천연 섬유는 목화 같은 식물에서 얻지만, 합성 섬유는 화학 과정을 통해 만든다.

섭식
음식물을 섭취하여 양분을 몸으로 받아들이는 일.

성층화산
원뿔처럼 비탈이 가파른 화산.

세균
하나의 세포로 이루어진 미생물. 질병을 일으키고 해로운 세균도 있지만, 요구르트를 만드는 데 쓰이는 세균처럼 유용한 세균도 많다.

세포
생물의 최소 단위. 모든 동물과 식물은 기본 단위인 세포로 이루어져 있다.

소행성
태양 주위를 도는 작은 암석 덩어리들.

수소
아주 가벼운 가연성 기체. 산소와 결합하면 물이 된다.

순상화산
방패를 엎어 놓은 듯이 완만하게 형성된 화산.

슈퍼 박테리아
항생제에 내성이 강한 세균.

스팸
쓰레기 전자 우편.

신경 세포(뉴런)
신경계를 이루는 세포.

십진법
숫자 0, 1, 2, 3, 4, 5, 6, 7, 8, 9를 써서 10배마다 윗자리로 올려 쓰는 표시법.

쐐기 문자
고대 메소포타미아(지금의 이라크 지역)에서 개발된 문자 체계. 쐐기 문자는 점토판이나 돌에 쐐기 모양으로 찍거나 새긴 문자다.

아라비아 숫자
보통 쓰는 0, 1, 2, 3, 4, 5, 6, 7, 8, 9.

아종
한 동식물 종 내에서 서로 구별되는 소집단.

아즈텍 문명
14~16세기에 멕시코와 중앙아메리카에서 번성했던 강력한 문명.

압력
표면을 미는 힘이 얼마나 강한지를 말해 주는 척도. 압력은 힘의 세기와 표면의 면적에 따라 달라진다.

액체
원자와 분자가 느슨하게 연결되어 있지만, 꽉 얽매이지는 않은 물질 상태.

야행성 동물
밤에 활동하는 동물을 가리키는 말.

양서류
개구리나 영원처럼 뭍과 물 양쪽에서 사는 변온 척추동물.

양성자
원자핵을 이루는 양전하를 띤 입자.

언어
생각이나 느낌을 나타내고 의사소통하는 데 쓰는 말이나 문자.

에너지
빛이나 열을 내거나 움직이는 등 무언가 일을 할 수 있는 능력.

에탄(에테인)
연료로 쓸 수 있는 가연성 기체 중 하나.

엑스선
광속으로 나아가는 고에너지 전자기 복사. 의학에서 몸 내부의 고체 장기를 찍는 데 쓰인다.

연골어류
물렁뼈를 가진 상어와 같은 물고기.

연체동물
몸이 부드러운 무척추동물 집단 중 하나로서, 단단한 껍데기로 몸을 보호할 때도 있다. 달팽이, 민달팽이, 홍합, 문어가 속한다.

열매
식물이 수정하면 씨방이 자라서 생기는 것.

엽록소
식물이 녹색을 띠게 하는 색소. 식물은 이 색소로 햇빛을 흡수하여 양분을 만든다.

영양소
생물이 살고 성장하기 위해서 먹거나 흡수하는 모든 것.

오염 물질
물, 흙, 공기를 오염시키는 해로운 물질.

오케스트라
현악기, 관악기, 목관악기, 타악기 등 다양한 악기들로 함께 음악을 연주하는 대규모 악단.

용암
분출하는 화산에서 흘러나오는 뜨거운 녹은 암석.

용암탄
용암이 공중을 날아가며 식어서 된 암석.

운석
지구 대기를 뚫고서 지표면에 떨어진 우주 암석.

원소
한 종류의 원자로만 이루어진 물질. 더 단순한 물질로 쪼갤 수 없다.

원자
화학 원소의 특성을 유지하고 있는 최소 단위.

원자핵
원자의 중심 부분이며, 양성자와 중성자로 이루어져 있다.

월드 와이드 웹(World Wide Web, WWW)
인터넷을 통해 접근할 수 있는 연결된 웹사이트들로 이루어진 세계적인 정보 체계.

웹캠
컴퓨터로 동영상을 보낼 수 있는 카메라.

위생
건강에 도움이 되도록 갖추어야 할 것.

위성
지구 궤도를 도는 물체. 지구 궤도에 쏘아 올린 인공위성도 많다. 달은 지구의 천연 위성이다.

유충(애벌레)
모충처럼 알에서 깨어 나온 뒤 완전히 발달하기 않은 곤충의 어린 형태.

육식 동물
고기를 먹는 동물.

은하
별, 먼지, 가스가 중력을 통해 모여 있는 거대한 집합체. 우리 태양계는 은하수라는 은하에 있다.

음높이
특정한 음이 음계에서 얼마나 높고 낮은지를 가리키는 말.

이매패류
단단한 겉껍데기가 두 개인 연체동물. 두껍질조개.

이산화탄소
공기에 들어 있는 탄소와 산소 원자로 이루어진 무색의 기체. 연료가 공기 중에서 탈 때, 우리가 호흡을 할 때 생긴다. 식물은 이산화탄소를 흡수하여 성장한다.

인력
서로 끌어당기는 힘.

인슐린
몸에서 자연히 생성되는 혈당 조절 물질.

인터넷
전 세계의 컴퓨터들이 정보를 교환할 수 있는 연결망.

입자
연기 입자처럼 미세한 알갱이. 소립자는 전자처럼 원자보다 작은 알갱이를 가리킨다.

자기극
자석의 양쪽 끝. 자기장이 가장 강한 곳이다. 지구 표면에서 지구의 자기력이 가장 센 두 곳을 가리키기도 한다. 자북극과 자남극이다.

자기장
자석 주위의 자기력이 작용하는 공간.

자외선
빛과 비슷하지만 보이지 않는 전자기 복사선의 한 종류. 자외선은 가시광선보다 진동수가 더 높고 파장이 더 짧다.

잡식 동물
동물과 식물을 다 먹는 동물.

장과
감, 포도처럼 즙이 많은 과육을 지닌 열매. 물열매라고도 한다. 씨를 감싼 씨방이 부풀어서 생긴다.

적도
북극점과 남극점 사이에서 지구를 절반으로 나누는 위도 0도를 따라 나 있는 가상의 선. 적도를 중심으로 북쪽을 북반구, 남쪽을 남반구라고 한다.

적란운
쌘비구름. 위는 산 모양으로 솟고, 아래는 비를 머금은 구름. 우박, 천둥, 번개 등을 동반한다.

전극
한 회로에서 나오는 에너지를 그 바깥의 비금속과 연결하는 전도체로 만든 접촉 부위.

전기 회로
전기를 띤 입자(대개는 전자)가 자유롭게 이동할 수 있는 금속 전선으로 연결된 통로.

전도체
열과 전기를 쉽게 통하는 물질.

전자
음전하를 띤 작은 입자. 전자는 모든 원자에 있으며, 때로 원자 사이를 이동할 수 있다.

전자기력
전기나 자기에 의한 힘.

전자기 스펙트럼
전자기 복사의 전체 범위. 전자기 복사는 파동의 형태를 띠는 에너지로서, 가시광선, 적외선, 자외선, 전자파, 엑스선을 포함한다.

전지
화학 반응을 일으켜서 전기를 생산하는 장치.

전파
빛의 속도로 나아가는 보이지 않는 전자기파의 일종으로서, 소리, TV 영상, 다른 정보를 보내는 데 쓸 수 있다.

절연체
전기나 열 같은 에너지가 쉽게 지나가지 못하게 막는 물질.

절지동물
겉뼈대와 관절 다리를 지닌 무척추동물 집단 중 하나. 곤충, 거미류, 갑각류, 지네류가 포함된다.

정맥
산소가 적은 피를 몸에서 심장으로 흐르는 혈관.

제트 엔진
거대한 실린더 안에서 연료를 계속 태우는 엔진 형태. 뜨거운 가스를 빠르게 뒤쪽으로 분출하면서 항공기를 앞으로 밀어낸다.

주둥이
코끼리의 코, 일부 곤충의 긴 통 같은 빨아먹는 구기처럼 동물의 길게 튀어나온 입 부분.

주산
수판을 이용하여 하는 셈.

중력
우주에 있는 모든 물체 사이에 생기는 인력. 지구에서 중력은 지표면에 있는 모든 것을 밑으로 끌어당긴다.

중성자
원자핵에 들어 있는 전하를 띠지 않은 입자.

중세 시대
인류 역사에서 5~15세기를 가리킨다. 고대와 근대 사이이다.

중합체
동일한 작은 분자(단량체)들을 이어 붙여서 만들어진 분자. 플라스틱이 대표적이다.

지각판
지구 지각(바깥층)을 이루는 끊임없이 움직이는 커다란 땅덩어리.

지방층
피부 밑에 있는 두꺼운 지방층. 고래, 물범, 바다코끼리 같은 해양 포유류는 체온을 유지하기 위해 발달한 지방층이 있다.

지진 해일
대개 수중 지진이나 화산 분출로 생기는 거대한 물결.

직사광선
정면으로 내리쬐는 빛.

진동수(주파수)
특정한 기간 내에 무언가가 일어나는 횟수. 높은 음은 1초에 진동하는 횟수가 훨씬 더 많은 물체로부터 생성되기 때문에 고주파라고 한다.

진자시계
줄 끝에 매단 추, 진자로 조정되는 시계.

질량
물체를 이루는 물질의 양.

질소
지구 대기의 주성분인 투명한 기체.

착시
눈과 뇌가 색깔, 빛, 무늬에 속아서 실제와 다르게 보는 것.

척력
서로 밀어 내는 힘.

척추동물
등뼈가 있는 동물.

척추뼈
동물의 등뼈(척추)를 이루는 작은 뼈.

철기 시대
기원전 약 1300년 전부터 기원후 700년까지 이어진 시기. 사람들이 철을 다루는 법을 터득하여 무기와 도구를 제작한 시기다.

철학
지식, 진리, 현실, 삶의 의미 같은 문제들을 생각하는 학문.

청소동물
독수리처럼 죽은 동물을 먹는 동물.

청진기
환자의 몸 안에서 나는 소리를 듣기 위한 도구.

초식 동물
식물만을 먹는 동물.

초음속
음속보다 빠른 속도. 음속은 시속 약 1,230킬로미터다.

침식
바람, 물, 때로는 빙하의 작용으로 토양이나 암석 같은 표면이 깎여 나가는 것.

케라틴
손톱, 발톱, 갈고리 발톱, 파충류 비늘, 털을 이루는 물질.

코로나
태양 대기층의 가장 바깥쪽에 있는 층.

쿼크
우주를 구성하는 가장 근본적인 입자.

탄소
흑연과 다이아몬드 같은 고체 형태를 이루는 원소.

탄소 섬유
탄소로 만든 튼튼하고 열에 강한 가느다란 실.

탈바꿈(변태)
일부 동물이 성체가 될 때 몸의 형태를 바꾸는 과정. 모충이 나비가 될 때 변신하는 것이 그렇다.

태양계
우주에서 우리가 속해 있는 곳. 태양과 그 궤도를 도는 지구를 비롯한 8개의 행성, 달, 소행성, 혜성으로 이루어져 있다.

테플론
녹이 스는 것을 막아 주는 물질.

파동
앞뒤 또는 위아래로 오가면서, 물질을 뚫거나 넘어 가면서 에너지를 전달하는 운동.

파장
파동의 길이. 파동의 마루와 마루 사이의 거리를 잰 값이다.

팡이류(균류)
버섯과 곰팡이를 포함한 생물 집단으로서, 살아 있거나 죽은 생물을 분해하면서 자라고, 홀씨로 번식을 한다.

페르시아어
이란에서 주로 쓰는 언어이며, 아프가니스탄과 타지키스탄에서도 쓴다.

페미니즘
남녀가 동등한 권리와 기회를 지닌다는 믿음.

포도당
몸에 흡수된 뒤에 에너지로 전환될 수 있는 당의 한 종류. 식물, 동물, 사람 모두 포도당이 필요하다. 식물은 잎에서 직접 포도당을 만든다.

포식자
다른 동물을 잡아먹는 동물.

포유동물
등뼈가 있으며 새끼에게 젖을 먹이는 피가 따뜻한 정온 동물. 포유동물은 대부분 새끼를 낳지만, 오리너구리처럼 알을 낳는 종도 일부 있다.

프랑스 혁명
1789~1799년 프랑스인들이 군주제와 정치 체제에 맞서 혁명을 일으켜서 프랑스를 공화국으로 만든 격동의 시기를 가리킨다.

필라멘트
전기를 통하면 밝게 빛나는 백열전구 속의 둘둘 말린 가느다란 금속 전선 같은 구부러지는 가는 실.

하프시코드
피아노가 발명되기 전, 16~18세기에 널리 쓰인 건반 악기.

합금
금속을 다른 금속이나 원소와 섞어서 강도를 더 높인 물질. 강철은 철과 탄소의 합금이다.

항력
공기 저항을 달리 부르는 말.

합성
둘 이상의 물질을 섞는 것. 합성해서 만든 합성 물질이 개별 물질보다 더 강할 때도 있다.

합성 물질
인공으로 만든 물질. 나일론이나 플라스틱 포장지 같은 것이 합성 물질이다.

항생제
세균 같은 병을 일으키는 생물을 없애는 약.

행성
별의 주위를 타원형 궤도를 그리며 도는 천체. 태양계에는 8개의 행성이 있다.

헬륨
비가연성 기체로서, 파티 풍선에 종종 쓰인다.

현미경
아주 작아서 맨눈에 안 보이는 물체를 확대하는 기구.

혜성
태양을 도는 암석과 얼음으로 된 천체. 태양 가까이 다가가면 먼지와 기체로 이루어진 긴 '꼬리'가 생긴다.

호랑이
고양잇과에 속하는 포유류. 주로 아시아에 분포한다.

홀씨(포자)
곰팡이나 식물이 만드는 작은 세포로서, 수정되지 않고서도 새 곰팡이나 식물을 싹틔울 수 있다.

화쇄류
화산이 분출하면서 나온 고체 물질과 화산 가스가 섞여 흐르는 것.

화석
암석에 보존된 선사 시대 동식물의 잔해나 흔적.

화석 연료
오래 적에 죽은 동물이나 식물의 분해된 잔해로부터 자연히 형성된 석탄, 석유, 천연가스 등의 연료.

회로
전기가 흐를 수 있게 이어지는 경로.

회절
빛이 한 물질에서 밀도가 다른 물질로 나아갈 때 휘어지는 현상.

흑연
천연 탄소의 한 형태. 연필심 같은 여러 용도로 쓰인다.

흑점
태양 표면에서 온도가 낮아 점처럼 보이는 영역.

힘
물체의 속도, 이동 방향, 모양을 바꾸는 밀거나 당김.

DNA
데옥시리보 핵산의 약자. 모든 생물의 세포 안에 들어 있는 화학 물질로서, 세포에 성장하고 유지하려면 어떻게 하라는 정보를 담고 있다.

g힘
롤러코스터에 탔을 때처럼, 속도가 변하여 몸이 빠르게 가속될 때 얼마나 더 무겁거나 가볍다고 느끼는지를 나타내는 척도.

LED
발광 다이오드의 약자로서, 전류를 흐르게 하면 빛을 내는 장치.

찾아보기

굵은 글씨로 표시된 페이지에는 보다 자세한 내용이 있습니다.

ㄱ

가가린, 유리 19
가라테 40
가라오케 65
가리비 123
가면 141
각막 27
간 113
갈릴레이, 갈릴레오 18, 76, 115
갈비뼈 90
감각
  고양이 166
  꿀벌 111
  돌고래 106, 107
  상어 30
  악어 161
  전갈 36
  집파리 46, 47
감염 130
갑옷
  기사 80~81
  로마 병사 60
  말 80
  사무라이 140~141
갓파 150
개구리 88, 92, 93, 134
개미 43
갯민숭달팽이 123, 145
갯솜뼈 90
거머리 130
거미 39, 89
거북 89
건틀릿 81
검도 140
검정 135
검치류 25
검투사 40
게 25
겨우살이 156
겨자 50
견과 10, 51
겹열매 10
계몽주의 49
계산기 109
고고학적 발굴
  고대 음식 51
  고대 이집트 44
  물속 보물 39
  바이킹 주거지 118
고기 51
고깔해파리 144~145
고래 59, 106, 107
고래상어 31
고대 그리스 52, 56, 149
  신전 158~159
  신화 150, 151
  철학자 48
고대 로마 40, 56, 135, 138, 151
  신 9, 61, 76, 115, 153
  병사 **60~61**
고대 이집트 131, 150, 156, 167
  미라 **44~45**, 149, 161, 167
  미술 34

상형 문자 32
고둥 135
고사리 157
고양이 14, **166~67**
고체 84, 85
곤충 **42~43**, 46~47, 51, 58, 110~111
골수 71, 90
곤창자 112
곰 69
곰팡이 17, 69
공 **40~41**
공감각 134
공기 저항 13, 66, 162
공룡 24~25, **136~137**, 150
공막 27
공자 48
공작 116
과일 **10~11**, 17, 50, 134
관벌레 73
관성 129
광대버섯 16
광물질 **54~55**
  물감 원료 34, 55
광합성 68
구골 109
구골플렉스 109
구골플렉시안 109
구과 157
구글 155
구더기 47
구름 38, 39, 120~121
구리 100, 101
구텐베르크 성서 138
국제 우주 정거장 47, 77, 163
군체
  고깔해파리 144, 145
  벌 110, 111
권투 40
궤도
  지구 18, 28
  토성 115
  행성 28
귓속뼈 91
균류 **16~17**
균사체 17
균형 잡힌 식단 50
그랜드피아노 142~143
그리스 신전 **158~159**
극지방 76~77
근육 **164~165**
금 101, 153
금붕어 134
금성 28, 86, 132
금속 **100~101**, 104
글자 32~33
기린 91
기사 80~81
기사 작위 수여식 80
기차 **22~23**
기체 84, 85
기타 65
기후 변화 124, 125
깃털 117
꼬리

꼬투리 62, 63
꽃 11, 110
꽃가루 110, 111
꽃꿀 110, 111
꿀 51, 110, 111
꿀벌 110~111
꿈틀운동 112, 113

ㄴ

나무 125, 156, 157
나방 88, 89
나비 42, 43, 135
나선 은하 132
나스카판 8
나일강 38, 44
나일악어 88
난초 156
날개
  새 116, 117
  꿀벌 110
  집파리 46, 47
남극광 76
납 100
납작앨통이 73
내세 45
내시경 113
내연 기관 12
냄새 수용체 111
넙다리뼈 90
네온 빛 77, 85
농구 40
뇌
  공룡 137
  새 117
  인간 **148~149**
  전갈 36
뇌신조 151
뇌우 120
눈
  꿀벌 111
  돌고래 106, 107
  상어 30
  색깔 27
  악어 160, 161
  인간 **26~27**, 165
  집파리 47
눈꺼풀 26
뉴런 148, 149
뉴턴, 아이작 18, 129, 162
니체, 프리드리히 49
닌자 141

ㄷ

다육 식물 156
다이빙 162~163
다이아몬드 **20~21**

고양이 167
악어 161
돌고래 107
티라노사우루스 렉스 136
단공류 89
달 132, 162, 163
  착륙 **126~27**
달(위성)
  행성 28
  토성 115
달리, 살바도르 35
달팽이 122, 123
달팽이 점액 123
닭 88
대기
  지구 29, 38, 39, 76, 77
  태양 86
  토성 114, 115
대나무 156
대뇌 148
대뇌변연계 149
대동맥 70
대리석 54
대변(똥) 112, 113
  인간 외 동물 35, 69, 137, 152
대보초 59
대서양 중앙 해령 9
대양백합 123
대장경 138
대장경 138
댕구알버섯 17
더블릿 97
덩굴식물 156
데카르트, 르네 48
도마뱀붙이 88
도롱뇽 59, 92, 93
도서관 138, 139
독 37, 43, 68, 82, 99, 145, 157
독서 138~139
독액 37, 43, 123, 134, 145
독 37, 82, 134
돈 **152~153**
돌고래 106, 107
동굴 벽화 34
동력 조향 장치 13
동맥 70
동전 152, 153
돛 118
돛새치 **58~59**
두꺼비 혀 93
두루마리 138
두리안 10
두족류 122~123
드래곤피시 72
등각류 73
등뼈 90
딱정벌레 42
똥 화석 137

ㄹ

라디오 53
라이트 형제 102
라틴어 95
라피스 라줄리 55
람포린쿠스 25
러닝 블레이드 41
러프 97

럭비 40
레오나르도 다빈치 34, 82, 138
로듐 101
로마군 60~61
    정복지 60
    처벌 61
로마 제국 40, 60
로마 도로 60
로보비(RoboBee) 111
로봇 13, 95, 131
로크, 존 49
로큰롤 65
리오플레우로돈 25

ㅁ

마그마 9, 54, 74, 75
마녀 167
마라톤 41
마력 23
마로니에 63
마로니에 씨 63
마르디그라스 축제 64
마리아나 해구 72
마상 창 겨루기 81
마술 주문 95
마야 99, 151
마요네즈 50
마주 보는 엄지 91
마취제 131
마코앵무 116
마티스, 앙리 35
만유인력 162
말뚝가리 69
말벌 43
망막 26, 27
망원경 132
매너티 151
매미 43
맹금류 69
맹장 112
맹점 26
머리뼈 91, 149
먹물(두족류) 123
먹이 사슬 68
먹장어 72
메두사 150
메뚜기 43, 58
메소포타미아 32
메이웨더 주니어, 플로이드 40
멸종 24, 25, 30
명왕성 28
모기 46
모세혈관 70, 71
모스 부호 52, 95
모자 97
모차르트, 아마데우스 64, 65
모충 42
목뼈 91
목성 28, 77, 114, 115
몬테수마 왕 99
몽골피에 형제 102
무당벌레 43
무릎뼈 91
무사도 140
무척추동물 25, 36, 58, 122
무한 109
문어 89, 122, 123

문지 **32~33**, 94
물 **38~39**, 85
    음식 50
    자원 125
    순환 39, 85
물감 135
물리학 18~19
물총오이 63
미라 **44~45**, 135, 161, 167
미식 축구 41
미즙 113
미켈란젤로 34
민달팽이 122
민들레 63
민무늬근 165

ㅂ

바나나 11
바다거북 145
바다돼지 73
바다악어 137, 161
바닷말 157
바빌로니아인 108
바이올린 64
바이킹 **118~119**
    농사 119
바이퍼피시 73
바지 97
바퀴 13
바이퍼피시 73
반 고흐, 빈센트 34
반디오징어 73
반향정위 107
밤하늘 **132~133**
발아 62, 63
발톱
    고양이 167
    공룡 137
    호랑이 15
배
    바이킹 118~119
    포르투갈 전함 145
배낭 127
배아 88, 89
배장기 23
백반 86
백신 131
백악 54
백열전구 104, 105
백혈구 71
뱀 59, 69, 88, 89
버섯 16, 17
버찌 62
번개 121
벌 110~111
벌레잡이 식물 157
별새 117
범고래 **106~107**
변성암 54
별 19, 20, 86, 162
병균 46
병마용 34
베이퍼 콘 67
베짜기새 117
벤담, 제레미 49
벤츠, 카를 12
벨크로 126

보부아르, 시몬 드 49
보석 20, 21
보일러 23
복어 58
복족류 122
볼링 41
볼펜 33
봉선화 62
봉화 52
부싯돌 54
부엉이 58
부처 48
북구 신화 77, 151
북극광 76, 77
북극제비갈매기 117
분석(똥 화석) 137
분재 157
분출(화산) 74~75
분필 54
불가사리 123
불곰 69
불교 48, 138
불의 고리 74
불활성 기체 105
브라운, 아서 102
브리치스 97
블랙홀 132, 162
블루스 64
비 39
비행기 66~67, 82~83, **102~103**
비행선 22, 102~3
빅뱅 19, 84
빛 19
    색깔 134, 135
빵 50
뼈
    상어 31
    인간 **90~91**
    티라노사우루스 렉스 136
뼈대근 164, 165
뼈 도구 91

ㅅ

사냥
    고양이 166
    악어 161
    호랑이 14, 15
사르트르, 장 폴 49
사무라이 **140~141**
사암 54
사자 14, 15
사해 38
사혈(피 뽑기) 71, 130
산딸기 10
산맥 9
산소 27, 77, 105, 149
    식물 63, 156
    우주 비행사 127
    피 70, 71
산호 59
    기후 변화 125
살아 있는 화석 25
삿갓조개 123
상어 **30~31**, 89
상자해파리 145
상태 **84~85**
상형 문자 32

새 69, 116~117
    구애 방식 116, 117
    알 89
새우 58, 72
색 134~135
색깔의 파장 135
색소 134, 135, 145, 147
샌들 61, 140
생명 19
생물 발광 145
석류 11, 63
석유 **146~147**
    화학 물질 146~147
선인장 156
성게 59
세계 인권 선언 95
세균 69, 113, 131, 153
세기 60
소금 60
소뇌 148
소닉 붐 66, 67
소름 165
소마젤란성운 133
소수 109
소크라테스 48
소행성 29
소화계
    인간 **112~113**
    집파리 47
속도위반 13
속돌 54
속옷 96, 97, 127
손가락 관절 91
손오공 150
송로버섯 16
수구 164~165
수기 신호 52
수도원 139
수리 116, 151
수박 10
수벌 110
수소 28, 86, 87, 102, 114, 115
수술 130, 131
수염
    고양이 166
    호랑이 15
수정 **54~55**
수정체 26, 27
수증기 39, 84, 85
수표 153
수화 94
숨구멍 107
숫자 **108~109**
숲 파괴 125
슈퍼셀 120, 121
스노보드 **128~129**
스케이트 119
스키 119
스타워즈 79
스타트렉 95
스트롬볼리 화산 74
스포츠 **40~41**, 128~129, 164~165
스포츠카 13
스프링스틴, 브루스 65
스핑크스 150
시각 27
시간 **56~57**
시간대 23
시계 **56~57**

시동 80
시스티나 성당 34
시신경 26, 27
시호크 SH+60 82~83
식도 113
식물 38, 39, 134, 156~157
신경 148, 149
신경 세포 148, 149
신발
   고대 로마 병사 61
   뒷굽 높은 97
   우주 비행사 127
신화 속 동물 **150~151**
심장
   범고래 106
   인간 70, 131, 165
심장근 165
심해 **72~73**
십진법 108
썰매 119
쐐기문자 32
씨 11, **62~63**

ㅇ

아가미 31
아귀 72
아기 90, 91, 134
아르곤 105
아르키메데스 108
아르파넷 154
아리스토텔레스 48, 93
아마존 강 38
아메리카 원주민 151
아바타 78
아연 101
아인슈타인, 알베르트 19
아주까리 62
아주까리 씨 62
아즈텍 40, 70, 86, 99, 151
아퀴나스, 토마스 48
아테나 158, 159
아프리카 지각판 8
아홀로 93
악기 64, 65, 142~143
악어 88, 137, **160~161**
안드로메다은하 26, 132
암석 54~55, 74, 75
암스트롱, 닐 102, 126
알 **88~89**
   양서류 92
   그림 34
알루미늄 101
알파벳 32~33, 94
암흑 물질 19
애완동물 166, 167
액체 84, 85
앵무새 116
야구 40
야자 62
약 130, 146, 156
약혼반지 21
양귀비 156
양서류 88, **92~93**
양성자 18
어류 30~31, 58~59, **72~73**, 134
언어 **94~95**

에디슨, 토마스 104, 105
에어버스 380 103
에어하트, 아멜리아 102
에트루리아 138
엑스선 100, 131
엘리자베스 1세 96
여왕
   벌 110
   흰개미 42
역도 165
역청 85, 118, 147
연골 91
연꽃 63
연지벌레 135
연체동물 **122~123**
연필 33
열기구 102
엽록소 134
영(숫자) 109
영어 94
영화 **78~79**
   업계 78~79
   예거, 찰스 '척' 66
   예고편 78
오로라 76~77
오로라 보레알리스 76, 77
오로라 오스트랄리스 76
오리발 39
오스뮴 100
오염 125
오이 11, 63
오줌 81, 96, 118, 127, 145
오징어 59, 72, 73, 122
옥 55
옥수수 62
온실효과 124
올드린, 에드윈 '버즈' 126, 127
올림픽 158
올콕, 존 102
옷 96~97
   고대 그리스 159
   16세기 유럽 96~97
와트, 제임스 22, 23
왕가의 계곡 44
왜성 86
요정파리 42
용 150
용각류 24
용과 10
용암 74
우리은하 132, 133
우박 120, 121
우엉 62
우유 51
우주 18, 19, 86, 100, **132~133**, 162, 163
   물질 84, 85
   정거장 47, 77, 163
우주복 **126~127**
우주 비행사 33, 126~127, 163
우편 53
운동 165
운동 법칙 129
원 108
원숭이 59
원유 146, 147
원자 18
원자시계 57
월드 와이드 웹 53, 154

위성(달)
   토성 115
   행성 28
위성(인공위성) 53
위생 131
위장(장기)
   공룡 137
   인간 113
위장(몸 숨기기) 15, 117, 135
유노 모네타 153
유리 105, 125
유제품 51
웨타 43
웹캠 154
웹사이트 155
위키피디아 155
유니콘 151
육하 132, 162
은하수 132
음속 66~67
음식 **50~51**
   보존 51
   색깔 134
   소화 112, 113
   환경 125
음식쓰레기 50
음악 **64~65**, 142~143
음향 효과 69
이끼 157
이매패류 123
이메일 53, 155
이빨
   악어 161
   공룡 137
   인간 91
   돌고래 106
   상어 30
   호랑이 15
익룡 25
인간 제물 70
인기 있는 숫자 109
인력 162
인류
   먹이 사슬 69
   지구에 미치는 영향 124~125
   출현 25
인쇄 138
인체
   근육 **164~65**
   뇌 **148~49**
   뼈대 **90~91**
   소화계 **112~13**
   수분 38
   수은 101
   피 **70~71**
인터넷 53, 154~155
일벌 110
일본 무사 **140~141**
입자 18, 84
잉카 32
잎 134

ㅈ

자동차 **12~13**
자동차 전화기 53

자모 32~33, 94
자세포 145
자수정 55
자율 주행차 13
자외선 134
자전
   지구 28, 57
   토성 115
   행성 29
자주색 135
잠 51
   범고래 107
잠자리 42
잡식 동물 69
장구채 63
재생 에너지 124
재활용 125
잭슨, 마이클 65
적색 거성 86
적혈구 71, 90
전갈 **36~37**, 99
전구 104, 105
전기 **104~105**
전기 자동차 13
전도체 104
전성 101
전자계산기 109
전자기 스펙트럼 135
전자 18, 19, 104, 105
전투기 66, 102
전화 52, 53
절단 수술 130
절연체 105
절지동물 42
점액 113, 135
점토 55
점토판 32
정맥 70
정전기 121
제우스 158
제트기 103
제1차 세계 대전 57
제2차 세계 대전 31
조각 34, 35
조개 27, 123
조류 134, 157
종이 33
종자 80
중력 19, 128, 129, 162~163
중성자 18
증기 기관 **22~23**
증기 자동차 12, 22
증기력 22~23
증산 작용 38, 39
지각 8
   경계 8, 74
   판 8
지구 **8~9**
   공전 28, 57
   물 38
   중력 19, 162
   태양 공전 궤도 18
   태양과의 거리 86
   토성과의 거리 115
지느러미 117
지느러미발 39, 106, 117
지진 8, 38, 39
지진 해일 38

지폐 152, 153
직립 반사 167
진딧물 43
집파리 46, 47
짠물 38
찌르레기 116

ㅊ

차축 13
차틀 13
창자 112, 113
채찍 67
책 138~139
척수 148
척추동물 24, 58
천문학 76, 132~133
천왕성 28, 29, 115
철 100, 101
철학 48~49
청금석 55
청자고둥 123
청진기 131
초식 동물 68, 69
초음속 66~67
초콜릿 98~99
초크 54
초화산 75
촉수 123, 144, 145
축(자전)
　지구 9
　천왕성 29
축구 41
췌장 113
치밀뼈 90
치약 99
치즈 51
친코로족 45
침 113
침(독)
　고깔해파리 144, 145
　벌 111
　전갈 36, 37

ㅋ

카멜레온 135
카민 135
카와이젠 화산 74
카카오 콩 98
카카포 116
카터, 하워드 44
칸트, 이마누엘 49
캐리비안의 해적 78
칼
　기사 80
　로마 병사 60
　사무라이 140, 141
칼슘 90, 101
컬리넌 다이아몬드 21
컴퓨터 53, 94, 154~155
케찰코아틀 151
케첩 51
코로나 86
코로나 질량 분출 86
코덱스 레스터 138

코메트(드 하빌랜드) 103
코치닐 135
코코넛 11
코코드메르야자 62
콘푸키우소르니스 25
콜라 초심층 시추공 9
콜린스, 마이클 126
콩코드 66, 103
쿼크 18
크라켄 151
크레용 147
클릭음 106, 107
크로코다일 88, 137, 160~61
키아스모돈 73
키클롭스 151
킴벌라이트 20

ㅌ

타무 단층 지괴 75
타악기 64
타이어 12, 146
타조 88, 116
탄소 20, 21
기후 변화 124, 125
태양 28, 29, 77, 86~87, 162
　시계 56
　에너지 86, 87, 124
태양계 28, 86, 114, 132
태양 폭풍 77
턱
　상어 31
　악어 160
텅스텐 104
테니스 40, 41
테라코타 병사 34
테오브로민 99
테플론 126
텔레그래프 52
텔레비전 53
토끼 68
토너먼트 81
토네이도 120
토마토 11
토성 28, 77, 114~115
　고리 114, 115
통신 52~53
통신용 모자 127
퇴적암 54
투구게 25
투탕카멘 10, 44~45
트레비식, 리처드 22
특수 상대성 이론 19
티라노사우루스 렉스 136~137
틸라코스밀루스 25

ㅍ

파도 38
파도타기 39
파딩게일 119
파라오 44~45
파르테논 158~159
파리 46~47
파리지옥 157
파리쿠틴 화산 75

파인애플 11
판게아 9
팡이류 16~17, 69
패션 96~97
퍼핀 117
페니실린 16
페미니즘 49
페이스북 155
페인트 13, 147
펠리컨 116
펭귄 117
편지 나르는 비둘기 52
포세이돈 39
폭풍 120~121
폴록, 잭슨 35
풀마갈매기 116
풍속 120
프라이, 조지프 98
프랭클린, 벤저민 39
프레슬리, 엘비스 65
프로그래밍 언어 94
프리즘 135
플라스마 85
플라스틱 125, 146
플라톤 48
플랑크 단위 18
플랑크톤 59
플레밍, 알렉산더 16
피
　인간 70~71
　전갈 36
피부
　상어 31
　양서류 93
피아노 142~143
피카소, 파블로 35
피타고라스 158
필사본 139

ㅎ

하루의 길이 57
하위헌스, 크리스티안 115
할라 열매 11
합금 101
합성 섬유 147
항문 113
항생제 16, 131
항해 117, 118
해리 포터(책) 139
해머던지기 40
해면뼈 90
해시계 56
해왕성 28, 29, 115
해파리 59, 144, 145
핵 18
　지구 8, 9
　태양 86, 87
　토성 28, 115
핵반응 22
햄버거 50~51
행성 19, 28~29, 132, 162
허스킨스, 윌리엄 23
허위츠, 존티 35
허파
　새 136
　인간 70

전갈 37
핵융합 87
헛열매 10
헬륨 28, 86, 87, 114, 115
헬리콥터 82~83
혈소판 71
혈장 71
혜성 29
호랑이 14~15
　띠무늬 14, 15
호루라기 64
호부(부적) 45
호프 다이아몬드 21
홀씨 16, 17
홍연석 55
홍염 86
홍채 26
홍학 134
화강암 54
화산 8, 38, 74~75
화쇄류 75
화석 25, 54, 150
화석 연료 146
화성 83
화성암 54
화실 23
화이트초콜릿 99
화장품 147
화폐 152
황동 101
황철석 55
회전날개 82~83
효모 17
회전날개 82~83
휴대 전화 33, 53
휘발유 146, 147
휠체어 경기 40
흑연 21
흑점 86
흰개미 42
힉스 보손 입자 18
힌덴부르크 102
힘 18, 128~129, 162~163
힘줄 164

기타

3D 영화 69
DNA
　기록량 33
　미라 45
　선사 시대 13
g힘 163
HTML 154
NASA 126
SR-71 블랙버드 103
TV 53

ACKNOWLEDGEMENTS

DK would like to thank:

Ann Baggaley, Jessica Cawthra, Ashwin Khurana, Anna Limerick, and Fleur Star for editorial assistance; Dave Ball, Samantha Richiardi, and Smiljka Surla for design assistance; Hazel Beynon for proofreading; Helen Peters for the index.

Special thanks to Sheila Collins for all her help in the final stages of the project.

The publisher would like to thank the following for their kind permission to reproduce their photographs:

Key:
a-above; b-below/bottom; c-centre; f-far; l-left; r-right; t-top

6 123RF.com: Soloviova Liudmyla (br). **Dreamstime.com:** Dave Bredeson (tc); Skypixel (cla). **6-7 Dreamstime.com:** Yifang Zhao (b). **7 Dreamstime.com:** Furtseff (ca); Pavel Konovalov (bl); Guido Vrola (br). **10 123RF.com:** Subbotina (clb). **Dreamstime.com:** Shariff Che\' Lah (bl); Nerss (c); Tomboy2290 (bc); Yurakp (cla). **10-11 Stefan Podhorodecki. 11 123RF.com:** Mohammed Anwarul Kabir Choudhury (tc). **Dreamstime.com:** Goncharuk Maksym (cb); Yurakp (crb). **Getty Images:** Amriphoto (ca). **Reddit:** https://www.reddit.com/r/pics/comments/18lxyw/hala_fruit (c). **12-13 Turbo Squid:** 3d_molier International / Elements of the image: Generic Sport Roadster. **14 Dreamstime.com:** Hery Siswanto (bl). **14-15 Manpreet Singh. 16-17 Dreamstime.com:** Plazaccameraman (b). **16 Dreamstime.com:** Anna1311 (br, tc); Ruta Saulyte (c). **Jim Frink:** (cla). **17 Alamy Stock Photo:** David Newton (tc). **Steve Axford:** (cla, tl). **Dreamstime.com:** Anna1311 (tr); Taiftin (crb); Geografika (ca). **20 Dorling Kindersley:** Tim Parmenter / Natural History Museum, London (tl, tr). **Dreamstime.com:** Igor Kaliuzhny (bc). **20-21 Getty Images:** Stockbyte / George Doyle (c). **21 Dorling Kindersley:** Tim Parmenter / Natural History Museum, London (tl, bl). **Rex Shutterstock:** Shutterstock (tr). **22-23 Turbo Squid:** Locomotive_works / Elements of the image: Orleans 1893 Steam Locomotive. **24 Dreamstime.com:** Kurhan (clb). **25 Dreamstime.com:** Juri Samsonov (bc). **28 NASA:** (cla). **30-31 Stephen Frink Collection:** James Watt (Shark). **32-33 Dreamstime.com:** Jacek Kutyba | (b). **32 123RF.com:** Marek Uliasz (bl). **Alamy Stock Photo:** Art Collection 3 (cl). **Dorling Kindersley:** Gary Ombler / Durham University Oriental Museum (ca, c, cb). **Dreamstime.com:** Keith Wheatley (tr). **33 Dorling Kindersley:** Dave King / Durham University Oriental Museum (ca). **Dreamstime.com:** Ammza12 (bc); Bethbee | (tl); Okea (tc); Olga Popova (clb); Robyn Mackenzie (cra); Py2000 (c); Ramvseb1 (cb); Piero Cruciatti (br); Sergey Lavrentev (crb). **38-39 Sash Fitzsimmons. 40 Dreamstime.com:** Skypixel (tl); Magdalena Żurawska (cla). **41 Dreamstime.com:** Les Cunliffe (tc, ftr, fcra); Aldo Di Bari Murga (tl); Sergeyoch (tr); Zagorskid (ca); Alexander Pladdet (cra); Mikhail Kokhanchikov | (clb); Stephen Noakes (br). **42 123RF.com:** Thawat Tanhai (cra). **42-43 123RF.com:** Alexandr Pakhnyushchyy (b). **43 123RF.com:** Werayut Nueathong (cb); Golkin Oleg (clb); Andrey Pavlov (br). **46-47 Dušan Beňo:** (HseFly). **50-51 Stefan Podhorodecki. 53 123RF.com:** Grafner (bl). **Alamy Stock Photo:** Chris Willson (c). **Dorling Kindersley:** Museum of Design in Plastics, Bournemouth Arts University, UK / Gary Ombler (tl). **Dreamstime.com:** Thanarat Boonmee (cl); James Steidl (clb); Vitalyedush (cb); Prykhodov (crb); Razvan Ionut Dragomirescu (br). **54 Dorling Kindersley:** Colin Keates / Natural History Museum, London (cb); Harry Taylor / Sedgwick Museum of Geology, Cambridge (br). **56-57 Turbo Squid:** MilosJakubec / Elements of the image: Watch Movement. **58-59 Dreamstime.com:** Okea (c). **58 Dreamstime.com:** Palex66 | (tc). **60-61 Turbo Squid:** Malevolent_King / Elements of the image: Centurion. **62 123RF.com:** Anuwat Susomwong (clb). **Alamy Stock Photo:** Blickwinkel (bc). **Dreamstime.com:** Dio5050 (bl); Artem Podobedov (cl); Maturos Yaowanawisit (cb); Ewa Walicka (tl); Verdateo (tr). **63 Dreamstime.com:** Cornelius20 (crb); Tamara Kulikova (tr); Sahua (bl); Dmitry Knorre (c); Okea (ca); Justas Jaruševičius (br). **Getty Images:** Photos Lamontagne (tc). **64-65 Dreamstime.com:** Wawritto. **66-67 Alamy Stock Photo:** Reuters / Christopher Pasatieri (US Transport Military Sci Tec). **72-73 Dreamstime.com:** Rainer Junker (DeepOc8). **72 Alamy Stock Photo:** Brandon Cole Marine Photography (br). **FLPA:** Minden Pictures / Norbert Wu (cr). **Dr Alan J. Jamieson, Newcastle University, UK:** (tr). **Fredrik Pleijel:** (tl). **Science Photo Library:** Dante Fenolio (ca); Dante Fenolio (cl). **73 Alamy Stock Photo:** AF Archive (fbl). **FLPA:** Minden Pictures / Norbert Wu (ca, tl). **Getty Images:** Visuals Unlimited, Inc. / Michael Ready (tr). **National Geographic Creative:** Emory Krlstof (bl). **Natural Visions:** Peter David (tc). **Science Photo Library:** British Antarctic Survey (bc); Gregory Ochocki (cb/DeepOc7). **SeaPics.com:** D. R. Schrichte (c). **76-77 Getty Images:** Barcroft Media (c). **78-79 123RF.com:** Igarts. **80-81 Turbo Squid:** DeVisCon / Elements of the image: Ceremonial knight armour. **86-87 NASA:** GSFC / SDO. **88 Dreamstime.com:** Isselee (ca); Tjkphotography (cl). **89 Alamy Stock Photo:** Brandon Cole Marine Photography (tr); Cultura RM 89-80c; **Dorling Kindersley:** Natural History Museum, London (tc). **Dreamstime.com:** W. Scott Mcgill (cra). **FLPA:** Minden Pictures / Norbert Wu (tl). **92-93 Dreamstime.com:** Juri Samsonov (ca). **93 123RF.com:** Jesus David Carballo Prieto (tc). **Photoshot:** Daniel Heuclin (cr). **98-99 123RF.com:** Arsgera (c); Katisa (t). **98 123RF.com:** Reinis Bigacs (clb); Valentyn Volkov (cla); Phloenphoto (ca). **Dreamstime.com:** Tracy Decourcy (br). **99 123RF.com:** Ifong (ca); Olga Popova (cl); Baiba Opule (bl); limpido (cr). **Dreamstime.com:** Jiri Hera (br); Thelightwriter (crb). **Rex Shutterstock:** Shutterstock / Paul Grover (tl). **100 Dreamstime.com. Science Photo Library:** (bc). **100-101 Dreamstime.com:** Dave Bredeson (ca); Guido Vrola. **101 Dreamstime.com:** Zoya Fedorova (cr); Furtseff (ca); James Steidl (cr); Ari Sanjaya (tr). **104-105 Getty Images:** Henrik Sorensen. **110-111 Getty Images:** AFP / DPA / Patrick Pleul. **116 Dorling Kindersley:** Bill Schmoker (cl). **117 Dreamstime.com:** Steve Byland | (cra). **118-119 Turbo Squid:** puperpaxa / Elements of the image: Viking Ship Drakkar. **120-121 Stephen Locke. 123 Alamy Stock Photo:** Blickwinkel (tl). **Phuket Scuba Club:** http://www.phuket-scuba-club.com/blog/2012/03/recent-dive-buddies/cuttlefish (cra). **128-129 © Red Bull GmbH:** Red Bull Content Pool / Bavo Swijgers. **130 123RF.com:** Antonel (tl); Sergey Goruppa (cl, br); Number001 (bl). **Dorling Kindersley:** Gary Ombler / Thackeray Medical Museum (c). **Dreamstime.com:** Newbi1 (cb). **130-131 Dreamstime.com:** Russal (bc). **131 123RF.com:** Bombaert (tc); Jakub Gojda (ca); Leonello Calvetti (clb); Dmitriy Syechin (bc); Robuart (tr). **Dreamstime.com:** Newbi1 (cr). **132-133 Yuri Beletsky. 134 123RF.com:** Subbotina (cr). **Dreamstime.com:** Andrey Armyagov (bl); Anna Kucherova (cra); Okea (cl); Vladyslav Bashutskyy (bc); Paulpaladin (tc). **135 Dreamstime.com:** Jens Stolt (tr); Hannu Viitanen (cl). **Getty Images:** RPM Pictures (clb/Colour1). **142-143 Turbo Squid:** iljujjkin / Elements of the image: Concert Grand Piano Yamaha. **144-145 Matthew Smith:** (PortManWar). **146 Dreamstime.com:** Dvmsimages (c); Okea (tl); Newbi1 (ca); Eric Strand (tc); Postnikov (tr); Alexander Pladdet (ftr); Dmitry Rukhlenko (cb); Zelfit (cl); Elena Schweitzer (bc); Ahmad Firdaus Ismail (crb). **146-147 123RF.com:** Bayberry (cb). **Dreamstime.com:** Vladyslav Bashutskyy (tc). **147 123RF.com. Dreamstime.com. 152 The Trustees of the British Museum:** Chas Howson (l). **Dorling Kindersley:** Canterbury City Council, Museums and Galleries (cl). **Dreamstime.com:** Andres Rodriguez (c); Yulan 52 (ca). **152-152 Dreamstime.com:** Irochka (ca). **152-153 Dreamstime.com:** Gradts (t). **153 Alamy Stock Photo:** Rachel Husband (clb). **Corbis:** Mark Weiss (tl). **Dreamstime.com:** Olesya Tseytlin (br). **156-157 Dreamstime.com:** Cloki. **156 Kay Bradfield / www.beastsandblossoms.com:** (br). Dreamstime.com. **157 Dreamstime.com:** Dibrova (cb); Joystockphoto (l); Yap Kee Chan (c); Juliengrondin (tc); Leigh Prather (ca); Verastuchelova (br); Johannesk | (cr). **160-161 Andy Murch. 162-163 Agustin Muñoz. 164-165 Mauritius Images. 166-167 Solent Picture Desk / Solent News & Photo Agency, Southampton:** Kemal Selimovic

Cover images: *Front:* **123RF.com:** Bayberry ca, Soloviova Liudmyla bl, Rasslava bc, Subbotina cra; **Dreamstime.com:** Jiri Hera tl, Justas Jaruševičius fbl, Okea br, Juri Samsonov cl, Verdateo crb, Hannu Viitanen cla, Guido Vrola ftl; *Back:* **123RF.com:** bl, Subbotina clb; **Dreamstime.com:** Dvmsimages crb, Jlcst b, Elena Schweitzer cb; **Getty Images:** Amriphoto cla; *Spine:* **123RF.com:** Bayberry t

All other images © Dorling Kindersley
For further information see:
www.dkimages.com